Steffen Wolf (Hrsg.)

Es war einmal . . .
Abenteuer, Märchen, Unterhaltung

Prädikatisierte Filme für Kinder und Jugendliche
1951 – 1991

FILMBEWERTUNGSSTELLE WIESBADEN (FBW)

Herausgeber/
Redaktion: Steffen Wolf
Filmbewertungsstelle Wiesbaden (FBW)

Mitarbeit: Else Wolf

Umschlag: Curt Linda

Druck: Druckerei Zeidler, Wiesbaden

8017 Ebersberg, Sarreiterweg 83

Printed in Germany 1991 ISBN 3-923979-15-0

Bilder S. 6/18
„Das kleine Gespenst“
(Linda-Film, in Vorbereitung)

Vorwort

In den 40 Jahren ihres Bestehens (1951 – 1991) hat die Filmbewertungsstelle Wiesbaden mehr als 20.000 Kurz- und Langfilme aus dem In- und Ausland, die für die öffentliche Vorführung in Filmtheatern gedacht und gemacht wurden, unter qualitativen Gesichtspunkten geprüft und bewertet. Sie ist damit die älteste Filmförderungseinrichtung, die von den (alten) Ländern der Bundesrepublik gemeinsam getragen wird.

Mit einer aktiven Öffentlichkeitsarbeit hat die FBW in den letzten Jahren selbst dazu beigetragen, daß die von ihr zu vergebenden Prädikate nicht nur in der Filmbranche, sondern auch von den Filmzuschauern angenommen und als Orientierungshilfe akzeptiert werden. Daß es bei der Auszeichnung bzw. Nichtauszeichnung von Filmen durch unabhängige Bewertungsausschüsse auch zu kontrovers oder mitunter sogar leidenschaftlich geführten Diskussionen kommen kann, ist angesichts der anspruchsvollen Tätigkeit der FBW nicht verwunderlich.

Einen weiteren Beitrag zu dieser erfolgreichen Öffentlichkeitsarbeit stellt diese Broschüre zum Thema Kinder- und Jugendfilm dar.

Obwohl die Länder und der Bund inzwischen erhebliche Mittel für Herstellung, Vertrieb und teilweise auch Abspiel von Kinder- und Jugendfilmen aufwenden, bedarf es nach wie vor eines entscheidenden Engagements, um das Filmangebot und Informationen darüber für die jüngsten Zuschauer auf- und auszubauen. Diese Publikation – nach den Unterlagen der FBW erarbeitet – bietet darüber hinaus eine spannende Reise durch 40 Jahre Kinogeschichte des Kinder- und Jugendfilms.

Das Verleihangebot an qualitätsvollen Filmen für die unteren Altersgruppen ist nach wie vor nicht ausreichend, was alle diejenigen bestätigen werden, die sich in der Praxis um eine kontinuierliche Kinderfilmarbeit innerhalb und außerhalb der Filmtheater bemühen.

Ich hoffe, daß dieses Nachschlagewerk mit dazu beitragen kann, daß kommerzielle und nichtkommerzielle Verleiher und Abspielstellen prüfen, ob nicht eine ganze Reihe von „Klassikern" zu Unrecht in Vergessenheit geraten sind und welche Möglichkeiten es gibt, diese Filme einem ständig nachwachsenden Publikum wieder zugänglich zu machen.

Prof. Dr. Evelies Mayer

Hessische Ministerin
für Wissenschaft und Kunst

Inhaltsübersicht

Seite

Vorwort 3

Zur Einführung 7

Prädikatisierte Filme 21

Anhang
Titelverzeichnis 301
Klassifizierung der Filme nach Gattungen 306

Zur Einführung

Seit ihrer Gründung im Jahr 1951 hat sich die Filmbewertungsstelle bemüht, durch spezielle Kennzeichnungen („Kinder-, Märchen-, Jugendfilm“) und die Vergabe von Prädikaten, die bundeseinheitlich zur Ermäßigung oder zum Erlaß der Vergnügungssteuerabgabe auf Kinoeintrittskarten führten, dem Kinder- und Jugendfilm zumindest eine indirekte Förderung zukommen zu lassen. In 40 Jahren (1951 – 1991) wurden rund 250 Kinderfilme mit einer Laufzeit von mehr als 59 min. von der FBW prädikatisiert: der überwiegende Teil der Begründungen für die Prädikatserteilung wird hier erstmals publiziert. Soweit die Akten der FBW nicht aussagefähig genug waren (und dies betrifft vor allem die 50er und 60er Jahre), wurden die Vorspann- und Inhaltsangaben mit Hilfe von aktuellen Verleiherverzeichnissen ergänzt. Die auf diese Weise entstandene Dokumentation versteht sich nicht in erster Linie als ein gattungsspezifischer Tätigkeitsnachweis, sondern als ein Beitrag zum Thema „Kinderfilm und Kino“. Dabei interessiert nicht vornehmlich der historische Aspekt, sondern die Frage, welche Kinderfilme aus deutscher (überwiegend westdeutscher) und internationaler Produktion sind im Kino ausgewertet worden, welche stehen für die Kinder-Kinoarbeit noch heute zur Verfügung und welche – so darf weiter gefragt werden – sind zu Recht oder zu Unrecht in Vergessenheit geraten.

Den allgemeinen Gepflogenheiten entsprechend hat die FBW sich in ihrer 40jährigen Geschichte keine besondere Mühe gegeben, die Begriffe Kinder-, Märchen-, Jugendfilm genauer zu bestimmen, meist werden sie in einem Atemzug genannt. Da die Register, die diese Dokumentation erschließen helfen sollen, differenzierter vorgehen, bedarf es einiger grundsätzlicher Vorbemerkungen:
Die praktischen Gepflogenheiten sollten nicht darüber hinwegtäuschen, daß der Terminus „Jugendfilm“ nicht nur eine unzulässige Verallgemeinerung darstellt, die weder soziologisch noch psychologisch haltbar, sondern auch falsch ist. Denn, während es in einigen Ländern gelang, eine spezielle Filmproduktion für Kinder zu schaffen und am Leben zu erhalten, so

scheiterten gleichzeitig alle Versuche, eine kontinuierliche Jugendfilmproduktion aufzubauen. Diese Tatsache ist nicht zuletzt darauf zurückzuführen, daß die Jugendlichen, d. h. die Altersgruppe ab 13 bzw. 14 Jahren, gar kein Interesse daran haben, speziell für sie hergestellte Filme zu sehen. Sie tendieren zum Erwachsensein und konsumieren in der Regel das, was für Erwachsene gedacht und hergestellt wurde und was ihnen einen tatsächlichen oder auch nur vermeintlichen Zuwachs an Lebenserfahrung, an Ich- und Weltverständnis verspricht. So haben u. a. auch die Jugendredaktionen der TV-Nachmittagsprogramme die leidvolle Erfahrung machen müssen, daß der überwiegende Teil der Jugendlichen nicht die speziell für sie gemachten und am Nachmittag ausgestrahlten Sendungen, sondern primär das Abendprogramm konsumiert.

Da Jugendliche einerseits nur wenig oder gar kein Interesse an speziell für sie hergestellten Filmen zeigen und es andererseits aufgrund der fehlenden Nachfrage so gut wie keine Jugendfilme im engeren Sinn des Wortes gibt, wäre es eigentlich nur konsequent, statt vom Jugendfilm nur von jugendgeeigneten Filmen zu sprechen.

Der Kinderfilm befindet sich demgegenüber nicht nur in einer grundsätzlich anderen Ausgangsposition, sondern steht auch vor allem anderen Aufgaben und Problemen gegenüber. Obwohl in den einzelnen Ländern unterschiedliche gesetzliche Regelungen für den Filmbesuch von Kindern existieren, herrscht doch weitgehend darüber Einigkeit, daß die Adressatengruppe von Kinderfilmen schwerpunktmäßig die Altersgruppe von 8 – 12 Jahren umfaßt. In den Jahren der Vorpubertät und Pubertät, d. h. je nach Reifegrad ab dem 11. oder 12. Lebensjahr, setzt die Abwendung vom Kinderfilm und die Hinwendung zum „normalen“ Filmangebot ein. Dieser Prozeß ist etwa mit dem 14. Lebensjahr abgeschlossen, so daß man hier das Jugendfilmalter beginnen lassen kann. Auch die Jüngsten der Altersgruppe, d. h. die bis Fünf- bzw. Sechs- bis Achtjährigen, gehören bereits zu den potentiellen Besuchern von Kinderfilmveranstaltungen. Obwohl man annehmen sollte, daß ihr Unterhaltungsbedürfnis – abgesehen vom Spiel – noch hinlänglich vom Angebot der Fernsehanstalten befriedigt wird, haben die Erfahrungen gezeigt, daß die jüngste Altersgruppe, und zwar nicht nur bei Märchenfilm-Veranstaltungen, einen nicht unerheblichen Prozentsatz der Besucher stellt.

Die enorme Verbreitung des Fernsehens hat – neben vielen anderen Auswirkungen – nicht zuletzt auch eine Phasenverschiebung beim kindlichen Filmerlebnis und -verständnis hervorgerufen. Die grundsätzliche Unterteilung in Märchenfilmalter und die sogenannte realistische Phase ist geblieben, aber während man in früheren Jahren gemeinhin das Märchenfilmalter bei etwa zehn Jahren enden ließ, läßt sich heute bereits bei den Acht- bis Neunjährigen die Abwendung vom Märchen und von märchenhaften Stoffen und die Hinwendung zu den sogenannten realistischen Stoffen registrieren. Das bedeutet nicht, daß im Bereich der Filmerziehung und -bildung Fortschritte gemacht worden wären, was sicherlich nicht der Fall ist, sondern zunächst nur, daß der in der Regel bereits im frühesten Kindesalter einsetzende, nicht nur häufige, sondern meistens auch regelmäßige Konsum von Fernsehsendungen bei den Kindern zur Veränderung der Konsumgewohnheiten geführt hat. Es sei dahingestellt, ob die psychisch-physische Entwicklung des Kindes sein Filmverständnis im engeren Sinn des Wortes und seine Filmreife in ähnlicher Form beschleunigt und der veränderten Situation angepaßt werden konnten.

Die allgemeine Diskussion über die Bewertungsmaßstäbe für Kinderfilme (Altersgruppe bis etwa 12 Jahre) ist noch längst nicht abgeschlossen. Noch immer besteht zwischen den Auffassungen und Absichten der Filmschöpfer, Filmerzieher und Schulpädagogen u. a. eine fühlbare Diskrepanz. Die extremsten Positionen nehmen dabei zweifellos jene ein, die entweder die Notwendigkeit und Existenzberechtigung einer speziellen Kunst für Kinder verneinen oder aber den Standpunkt vertreten, daß es aufgrund der altersspezifischen Geschmacksunsicherheit, der Kritikunfähigkeit und der Anspruchslosigkeit der Adressatengruppe keiner besonderen geistigen und künstlerischen Anstrengung bedürfe, um Kinderfilme herstellen zu können. Unabhängig davon, was man unter einer „Kunst für Kinder" verstehen soll, und unabhängig von der Frage, ob es sinnvoll und richtig ist, die Existenz des Kinderfilms von der Existenz einer „Kunst für Kinder“ abhängig machen zu wollen, kann zunächst allgemein festgehalten werden, daß sich der Kinderfilm insofern vom „normalen“ Film unterscheidet und unterscheiden muß, weil er sich primär an einen altersmäßig begrenzten und folglich überschaubaren Zuschauerkreis wendet. Demzufolge können Kinderfilme nicht nur gezielt eingesetzt (Kinderfilmveranstaltungen in Filmtheatern, Clubs, Jugendheimen etc.) sondern auch gezielt hergestellt werden, zumal genaue Kenntnisse über die geistig-seelische und körperliche Entwicklung des Kindes, seine Bedürfnisse und Reaktionen, sein Auffassungsvermögen und sein Ich- und Weltverständnis u. a. vorliegen. Aufgrund dieser anthropologischen, psychologischen und soziologischen Erkenntnisse ist es möglich, konkrete pädagogische Forderungen an den Kinderfilm zu stellen und damit auch seine Funktion als Massenkommunikationsmittel allgemein und speziell innerhalb einer bestimmten Gesellschaft zu bestimmen.

Zu den pädagogischen Forderungen, die der Kinderfilm erfüllt oder doch zumindest erfüllen sollte, gehören u. a. folgende Punkte:

1. Der Kinderfilm muß thematisch, inhaltlich und formal der geistig-seelischen und körperlichen Entwicklung seiner Adressatengruppe Rechnung tragen; d. h. bei seiner Herstellung muß die psychisch-physische Entwicklung des Kindes vor allem deshalb berücksichtigt werden, weil es Aufgabe des Kinderfilms ist, diese Entwicklung positiv zu beeinflussen.
2. Da Kinderfilme primär für Kinder gemacht sind, müssen sie Rücksicht nehmen auf das Auffassungsvermögen und das Verständnis ihres kindlichen Publikums. Dadurch bedingte Vereinfachungen, wie etwa die Geradlinigkeit und Überschaubarkeit der Handlung, die Zeichnung der Charaktere und bei der Bewußtmachung komplizierter gesellschaftlicher Zusammenhänge u. a., sind nicht gleichbedeutend mit Schematisierung und klischeehafter Darstellung.

3. Kinderfilme, die den Anspruch erheben, realistisch im Sinne von realitätsbezogen zu sein, müssen sich um eine entsprechende Darstellung gesellschaftlicher Realitäten bemühen, d.h. sie sollen gesellschaftliche Realitäten weder verschweigen noch beschönigen oder aufgrund ideologischer Postulate verfälschen.

4. Die sich für den Kinderfilm fast zwangsläufig anbietende Absicht, alle Probleme, Konflikte und Erlebnisse aus der Perspektive von Kindern darzustellen und dementsprechend in erster Linie kindliche Darsteller in den Mittelpunkt der Handlung zu stellen, darf nicht zu einer verlogenen und aufdringlichen Heroisierung der Kinder verführen, was u.a. ein Charakteristikum zahlreicher britischer Kinderfilme ist. Die Heroisierung von Kindern wird dadurch begünstigt, daß die Welt der Erwachsenen ausgespart oder aber bewußt verzeichnet wird.

5. Sofern sich ein Kinderfilm einer poetisch überhöhten Sprache bedient, um eine wirklich märchenhafte oder phantastische Geschichte zu erzählen, kommt er damit nicht nur dem Wunsch kindlicher Zuschauer nach Romantik und phantastischen Erlebnissen nach, sondern versetzt er zugleich den Zuschauer in eine Ebene, die sich deutlich von der Wirklichkeit abhebt und von der aus keine unmittelbaren Impulse zur Herausbildung falscher Vorbilder und zur Nachahmung der erlebten Geschehnisse ausgehen. Von einem bedenklichen Stilbruch muß hingegen dann gesprochen werden, wenn sich Kinder auf der Leinwand in einem für Kinder vor der Leinwand mehr oder weniger vertrauten Milieu bewegen, sich ihrem Aussehen und ihrem Verhalten nach völlig natürlich benehmen und zugleich Dinge erleben und vor allem Taten vollbringen, die unwahrscheinlich sind und ans Märchenhafte grenzen.

6. Thematisch gesehen unterliegt der Kinderfilm keinerlei Beschränkung. Im Gegenteil: nicht thematische Einfalt, sondern Vielfalt muß gefordert werden. Die Beschränkung auf bestimmte Themen (z.B. Märchenverfilmung in der Bundesrepublik und abenteuerlich-kriminalistische Geschehnisse in Großbritannien) ist sachlich nicht zu begründen. Sie

führt den Kinderfilm in eine Sackgasse, in eine Art geistiges Getto. „Die Armut an Genres ist eine Erscheinung, die der weiteren Entwicklung des Spielfilmschaffens (für Kinder) in erster Linie droht. Meistens wird die Genrearmut im Kinderfilm durch solche besonderen Filmarten wie Zeichen- und Puppentrickfilm, wie populärwissenschaftliche und dokumentarische Filme kompensiert. Aber indem wir von Spielfilmschaffen sprechen, müssen wir uns vergegenwärtigen: Ein Kind mit den Mitteln des Films zu erziehen, kann nicht heißen, nur Werke zu notwendigen Themen zu schaffen: Es heißt vielmehr, daß man durch die Genrevielfalt der Filme die Entwicklung des Kindes und seine Interessen in die verschiedensten Richtungen zu lenken vermag“ (Kira Paramonowa). Direkt oder indirekt ist mit der berechtigten Forderung nach Genrevielfalt, die von Kira Paramonowa (UdSSR) aufgestellt wurde, jene weitergehende Forderung verbunden, wonach der Kinderfilm die Komplexität gesellschaftlicher Wirklichkeiten nicht einfach unterschlagen dürfe, sondern zumindest andeuten solle.

7. Von besonderer Bedeutung ist für den Kinderfilm schließlich auch noch die Überzeugungskraft und Glaubwürdigkeit der Darsteller und des Geschehens. Beides aber kann von mittelmäßigen oder gar schlechten Schauspielern, Regisseuren, Drehbuchautoren und Kameramännern u. a., die noch nicht einmal ihr Handwerk beherrschen, nicht verlangt werden. Altkluge, vorlaute und verkrampft wirkende Dialoge stehen der Glaubwürdigkeit und Überzeugungskraft von Kinderfilmen genauso häufig im Wege wie unzureichende oder gar dilettantische Regiearbeit und die leider häufig anzutreffende minderwertige Gestaltung von Kinderfilmen.

8. Kinder haben, ebenso wie Erwachsene, einen legitimen Anspruch auf Unterhaltung und Entspannung. Der Film ist ein adäquates Mittel, um diese Bedürfnisse zu befriedigen. Gerade deshalb aber muß sich der Gestalter oder Hersteller von Kinderfilmen bewußt machen, welchen Einfluß er auf die Geschmacksbildung und die Erziehung von Kindern auszuüben vermag. Die Möglichkeit zur direkten oder indirekten massenweisen Beein-

flussung verlangt von den Kinderfilmherstellern ein hohes Maß an Verantwortungsbewußtsein. Zwar sind Kinder dankbar für jeden Spaß, aber da ihnen die kritische Distanz zum Geschehen fehlt, vermögen sie zwischen echter Situationskomik und auf Effekthascherei beruhendem Klamauk, zwischen echtem Humor und verstaubten Gags genauso wenig zu unterscheiden wie zwischen echten menschlichen Gefühlen und aufgesetzter Sentimentalität. In der fehlenden Distanz und dem noch unzulänglichen Unterscheidungsvermögen ist einerseits der Grund dafür zu suchen, daß der spontane Applaus, die Zustimmung von Kindern nicht überbewertet werden darf, und daß andererseits von Kindern in der Regel selbst primitiver Kitsch leidenschaftlich gern konsumiert wird, insbesondere dann, wenn er publikumswirksam verpackt ist. Die Überbewertung spontaner kindlicher Zustimmung führt nicht nur zwangsläufig zu einer oberflächlichen Verabsolutierung kindlicher Reaktionen und Meinungen, sondern auch zur Fehleinschätzung kindlicher Bedürfnisse, zumal die Entscheidung, welche Stoffe und Filme für Kinder geeignet und ihrer Entwicklung dienlich sind, nicht von den Betroffenen selbst, sondern von fachkundigen und erfahrenen Erwachsenen gefällt werden muß.

Diese allgemeinen Hinweise sind und können nicht vollständig sein. Wichtiger aber als das Bekenntnis zur Unvollständigkeit erscheint in diesem Zusammenhang der bewußte Verzicht auf die Formulierung von bis ins Detail gehender gestalterischer Prinzipien. Da der filmische Ausdruck permanenten Wandlungen (z. B. Änderung des Zeitgeschmacks) unterworfen ist, lassen sich keine allgemeingültigen und unveränderlichen dramaturgischen und gestalterischen Gesetze aufstellen. Folglich gibt es (und wird es auch nicht geben) kein Rezeptbuch für die Gestaltung von Kinderfilmen. Stattdessen wird jeweils am einzelnen Film und immer wieder von neuem die Frage zu prüfen sein, ob für ein bestimmtes Thema, eine bestimmte Aussage eine adäquate Form gefunden wurde, ob das fertige Produkt als gelungen und für Kinder geeignet erscheint und ob es in Einklang mit den aufgestellten pädagogischen Forderungen und mit den inzwischen gesammelten wissenschaftlichen Erkenntnissen über das Problem „Kind und Film“ zu bringen ist. Diese ständige und sorgfältige Überprüfung von theoretischen Forderungen und praktischen Ergebnissen ist nicht zuletzt auch deshalb dringend notwendig, weil neue Entwicklungen im Bereich des Films nicht verhindert, sondern gefördert werden müssen, weil Kinderfilme nicht isoliert von den sich gleichfalls wandelnden Geschmacks- und und Konsumgewohnheiten von Kindern, ihren Bedürfnissen und ihrem Auffassungsvermögen, das durch frühen und regelmäßigen Fernseh-Konsum sowie neue Lehr- und Lernmethoden entscheidend beeinflußt wird, betrachtet und beurteilt werden sollten.

Wenn nun dem Kinderfilm im Kino, trotz Fernsehen, die Existenzberechtigung nicht abgesprochen wird, so geschieht dies keineswegs mit der Absicht, einzelne Bereiche der Filmwirtschaft künstlich am Leben erhalten zu wollen. Die Existenzberechtigung des Kinderfilms läßt sich nicht nur pädagogisch, psychologisch und soziologisch begründen, vielmehr läßt sie sich auch mit der Tatsache belegen, daß es dringend notwendig ist, Kinder möglichst frühzeitig an speziell für sie hergestellte Filme zu gewöhnen und sie mit der Sprache des Films vertraut zu machen. Dies sollte auch und gerade im Filmtheater geschehen; denn in dem Augenblick, wo der Heranwachsende sich in der Phase der Pubertät von der Familie langsam zu lösen beginnt, und wo er – je nach Bildungsgrad, sozialer Herkunft, Alter u. a. – zu einem mehr oder weniger häufigen Filmbesucher geworden ist, in dem Augenblick ist es unvergleichlich viel schwieriger, wenn nicht gar unmöglich geworden, Einfluß auf das Konsumverhalten und die Geschmacksbildung des Heranwachsenden zu nehmen.

Es gehört zu der fundamentalen soziokulturellen Funktion des Films, die Komplexität der realen Welt auf wenige überschaubare Grundkonstellationen und Regeln zu reduzieren, um auf diese Weise den Zuschauern nicht nur eine gemeinsame Erlebnisbasis zu schaffen, sondern ihnen auch gesellschaftliche Konflikte und Normen deutlich zu machen und ihnen zumindest die Möglichkeit einzuräumen, zu einem besseren und tieferen Ich- und Weltverständnis zu gelangen. Auch gerade der realistische Film, d. h. der Film, der ein scheinbar objektives Bild von der Realität zu entwerfen versucht, beruht demnach auf Selektions- und

Typisierungsprozessen. Art der Selektion, der Typisierung und ihrer Motivation sind aber Indikatoren für die jeweilige Auffassung einer Gesellschaft von der gegebenen Wirklichkeit, die ihren sichtbaren Ausdruck in der Auswahl der Stoffe und der Darstellung der Mensch-, Objekt- und Wertwelt findet. Inwieweit die sich in den Filmen widerspiegelnden Auffassungen manipuliert sind oder aber einem Wunschbild oder Irrtum entsprechen, kann bei der Konfrontation von filmischen Darstellungen mit den tatsächlichen gesellschaftlichen Gegebenheiten überprüft werden.

Bei der Zusammenstellung und redaktionellen Bearbeitung der Gutachten zu rd. 250 Filmen, die zwischen 1951 und 1991 ein Prädikat erhielten (negative Entscheidungen werden mit Rücksicht auf die Antragsteller nicht veröffentlicht), fiel besonders auf, daß die Ausschüsse der FBW sich mit grundsätzlichen Fragen des Kinder- und Jugendfilms (inhaltlich und formal) nur höchst selten befaßt haben. Das schließt nicht aus, daß solche Diskussionen in einzelnen Ausschüssen stattgefunden haben, Niederschlag in den Gutachten hingegen fanden sie so gut wie nie. Neben allgemeinen Einsichten (Mangel an guten Kinderfilmen, Kinderfilme haben es schwer usw.) manifestiert sich vor allem eine elitäre Haltung, die man auf die schlichte Formel bringen kann: Für Erwachsene unzumutbar, aber als Kinder-/Märchenfilm prädikatswürdig!? Kein Ausnahmefall, wie die nachfolgenden Zitate belegen:

> „Alle diese Argumente, die für ein Prädikat im Sinnes eines Jugendfilms sprechen, machen es unmöglich, dieses Prädikat für die Kategorie des Spielfilms zu erteilen, denn die Geschichte ist dafür zu äußerlich, zu formelhaft geraten."

> „Die Fantasiewelt, den Wunschvorstellungen eines Jugendlichen mag dies noch entsprechen, vielleicht regt es deren Fantasie sogar an, nur als Film für Erwachsene . . ."

> „Diese Bedenken verlieren an Gewicht, wenn man den Film als Jugend-Abenteuerfilm einstuft . . ."

> „Für Kinder mag dies hingehen und so erteilt der Ausschuß dem Film mit einiger Reserve das Prädikat „wertvoll".

> „Der Film wird ausdrücklich als Jugendfilm eingestuft. Von daher – und nur von daher – ist seine Qualität zu sehen."

> „Mehr im Blick auf die Tatsache, daß es hierzulande Kinderfilme äußerst selten gibt, als im Blick auf die Qualitäten des vorliegenden Films konnte das Prädikat gerade noch erteilt werden."

> „Es findet eine Art Bilderbuch-Regie statt, die ausschließlich Jugendlichen zuzumuten ist . . ."

> „. . . ausreichend für ein Prädikat zu sein, das dem Film verweigert werden müßte, wenn er den Anspruch stellen würde, als Film für Erwachsene ernstgenommen zu werden."

Mit der jahrzehnte lang geübten Praxis „mildernde Umstände"/Sozialrabatt" für Kinderfilme haben die Ausschüsse der FBW zwar vor allem u. a. den wenigen deutschen Kinderfilmen „goldene Brücken" zu bauen versucht, aber ihm – nachträglich gesehen – auch einen „Bärendienst" erwiesen, indem sie ihre künstlerische Meßlatte so tief hängten, daß auch Lahme sie mühelos überwinden konnten. Maßstäbe im künstlerischen Bereich wurden auf diese Weise weder formuliert noch „eingeklagt"; und somit gilt für die Mehrzahl der Gutachten, daß sie – trotz aller vorgebrachten Bedenken – den Antragsteller in seiner Einstellung/Vorstellung und seinem gestalterischen Unvermögen bestärken und zur Fortsetzung seiner – nach den Maßstäben der FBW – eigentlich nicht akzeptablen (inhaltliche/formale) Konzeption bestärken. Ein auch „mit Bedenken" erteiltes Prädikat ist eine offizielle Anerkennung und Bestätigung!

„Mildernde Umstände", „Sozialrabatt" für Kinderfilme – mit dieser selbstkritischen Einschätzung soll weder die Arbeit früherer Ausschüsse der FBW desavouiert, noch die Prädikatserteilung insgesamt in Frage gestellt werden. Die Begründung für den wohlwollend bis fahrlässigen Umgang mit Kinder- und Jugendfilmen der FBW-Ausschüsse in früheren Jahren ist im wesentlichen darin zu suchen, welchen Stellenwert der Kinderfilm in der öffentlichen Diskussion besaß: keinen! Insofern spiegeln die FBW-Gutachten teilweise auch eine Einstellung gegenüber dem Kinderfilm wider, die gesellschafts-immanent war und erst in den letzten Jahren durch eine verstärkte Kinderfilm-„Lobby" in ein anderes Bewußtseinsfeld gerückt werden konnte.

Steffen Wolf

Quellennachweis (Texte)

Die Inhaltsangaben zu den Filmen wurden entnommen:

(1) Lexikon des Internationalen Films, Rowohlt Taschenbuch Verlag GmbH, Reinbeck 1987 (mit freundlicher Genehmigung von Klaus Brüne)

(2) Steffen Wolf KINDERFILM IN EUROPA, Verlag Dokumentation, München-Pullach und Berlin 1969

( ) ohne Kennzeichnung: Texte des Herausgebers

Quellennachweis (Bilder)

Archiv des Herausgebers, Columbia Tri-Star Filmverleih, Delta-Filmverleih, Deutsches Institut für Filmkunde, Filmverlag der Autoren, Impuls-Film-Verleih, Jugendfilm-Verleih, United International Pictures, Warner Bros.

Besonderer Dank an:

Peter Freund, Delta-Filmverleih GmbH; Theo Hinz, Filmverlag der Autoren; Impuls-Film-Verleih Hans-Joachim Flebbe & Co. KG; Fa. Langnese/iglo; Curt Linda; Jürgen Schau, Columbia Tri-Star Filmverleih GmbH; Kurt Silberschneider, Warner Bros. Film GmbH; Alfred Sorg, United International Pictures GmbH; Jürgen Wohlrabe, Jugendfilm-Verleih GmbH

Zeichenerklärung/Abkürzungen

Bj – Jahr der Bewertung des Films durch die FBW

FSK – Freiwillige Selbstkontrolle der Filmwirtschaft

6 J – freigegeben ab 6 Jahren

o. A. – freigegeben ohne Altersbeschränkung

ffr. – freigegeben auch für die stillen Feiertage

Länge – Längenangaben in Metern beziehen sich – soweit nicht anders angegeben – auf das 35 mm-Format

Drehbuch:
Charles McKeown
Terry Gilliam

Regie:
Terry Gilliam

Kamera:
Giuseppe Rotunno

Musik:
Michael Kamen

Ausstattung/Bau/
Kostüme:
Dante Ferretti
Gabriela Pescucci

Darsteller:
Erik Idle
John Neville
Jonathan Pryce
Sarah Polley Reed
Oliver Reed

Die Abenteuer des Baron Münchhausen

THE ADVENTURES OF BARON MUNCHHAUSEN

Farbfilm

Herstellungsland und -jahr: Großbritannien/Italien/Bundesrepublik Deutschland 1988

Hersteller: Prominent Features, London/Laura Films, Rom/Laura Film GmbH, München

Verleiher: Neue Constantin Film, München

Bj 1988 w FSK: 12 J., ffr. Länge: 3451 m – 126 min

Inhaltsangabe:
Spektakuläre, episodenhafte und teilweise auch ironische Darstellung der weltumspannenden Abenteuer des Barons Münchhausen.

Die durchgehende Skepsis und Ironie, die weder dem erzählerischen Plot noch den filmischen Mitteln noch einer Dramaturgie des Mitfühlens vertraut, muß ernst genommen werden: Die Personen und die Handlung dieses Films leben von ihrer ständigen „Brechung", die keine in sich geschlossene oder nachvollziehbare Entwicklung zur Voraussetzung haben. Es nimmt daher nicht wunder, daß der Film „auf einen Schelmen immer noch einen weiteren setzen will": Die Gags überschlagen sich, die Tricks werden „zu Hauf" geliefert, die Personen relativieren sich selbst, ihre Gefühle, ihre Äußerungen, ihre Ziele, ihre Beziehungen immer wieder aufs neue. So ist ein Film entstanden, der die Untugend der Anhäufung zur Tugend macht: Er überwältigt durch seine Überfülle, er denunziert die Ebene der Wirklichkeit durch das Theater und das Theater wiederum durch die Wirklichkeit. Er ist opernhaft im guten wie im ironischen Sinne – aber darin dann doch nicht nur eine Leistung, sondern ein – wenn auch schwer verkraftbarer – Genuß.

Drehbuch:
Lowell S. Hawley

Regie:
Robert Stevenson

Lit. Vorlage:
Jules Verne

Kamera:
Paul Beeson

Musik:
William Alwyn

Darsteller:
Wilfrid Brambell
Maurice Chevalier
Wilfrid Hyde-White
Hayley Mills
George Sanders

Die Abenteuer des Kapitän Grant

IN SEARCH OF THE CASTAWAYS

Farbfilm

Herstellungsland und -jahr: Großbritannien 1962

Hersteller: Walt Disney Productions, London

Verleiher: Warner Bros. Film, München

Bj 1963 bw FSK: 6 J., nffr. Länge: 2494 m – 91 min

Inhaltsangabe:
Zwei Kinder und ein befreundeter Geographie-Professor auf der Suche nach dem verschollenen Vater. Walt-Disney-Verfilmung eines Romans von Jules Verne; bunt und abenteuerlich. Sympathische Familienunterhaltung (1).

Es handelt sich hier um eine mit allerhand Tricks witzig und fantasievoll aufgepulverte Abenteuerlichkeit. Die Regie bringt es fertig, das Fantastische so einfallsreich zu pointieren, daß die Spannung zu keinem Moment aussetzt. Man mag dieses Verfahren als „Bilderbuch-Regie“ abtun; indessen läßt sich nach Meinung des Bewertungsausschusses nicht bestreiten, daß dieses formal, und auch vom inhaltlichen Konzept her gesehen, Konzequenz hat. So glaubt der Bewertungsausschuß, dies sei die gelungenste und geschlossenste Verfilmung eines Jules-Verne-Stoffs, vorzüglich in der materialschweren Dekoration, einfallsreich im Trick (hingewiesen sei auf die Wasserflut und auf das Erdbeben in den Anden).

Regie:
José Gale

Darsteller:
Blanka Florjanc
Velimir Gjurin
Martin Mele

Abenteuer in der Berghöhle

SRECNO, KEKEC!

Farbfilm

Herstellungsland und -jahr: Jugoslawien 1963

Hersteller: Viba film, Ljubljana

Verleiher: –

Bj 1968 w FSK: 6 J., ffr. Länge: 2045 m – 78 min

Inhaltsangabe:
Die Geschichte des Hirtenjungen Kekec, der bei einer alten verrufenen Waldfrau Medizin für ein erblindetes Mädchen beschafft. Kindertümliches, märchenhaftes Abenteuer in den Bergen Jugoslawiens (1).

Von einer im strengeren Sinne filmkünstlerischen Qualität kann man nur mit erheblichen Einschränkungen sprechen, doch sind die Mängel dieser Art nicht so groß, daß man damit die Verweigerung eines Prädikats begründen möchte. Handlung und Milieu, die ganze Stimmung des Films sind von einer simplen Harmlosigkeit, die man keineswegs nur negativ einschätzen muß. Der Film hat echte märchenhafte Züge und ist überdies nicht ohne Spannung. Der Gefahr, gewisse Szenen allzusehr auszuspielen, zum Beispiel die Heilung des blinden Mädchens, ist man nicht erlegen. Zu den positiven Seiten des Films gehört das hervorragende Spiel der drei Kinder.

Drehbuch:
Vladimir Pazourek
B. Helge
Břetislav Pojar

Regie:
Břetislav Pojar

Lit. Vorlage:
Vladimir Pazourek

Kamera:
Jan Kališ

Musik:
Miloš Vacek

Darsteller:
Ilja Černohorský
Vladimir Hlavatý
Jarmila Reiková
L. H. Struma

Die Abenteuer in der goldenen Bucht

DOBRODRUŽSTVI NA ZLATÉ ZÁTOCE

Herstellungsland und -jahr: ČSSR 1955

Hersteller: Tschechoslowakischer Staatsfilm, Prag

Verleiher: –

Bj 1957 w FSK: 6 J., ffr. Länge: 1800 m – 65 min

Inhaltsangabe:
Tschechischer Kinderfilm über den ergötzlichen und aufregenden Fang eines schweren Hechtes. Sinnvolle und spannende Unterhaltung ab etwa 8 (1).

Er würdigt damit die offenbaren Vorzüge dieses Jugendfilms, die vor allem in der einfachen Fabel, der ausgezeichneten Fotografie und dem sorgfältigen Gebrauch von Wort, Geräusch und Musik liegen. Die Fabel wird im Gegensatz zu den meisten Jugendfilmen weder aus dem Märchen noch aus Ausnahmesituationen des Kinderlebens bezogen. Was diesen Film aus der Menge der Jugendfilme heraushebt, ist seine künstlerisch bemerkenswerte Gestaltung: Kamera und Schnitt schufen Bildfolgen mit poetischem Zauber.

Regie und Kamera:
Otto Schulz-Kampfhenkel

Abenteuer in Togoland

Farbfilm

Herstellungsland und -jahr: Bundesrepublik Deutschland 1961
Hersteller: Otto Schulz-Kampfhenkel, Hamburg
Verleiher: –
Bj 1961 w FSK: 6 J., ffr. Länge: 858 m (16mm) – 78 min

Der Ausschuß hat den Film als abendfüllenden Jugend- und Lehrfilm eingestuft, da er in einer völlig unpathetischen Weise die Probleme einer möglichen Entwicklungshilfe für den unabhängigen Togo-Staat darlegt, und das in einer Weise tut, die besonders für junge Menschen anziehend sein dürfte. Die jungen Menschen werden hier in verhältnismäßig einfachen Bildfolgen auf Aufgaben hingewiesen, die ihrer Generation gestellt sind. Es wird in ihnen auch eine gewisse Freude geweckt, an dem Aufbau solcher jungen Staaten im Rahmen ihrer beruflichen Disziplin teilzunehmen. Es ist ein besonderer Vorzug dieses Films, daß er die sachliche Unterrichtung mit einigen guten und glaubwürdigen Einblicken in das alltägliche Leben der Menschen in Togoland verbindet, wie denn überhaupt die ungezwungene Natürlichkeit dieses Films sympathisch berührt.

Drehbuch:
France und Jean Image

Regie:
Jean Image

Kamera:
Per Olaf Csongovai

Musik:
Fred Freed

Aladin und die Wunderlampe

ALADIN ET LA LAMPE MERVEILLIEUSE

Zeichentrickfarbfilm

Herstellungsland und -jahr: Frankreich 1969

Hersteller: Films Jean Image, Paris

Verleiher: Jugendfilm-Verleih, Berlin

Bj 1975 w FSK: 6 J., ffr. Länge: 1943 m – 85 min

Inhaltsangabe:
Märchen aus „1001er Nacht“: Im Auftrag eines Zauberers dringt Aladin in den Palast der Scheherazade ein, um eine Wunderlampe in seinen Besitz zu bringen. Dort verliebt er sich in die Tochter des Sultans und beschließt, die Lampe zu behalten. Aus Rache entführt der Zauberer die Geliebte, doch mit List gelingt es Aladin, sie zu befreien und den Zauberer in eine Flasche einzusperren (1).

Der Bewertungsausschuß sieht den Film in seiner Mehrheit (3:1 Stimmen) als Möglichkeit, jugendliche Fantasie angemessen anzuregen. Die oft unbeholfene Animation scheint dem Fassungsvermögen von Kindern zu entsprechen. Es bleibt im Ganzen das romantisch-märchenhafte Kolorit, obgleich das Märchen aus Tausendundeiner Nacht auf manchmal befremdliche Weise mit aktuellen Motiven (Sputniks) angereichert worden ist. Dies sieht der Bewertungsausschuß mit einigen Bedenken, meint in seiner Mehrheit aber doch, daß soviel naiv Märchenhaftes und der kindlichen Fantasie Angepaßtes enthalten ist, daß ein Prädikat möglich erscheint.

Gestaltung:
Otto Schulz-Kampfhenkel

Allah – Kerihm

Farbfilm

Herstellungsland und -jahr: Bundesrepublik Deutschland 1955
Hersteller: Otto Schulz-Kampfhenkel, Hamburg
Verleiher: –
Bj 1957 w FSK: 6 J., ffr. Länge: 3185 m – 116 min

Inhaltsangabe:
Mehrteiliger Expeditionsfilm für Jugendliche. Eine „umsichtige und unterhaltsame Belehrung" über das Vielvölkerland Algerien aus den 50er Jahren (1).

Der Ausschuß hält die Verleihung des höchsten Prädikates für unmöglich, weil zwischen dem im Film erhobenen Anspruch eines wenn auch nicht vollständigen, so doch im wesentlichen zutreffenden Gesamtbildes der algerischen Situation und der politischen und sozialen Realität ein krasser Widerspruch klafft. Die epische Breite, die der Film entwickelt, die im Verlauf des Films zunehmende Vortrefflichkeit seiner schönen Bilder, das gelungene Experiment, mit einer „Hauptdarstellerin", die sich unaffektiert zu geben weiß, die Vielfalt des geografischen, völkerkundlichen und zoologischen Materials sind durch die Verleihung des Prädikats „wertvoll" gewürdigt worden.

Drehbuch und Regie:
John Musker
Ron Clements

Synchronregie:
Klaus-Peter Bauer

Lit. Vorlage:
Hans Christian Andersen

Kamera:
John Cunningham

Schnitt:
John Carnochan

Musik:
Alan Menken

Arielle – Die Meerjungfrau

THE LITTLE MERMAID

Zeichentrickfarbfilm

Herstellungsland und -jahr: USA 1989

Hersteller: The Walt Disney Company, Burbank, Calif.

Verleiher: Warner Bros. Film, München

Bj 1990 bw FSK: o. A., ffr. Länge: 2258 m – 83 min

Inhaltsangabe:
Eine Meerjungfrau verliebt sich in einen Prinzen und wünscht sich sehnlich, ein Mensch zu sein. Eine Seehexe ist ihr dabei behilflich, verlangt als Gegenleistung aber ihre wunderschöne Stimme.

Die Darstellung des Liebespaares wird nicht nur als konventionell empfunden, sondern in der animatorischen Entwicklung der Disneyschen Figuren als stagnierend. Dagegen verdient das gesamte „Drumherum“ die Bezeichnung fortschrittlich: Damit sind alle „Lebewesen“ gemeint, die im Wasser und auf dessen Oberfläche die Protagonisten umgeben, und vor allem die technische Souveränität, mit der die Unterwasserwelt unter Aufbietung aller Mittel der zeichnerischen Fantasie geschildert wird. Als neuartig und künstlerisch weiterführend wurde der Einsatz der Farbe angesehen, der es in vielen Szenen gelingt, abstraktes Eigenleben zu entwickeln.

Eine besondere Erwähnung verdient die Synchronisation, die hochkarätig „besetzt“ wurde und deren Ergebnis dem Original sicherlich adäquat ist.

Drehbuch:
Larry Clemons
Vance Gerry
Ken Anderson
Ralph Wright
Frank Thomas
Eric Cleworth
Julius Svendson

Regie:
Wolfgang Reitherman

Lit. Vorlage:
T. McGowan
T. Rose

Musik:
George Bruns

Aristocats

THE ARISTOCATS

Zeichentrickfarbfilm

Herstellungsland und -jahr: USA 1970
Hersteller: Walt Disney Productions, Burbank, Calif.
Verleiher: United International Pictures, Frankfurt a. M.
Bj 1971 w FSK: 6 J., ffr. Länge: 2143 m – 78 min

Inhaltsangabe:
Spaßiger Zeichentrickfilm der Disney-Produktion. Abenteuer einer Katzenfamilie in Paris: Eine bejahrte Dame vermacht ihr Vermögen ihrem Butler, der jedoch erst nach dem Ableben der Katzen in den Genuß des Geldes kommen soll (1).

Der Ausschuß hat mit 4:1 dem Film das Prädikat „wertvoll" erteilt.

Maßgebend dafür war, daß dieser Film die Vorzüge, aber auch die bekannten Nachteile sonstiger Disney-Produktionen aufweist. Im Ausschuß sind die Gestaltungsmittel im einzelnen diskutiert, überragende Leistungen aber nicht festgestellt worden.

Drehbuch und Regie:
Fritz Genschow

Lit. Vorlage:
Gebrüder Grimm

Kamera:
Gerhard Huttula

Musik:
Richard Stauch

Darsteller:
Fritz Genschow
Rüdiger Lichti
Rita-Maria Nowotny
Werner Stock
Renée Strobrawa

Aschenputtel

Farbfilm

Herstellungsland und -jahr: Bundesrepublik Deutschland 1955
Hersteller und Verleiher: Fritz Genschow-Filmproduktion, Berlin
Verleiher: –
Bj 1955 w FSK: 6 J., ffr. Länge: 2254 m – 82 min

Inhaltsangabe:
Freie und biedere Bearbeitung des gleichnamigen Märchens – erweitert durch verschiedene Figuren sowie Sing- und Tanzeinlagen (2).

Der Bewertungsausschuß hat einstimmig dem abendfüllenden Märchen- und Jugendfilm „Aschenputtel“ das Prädikat „wertvoll“ verliehen.

Er ist der Auffassung, daß es in diesem Film überzeugend gelungen ist, das Grimmsche Märchen märchen- und jugendgemäß zur Darstellung zu bringen. Der Aufwand beachtlicher filmischer Mittel, insbesondere die vorzügliche Fotografie und Farbgebung, sowie die gelungenen Tricks, wurden besonders anerkannt.

Drehbuch:
Adolf Kapatek
Pierre Tchernia

Regie:
Pino van Lambsweerde

Lit. Vorlage:
Comics von René Goscinny
Albert Uderzo

Kamera:
Philippe Laine

Schnitt:
Robert und Monique Isnardon

Musik:
Vladimir Cosma

Asterix bei den Briten

ASTÉRIX CHEZ LES BRETONS

Zeichentrickfarbfilm

Herstellungsland und -jahr: Frankreich 1986
Hersteller: Gaumont International/Dargaud Productions, Paris
Verleiher: Jugendfilm-Verleih, Berlin
Bj 1987 w FSK: o. A., ffr. Länge: 2156 m – 79 min

Inhaltsangabe:
Die dank ihres Zaubertranks unbesiegbaren Gallier Asterix und Obelix helfen den Briten beim Widerstand gegen Caesars Legionen (1).

Mit Anspielungen auf englische Sitten und Gebräuche lassen es die Schöpfer des neuen Asterix-Films nicht bewenden, eine Überfülle von Einfällen, zeichnerischen Gags und Bonmots steht ihnen zur Verfügung, so daß „Asterix bei den Briten" früheren Zeichentrickfilmen dieser Art nicht nachsteht. Wieder geht es um einen Zaubertrank, dem gewaltige Wirkungen nachgesagt werden, und diese Wirkungen werden in drastische Comic-Effekte umgesetzt.

Der Bewertungsausschuß drückt mit dem einstimmig erteilten Prädikat „wertvoll" sein Vergnügen an dieser gelungenen Arbeit aus.

Drehbuch:
Willy Lateste
Jos Marissen
Laszlo Molnar

Regie:
Ray Goossens

Lit. Vorlage:
Comics von René Goscinny
Albert Uderzo

Kamera:
Georges Lapeyronnie
Etienne Schurman
François Leonard

Musik:
Gérard Calvi

Asterix der Gallier

ASTÉRIX LE GAULOIS

Zeichentrickfarbfilm

Herstellungsland und -jahr: Frankreich/Belgien 1967
Hersteller: Production Dargaud, Paris/Edifilm, Brüssel
Verleiher: Jugendfilm-Verleih, Berlin
Bj 1984 w FSK: 6 J., ffr. Länge: 1847 m – 68 min

Inhaltsangabe:
Durch einen Zaubertrank gestärkt, verhindert Asterix nicht nur, daß die Römer sein Dorf einnehmen, vielmehr führt er sie auch gewaltig an der Nase herum.

Gegen die Erteilung des Prädikats erhoben sich wesentliche Bedenken. Gegenüber der Buchfassung habe der Film sehr viele Längen, lasse den Witz der Buchtexte vermissen und müsse aus zeichnerischer Ökonomie eine Reihe von Szenenbildern wiederholen.

Die Synchronisation sei allerdings mit ihrem Verzicht auf Klamauk und Klamotte positiv zu bewerten, auch wenn die Texte manchmal etwas betulich wirken.

Die Prädikatisierung könne auch nicht unter dem Aspekt einer filmhistorischen Bedeutung erfolgen. Dazu sei der zeichnerische und inszenatorische Stil zu wenig eigenständig, zu wenig (im Blick auf die seinerzeitige Zeichentricksituation) neuartig – was allerdings nicht für die Buchillustration gelte.

Drehbuch und Regie:
René Goscinny
Albert Uderzo

Mitarbeit:
Pierre Tchernia

Lit. Vorlage:
Comics von René Goscinny
Albert Uderzo

Musik:
Gérard Calvi

Asterix erobert Rom

LES DOUZE TRAVAUX D'ASTÉRIX

Zeichentrickfarbfilm

Herstellungsland und -jahr: Frankreich 1975

Hersteller: Productions Dargaus/Les Productions René Goscinny/Studio Idefix, Paris

Verleiher: Jugendfilm-Verleih, Berlin

Bj 1976 w FSK: 6 J., ffr. Länge: 2241 m – 82 min

Inhaltsangabe:
Asterix und Obelix lösen zwölf von Caesar gestellte Aufgaben und zwingen ihn so zur Abdankung. Dritter filmischer Aufguß der beliebten Comic-Serie. Am witzigsten in den parodistischen Spitzen auf die heutige Zeit (1).

Die Primitivität der Story, der Entwicklung der einzelnen Szenen, vielfach auch der Durchführung in Zeichnung, Farbe und Animation ist nicht zu übersehen; der Massenerfolg könnte wohl zu einem Teil eben mit dieser Primitivität zu erklären sein. Ebenso wenig zu übersehen sind die Längen, wobei man allerdings wieder sagen muß, daß man diese Längen nicht immer auch als langweilig empfindet. Am schwächsten ist der Film dort, wo er Disney-Motive imitiert. Der Umgang mit den tatsächlichen geschichtlichen Zeitabläufen wird besser gar nicht diskutiert.

Drehbuch:
Adolf Kapatek

Regie:
Philippe Grimond

Synchronregie:
Lutz Riedel

Schnitt:
Jean Godier

Musik:
Michel Columbier

Sprecher:
Peer Schmidt
Günther Strack
Wolfgang Spier
Wolfgang Völz

Asterix – Operation Hinkelstein

Zeichentrickfarbfilm

Herstellungsland und -jahr: Bundesrepublik Deutschlad/Frankreich 1988
Hersteller: Extrafilm Produktion, Berlin/Gaumont Production, Paris
Verleiher: Jugendfilm-Verleih, Berlin
Bj 1989 w FSK: o. A., ffr. Länge: 2205 m – 81 min

Inhaltsangabe:
Die neuesten Erlebnisse und Abenteuer der tapferen Gallier Asterix, Obelix und Idefix beim Abwehrkampf gegen die streitsüchtigen Römer (Bücher: „Der Seher“ und „Der Kampf der Häuptlinge“).

Die neuen Abenteuer von Asterix und Obelix fegen temperamentvoll und sehr lautstark über die Leinwand. Sie lassen die ungebremste Fantasie ihrer künstlerischen Väter erkennen, sind aber auch derber und grobschlächtiger geworden. Reizvolle zeichnerische Details und perfekteste Technik täuschen jedoch nicht darüber hinweg, daß die Weiterentwicklung dieses Genres kaum noch neue Überraschungen bereithalten dürfte.

Die Musik kommt aufwendig daher; vom ersten bis zum letzten Bild durchkomponiert, gibt sie dem Spiel eine nahezu opernhafte Attitüde. Gelegentliche Stille hätte der Partitur nicht schlecht angestanden. Die Synchronisation lag bei prominenten Sprechern wieder in den „besten Mündern“.

Drehbuch:
Pierre Tchernia

Regie:
Paul und Gaëtan Brizzi

Lit. Vorlage:
Comics von René Goscinny und Albert Uderzo

Kamera:
Philippe Laine

Musik:
Vladimir Cosma

Asterix – Sieg über Cäsar

ASTÉRIX ET LA SURPRISE DE CESAR

Zeichentrickfarbfilm

Herstellungsland und -jahr: Frankreich 1985

Hersteller: Gaumont International/Productions Dargaud Films/Les Films René Goscinny, Paris

Verleiher: Jugendfilm-Verleih, Berlin

Bj 1986 w FSK: o. A., ffr. Länge: 2117 m – 77 min

Inhaltsangabe:
Die stets tatendurstigen Gallier Asterix und Obelix unterziehen sich freiwillig dem nicht ungefährlichen Abenteuer, ein Liebespaar aus ihrem Dorf aus der Hand der Römer zu befreien.

Es bleibt nicht die einzige Anspielung auf historische Zusammenhänge, obgleich dieser neue französische Zeichentrickfilm nicht die Hintergründigkeit ungemein populärer Comic-Bücher aufweisen kann, sondern seinen Humor, seine Spannung und sein Tempo der Eigengesetzlichkeit des Zeichentrickfilms entnimmt. Die hier entstehende Veräußerlichung der Geschichte wird egalisiert durch die „Vermenschlichung" der zu rasantem Leben gebrachten Figuren. Der Ideenreichtum bei Animation und Dramaturgie ist bestechend, der technische Aufwand verhindert nicht eine parodistische Verarbeitung von Figuren und Ereignissen.

Drehbuch und Regie:
Albert Uderzo
René Goscinny

Synchronregie:
Heinrich Riethmüller

Kamera:
Jean Midre
George Lapeyronnie

Schnitt:
Laszlio Molnar
Jacques Marchal

Musik:
Gérard Calvi

Asterix und Cleopatra

ASTÉRIX ET CLÉOPATRE

Zeichentrickfarbfilm

Herstellungsland und -jahr: Frankreich/Belgien 1968
Hersteller: Productions Dargaud, Paris/Edifilm, Brüssel
Verleiher: Jugendfilm-Verleih, Berlin
Bj 1970 w FSK: 6 J., ffr. Länge: 2111 m – 77 min

Inhaltsangabe:
Asterix und seine Gallier helfen dem Pyramidenbauer Numerobis beim Bau eines Palastes für die ägyptische Königin Cleopatra, retten ihn dadurch vor dem Tod durch die Krokodile, machen eine Seeräuberbande unschädlich und bringen den Römern eine militärische Niederlage bei (1).

Wieder steht man vor der Frage, ob dem Zeichentrickfilm in bezug auf seine Länge nicht Grenzen gesetzt sind. Eine weitere Frage ist, ob es genügt, die Cartoons der Vorlage einfach in Bewegung zu setzen; denn in Handlung umgesetzt wird nicht mehr, als bereits in den Cartoons zu sehen ist. Auch der vorliegende Film ist bei allem technischen Aufwand der Gefahr nicht entgangen, auf ganze Strecken langweilig zu sein.

Man kann ihn jedoch im ganzen unterhaltend finden. Einige parodistische Stellen sind recht gut gelungen, und nicht zuletzt ist die Sorgfalt der akustischen Bearbeitung im Zusammenhang mit dem Schnitt hervorzuheben.

Drehbuch:
Jan Prochazka
Karel Zeman

Regie:
Karel Zeman

Lit. Vorlage:
Jules Verne

Kamera:
Rudolf Stahl

Musik:
Luboš Fišer

Darsteller:
Emil Horváth
Magda Vasăryová
František Filipovský
Josef Větrovec
Čestmir Řanda

Auf dem Kometen

NA KOMETE

Farbfilm mit Trickteilen

Herstellungsland und -jahr: ČSSR 1969/70

Hersteller: Filmové Studio Barrandov/Krátký Film Praha – Výrobni skupina Gottwaldov, Prag

Verleiher: AV-Film, Neufahrn

Bj 1974 w FSK: 6 J., ffr. Länge: 840 m (16 mm) – 77 min

Inhaltsangabe:
In der zweiten Hälfte des 19. Jahrhunderts: Sich feindlich gesinnte Menschen verschiedener Nationen werden durch die Kollision der Region mit einem Kometen ins Weltall davongetragen. Angesichts erschreckender Ereignisse finden sie zu friedlichem Zusammenleben, doch zurück auf der Erde beginnen die Auseinandersetzungen von neuem (1).

Der Film macht den Betrachter einigermaßen ratlos. Den Ausschußmitgliedern ist nicht klar, ob er tatsächlich nach einem Roman von Jules Vernes gedreht oder lediglich aus Jules Vernes-Motiven zusammengesetzt wurde. Der Ablauf der Ereignisse und die Kombination der Bilder ist jedenfalls sehr heterogen. Abträglich ist dem Film die sehr schlechte akustische Qualität der deutschen Übersetzung.

Dieses Stückwerk oder, wenn man will, Puzzlespiel, wird nun allerdings zusammengehalten und zu einem wirklich spannenden Vergnügen durch eine verblüffende Tricktechnik. Sie ist so gut, daß man darüber die Ungereimtheiten des inhaltlichen Ablaufs und andere Fragen, die biedere Logik stellen möchte, gern vergißt.

Drehbuch:
Inka Köhler-Rechnitz

Regie:
Otto Meyer

Lit. Vorlage:
Märchen von Bechstein

Kamera:
Gerhard Huttula

Musik:
Norbert Schultze

Darsteller:
Alexander Engel
Werner Krüger
Kordula Trantow
Harry Wüstenhagen
Helmut Ziegler

Aufruhr im Schlaraffenland

Farbfilm

Herstellungsland und -jahr: Bundesrepublik Deutschland 1957
Hersteller: Förster-Film, Berlin
Verleiher: Jugendfilm-Verleih, Berlin
Bj 1957 w FSK: 6 J., nffr. Länge: 2211 m – 80 min

Inhaltsangabe:
Das Land Irgendwo ist klein und arm. Eines Tages erhält der König von einer guten Fee einen Zauberknopf, mit dem er das Schlaraffenland herbeizaubern kann. Bald aber sind alle satt, träge und verschwenderisch. Um diesen Zustand zu ändern, schließen sich die Kinder mit ihren Lehrern, dem Arzt und der Prinzessin zusammen und unternehmen einen listen- und siegreichen Feldzug gegen Unvernunft und Schwäche (2).

Das Drehbuch hat die schwierige Aufgabe der Dehnung einer relativ kurzen Märchenhandlung und die Übertragung des Stoffes dadurch gut vorbereitet, daß es zahlreiche bezeichnende Einzelheiten und die Umstände charakterisierende Gags eingeführt hat. Die dekorative Ausgestaltung der Handlungsschauplätze ist mit unleugbarer Sorgfalt erfolgt. Die Führung der Schauspieler erzielt eine im Märchenfilm sehr häufig vermißte Lebendigkeit, einzelne Figuren und Szenen strahlen ein gewisses Maß an menschlicher Wärme aus. Auch die Farbqualität der Bauten und Kostüme und deren Wiedergabe ist zu loben.

Drehbuch:
Lothar Wolff
Bordon Mace
Philip Stapp

Regie:
Halas und Batchelor

Lit. Vorlage:
George Orwell

Kamera:
S.G. Griffiths

Musik:
Matyas Seiber

Aufstand der Tiere

ANIMAL FARM

Zeichentrickfarbfilm

Herstellungsland und -jahr: Großbritannien 1955

Hersteller: Halas und Batchelor Cartoon Films, London

Verleiher: Atlas-Film, Duisburg

Bj 1958 w FSK: 6 J., ffr. Länge: 2101 m – 76 min

Inhaltsangabe:
Die Tiere eines Bauernhofes befreien sich von ihren menschlichen Unterdrückern und übernehmen die Macht, wonach sie jedoch schon bald in ihren eigenen Reihen die alten Herrschafts- und Ausbeutungsverhältnisse wiederherstellen. Eine formal und in der pointierten Aussage teilweise bestechende Bearbeitung des Romans von George Orwell, der vom Autor als Polemik gegen die im Stalinismus endende russische Revolution gedacht war (1).

Der Film ist ein politischer Tendenzfilm. Er persifliert das Entstehen der Diktatur und enthüllt die üblen Zustände und Konsequenzen. Zwei Kunstgriffe erlauben es, die Tendenz in scharfer Pointiertheit, zum Teil in einer sarkastischen Outrierung auszuspielen, ohne daß die Form des Films dadurch zerstört würde. Der Zeichner charakterisiert in einer treffenden Manier die einzelnen Typen. Er trifft jedoch nicht nur den Typus, sondern versteht auch die Entwicklung der Geschichte und die einzelnen Reaktionen in einer genauen Physiognomie, in ausdrucksstarken Bewegungen, im variierten Tempo der Bildbewegung und nicht zuletzt durch die Symbolik der Farben zu verdeutlichen.
Das Buch reduziert die Geschichte auf einfache, deutlich erkennbare Ereignisse. Obwohl der Inhalt der einzelnen Sequenzen von der Tendenz diktiert ist, wirkt der Handlungsablauf im großen und ganzen geschlossen. Durch die glückliche Formgebung hat der Film in einem gewissen Grad eine befreiende Wirkung.

Drehbuch:
Gérard Brach

Regie:
Jean-Jacques Annaud

Lit. Vorlage:
James-Oliver Curwood

Kamera:
Philippe Rousselot

Schnitt:
Noëlle Boison

Musik:
Philippe Sarde

Darsteller:
Tchéky Karyo
André Lacombe
Jack Wallace

Der Bär

L'OURS

Scope-Farbfilm

Herstellungsland und -jahr: Frankreich 1988

Hersteller: Renn Productions, Paris

Verleiher: Neue Constantin Film, München

Bj 1989 bw FSK: 6 J., ffr. Länge: 2603 m – 95 min

Inhaltsangabe:
Nach dem Unfalltod seiner Mutter muß ein junger Bär versuchen, seinen eigenen Weg zu gehen. Er schließt sich einem verwundeten Bär an, der von Jägern verfolgt wird, gerät selbst in vielfältige Gefahr, in Gefangenschaft und wieder in Freiheit.

Denn: Hier wurde kein Tier nicht nur nicht verletzt, sondern auch nicht in seiner Seele, seiner Art, seinem Charakter vergewaltigt. Kein Tier, auch wenn es vielleicht aus der Isoliertheit eines zoologischen Gartens geholt oder „dressiert" wurde, ist „vermenschlicht" worden, so daß der eigenartige Eindruck entsteht, das humane Erlebnis, das dieser Film vermittelt, sei in Wahrheit ein „tierisches" (oder soll man „animalisches" sagen?). Und im übrigen stehen die drei Jäger, trotz aller Sympathien, die man ihnen schließlich zubilligt, den Tieren darstellerisch weit nach.

Die Tiere: Es sind Bären, ein gewaltig großer, alter und ein entzückend kleiner, verspielter Teddybär, dem das Schicksal nicht erspart, frühzeitig auf eigene unbeholfene Füße gestellt zu werden, und er besteht diese Prüfung. Eine Tragödie, in einer grandiosen Landschaft, beeindruckend verfilmt, und zugleich eine Komödie.

Alles in allem ist dies der ideale Film „für die ganze Familie", ein Film, dem man die gewaltigen Mühen, den organisatorischen Aufwand nicht anmerkt, in einer künstlerischen Geschlossenheit, die es dem Bewertungsausschuß leicht machte, einstimmig das höchste Prädikat zu erteilen.

Drehbuch:
Larry Morey

Regie:
Walt Disney

Lit. Vorlage:
Felix Salten

Musik:
Frank Churchill

Bambi

BAMBI

Zeichentrickfarbfilm

Herstellungsland und -jahr: USA 1942

Hersteller: Walt Disney Productions, Burbank, Calif.

Verleiher: –

Bj 1964 w FSK: 6 J., ffr. Länge: 1902 m – 65 min

Inhaltsangabe:
Ein junges Reh, dessen Mutter von Jägern getötet wird, findet hilfreiche Freunde unter den Tieren des Waldes und entkommt einem verheerenden Waldbrand, um am Ende mit einer zierlichen Rehdame glücklich zu werden und zum Leithirsch zu avancieren (1).

Die Kommission hat nicht gezögert, diesem bezaubernden Film das Prädikat „wertvoll" zu geben. Die Erfindung der einzelnen Tiergestalten, ihre Durchführung und ihr Zusammenleben sind geeignet, bei jedem Beschauer äusserste Tierliebe und auch Verständnis für die Natur zu wecken. Leider ist der Film nicht ganz frei von vermenschlichten Sentimentalitäten und Effekten, die den friedlichen und auch beglückenden Ablauf zu zerstören geeignet sind, wie z.B. der Waldbrand, die Verfolgung durch die Hunde und andere Dinge mehr. Diese etwas aufgesetzt wirkenden Teile haben die Kommission daran gehindert, dem Film das höchste Prädikat zu geben.

Drehbuch:
Pete Young
Vance Garry
Steve Huictt
Ron Clements
Dave Michener
Melvin Shaw
John Musker

Regie:
John Musker
Dave Michener
Ron Clements
Burny Mattinson

Kamera:
Ed Austin

Musik:
Henry Mancini

Basil, der große Mäusedetektiv

THE GREAT MOUSE DETECTIVE

Zeichentrickfarbfilm

Herstellungsland und -jahr: USA 1986
Hersteller: Walt Disney Productions, Burbank, Calif.
Verleiher: Twentieth Century Fox, Frankfurt (Main)
Bj 1986 w FSK: 6 J., ffr. Länge: 2023 m – 74 min

Inhaltsangabe:
Ein Mäuserich bemüht die Hilfe eines Detektivs, der im Kampf mit Rattenzahn steht, und beide lösen den Fall im Stil berühmter Vorbilder.

Es ist festzustellen, daß sich in einer im traditionellen Disney-Stil erzählten Kriminalgeschichte durchaus moderne Lebensauffassungen, auch negative, spiegeln, die das heitere Spiel einer Realität näherrücken, die von Erwachsenen wie auch von jungen Zuschauern nachvollzogen werden kann. Die örtliche und zeitliche Fixierung der Handlung im Bereich des Buckingham-Palastes, die Projizierung von Ereignissen aus der großen Welt des königlichen Hofes auf die kleine Mäuse-Welt wird als besonderer Vorzug des Filmes empfunden. Der Animation der Figuren und den Bildhintergründen ist es gelungen, einen geradezu englischen Stil zu schaffen, der das atmosphärische Umfeld der Doyleschen Fantasie recht genau trifft. Nicht zu übersehende Züge von Grausamkeit werden in Komik aufgelöst oder von Momenten des Musicals konterkariert.

Drehbuch und Text:
Ernst Schnabel

Regie:
Günther Schnabel

Begegnung mit Deutschland

Farbfilm

Herstellungsland und -jahr: Bundesrepublik Deutschland 1957/58
Hersteller: Filmproduktion Günther Schnabel, Hamburg, im Auftrag des Presse- und Informationsamtes, Bonn
Verleiher: –
Bj 1958 bw FSK: 6 J., ffr. Länge: 2568 m – 94 min

Inhaltsangabe:
Vom Presse- und Informationsamt der Bundesregierung in Bonn in Auftrag gegebener Dokumentarfilm: Das zerstörte und wiederauferstandene Westdeutschland der 50er Jahre soll dem Ausland durch eine Fülle von (unverbundenen) optischen Eindrücken mit vertiefendem Begleittext nahegebracht werden (1).

Der Film bietet ein faires, verläßliches und motivreiches Bild unseres Vaterlandes, ein Bild, das im Weglassen wie im Aufzählen ein klares dramaturgisches und gedankliches Konzept erkennen läßt. Die Ungezwungenheit der Informationen, die kunstvollen Überleitungen von Landschaft zu Landschaft, von Stadt zu Stadt, die sympathisch berührende Einbeziehung geschichtlicher Erkenntnisse sowie kultureller, industrieller und wirtschaftlicher Leistungen heben den Film auf eine hohe künstlerische Ebene. Bildsprache und Kommentar ergänzen einander auf das glücklichste, wobei der Text sich durch eine bemerkenswerte Präzision und dabei gleichzeitig durch Charme und Gelöstheit auszeichnet. Es fehlt ihm weder der selbstkritische Akzent noch die feine Distanz der Ironie, wo diese am Platz ist. Auch vor der tragischen politischen Wirklichkeit, die sich in der Zweiteilung unseres Vaterlandes darstellt, verschließt der Film nicht die Augen. Hervorzuheben sind ferner der meisterhafte Schnitt und die durchkomponierte Musik, die den einzelnen Bildpassagen motivlich angepaßt ist.

Drehbuch und Regie:
Stanislaw Rostotzki

Lit. Vorlage:
M. J. Lermontow

Kamera:
W. Schumskij
J. Postnikow

Musik:
K. Moltschanow

Darsteller:
S. Bjerowa
W. Iwaschow
O. Mamilow
A. Tschernow

Bella

BELA

Scope-Farbfilm

Herstellungsland und -jahr: UdSSR 1966

Hersteller: Zentrales Filmstudio für Kinder- und Jugendfilme, Studio Gorki, Moskau

Verleiher: Pegasus Film, Berlin

Bj 1967 w FSK: 6 J., ffr. Länge: 3070 m – 112 min

Inhaltsangabe:
Das Liebesabenteuer eines strafversetzten zaristischen Offiziers mit einem Tscherkessenmädchen. Aufwendige Verfilmung eines Romans von Lermontow, die die geistig-menschlichen Tiefen des Buches und die problematische Wechselwirkung zwischen Individuum und Gesellschaft nur mangelhaft verdeutlicht und weitgehend in ästhetische Effekte auflöst (1).

Der Film hat eine ganze Reihe von Schwächen, darunter einige recht auffällige. Im ganzen scheint er durch Kürzungen beeinträchtigt zu sein; man kann nur vermuten, daß die Originalfassung mehr Fülle gehabt hat. Die Kamera ist in ihrer Bewegung zwar interessant und in dieser Hinsicht durchweg gut, doch entspricht die Farbe nicht ganz heutigen Anforderungen. Das Drehbuch scheint nicht genügend durchdacht, stellenweise wirkt es sogar ungeschickt.

Ganze Sequenzen sind optisch eindrucksvoll, so alle Aufnahmen, die kaukasische Landschaft zeigen, mit durchaus interessanten Einzelheiten in manchen Details von Baulichkeiten, Kostümen und dergleichen. Sehr lebendig sind die Reiterszenen.

Drehbuch:
Larry Clemmons

Regie:
Wolfgang Reitherman
John Lounsbery
Art Stevens

Lit. Vorlage:
Margery Sharp

Schnitt:
James Melton
Jim Koford

Musik:
Artie Butler

Bau:
Don Griffith

Bernard und Bianca – Die Mäusepolizei

THE RESCUERS

Zeichentrickfarbfilm

Herstellungsland und -jahr: USA 1977
Hersteller: Walt Disney Productions, Burbank, Calif.
Verleiher: Twentieth Century Fox, Frankfurt (Main)
Bj 1977 bw FSK: 6 J., ffr. Länge: 2105 m – 77 min

Inhaltsangabe:
Mitglieder eines Mäuseklubs für menschliche Notfälle retten ein verschlepptes Waisenkind aus den Klauen einer Hexe. Zeichentrickfilm im Walt Disney-Stil: Ein phantasievolles Bildermärchen.

Das Interessante an dem Film ist, daß die sentimental-naturalistischen Disney-Figurationen merklich ins Einfallsreich-Groteske überzogen sind. Die groteske Komponente, die sich in phantasievoll ausgedachten formalen Erfindungen ausdrückt, ist unübersehbar, und so ist auch das von Disney herrührende Grundklischee, daß Tiere sich wie Menschen benehmen, aufs Absurde hin aufgelockert. Dieser auf Kunstfigur hin reduzierte Naturalismus erscheint dem Bewertungsausschuß bemerkenswert, und so war es trotz sentimental-naturalistischer Einlagen möglich, dem Film das höchste Prädikat zu erteilen.

Drehbuch:
Douglas Day Steward

Regie:
Randal Kleiser

Kamera:
Nestor Almendros

Musik:
Basil Poledouris

Darsteller:
Christopher Atkins
William Daniels
Elva Josephson
Leo McKern
Brooke Shields

Die blaue Lagune

THE BLUE LAGOON

Farbfilm

Herstellungsland und -jahr: USA 1980

Hersteller: Columbia Pictures Industries, New York, N.Y.

Verleiher: Columbia Tri-Star Filmverleih, München

Bj 1981 w FSK: 12 J., ffr. Länge: 2864 m – 105 min

Inhaltsangabe:
Remake der Robinsonade der beiden Kinder, die auf unberührter Insel in der Südsee zwischen allerlei putzigem oder auch eckligem Getier langsam heranwachsen und in kleinen tastenden Schritten ihre Sexualität entdecken: der erste Kuß, der erste Liebesakt, die Geburt eines Kindes. Zuletzt wird die junge Familie in höchster Bedrängnis auf dem Meer vom Vater des Mädchens aufgefunden (1).

Zur Begründung wurde ausgeführt, daß der Film hinsichtlich seiner Fotografie hervorragend sei, daß er manche Klischees vermieden habe, daß die Einbeziehung der Tierwelt Kindern einen zusätzlichen Unterhaltungsreiz vermittle.

Die Musik des Films sei allerdings von einer dem Stoff unangemessenen Aufdringlichkeit, sei überdies in ihrer untermalenden Konzeption dem Film nur bedingt förderlich. Die schauspielerischen Leistungen wären gering; die Führung der Gestalten sei oft erkennbar nicht vorhanden gewesen. Die psychologischen Entwicklungen entsprächen keineswegs der Realität der dargestellten Situationen.

Drehbuch:
Peter Gimbel

Regie:
Peter Gimbel
James Lipscomb

Kamera:
Peter Gimbel
Ron Taylor
Stanton Waterman
James Lipscomb

Blaues Wasser, weißer Tod (Killerhai)

BLUE WATER, WHITE DEATH

Scope-Farbfilm

Herstellungsland und -jahr: USA 1970

Hersteller: Cinema Center Films, Hollywood, Calif.

Verleiher: Twentieth Century Fox, Frankfurt (Main)

Bj 1971 w FSK: 6 J., ffr. Länge: 2707 m – 99 min

Inhaltsangabe:
Bericht einer Taucher-Gruppe, die auf einer Expedition rund um die Welt Aufnahmen von Haien macht. Der Film sucht durch Darstellung der Angriffslust der Raubtiere Gruseleffekte zu erzielen; neuere Methoden der Verhaltensbeobachtung werden nicht angewandt. Durch diesen begrenzten Blickwinkel, trotz eindrucksvoller Unterwasseraufnahmen, zeitweise eher langweilig (1).

Gegen den Film wurden wegen seiner Dramaturgie und seiner Dialoge Bedenken erhoben. Da er aber das Abenteuerliche dieser Expedition in einer Weise herausarbeitet, die ihn deutlich als Jugendfilm qualifizieren, konnten die Bedenken zurückgestellt werden. Die Unterwasserfotografie ist sehr gut, auch die schwierige Montage der Aufnahmen ist gelungen. Daher konnte das Prädikat „wertvoll“ als Jugendfilm ohne Einschränkungen erteilt werden.

Drehbuch:
Boris Dolin
A. Schaban

Regie:
Boris Dolin

Kamera:
Jurij Bärenstein

Darsteller:
Wolodja Agejew
O. Blok
Alexej Gribow
W. Lukjanow
Oleg Shakow

Der blinde Vogel

SLEPAJA PTIZA

Farbfilm

Herstellungsland und -jahr: UdSSR 1963

Hersteller: Mosnautschfilm, Moskau

Verleiher: AV-Film, Neufahrn

Bj 1972 w FSK: 6 J., ffr. Länge: 722 m (16 mm) – 66 min

Inhaltsangabe:
Die Freundschaft eines Jungen zu einem blinden Pelikan, den das Kind nach erfolgreicher Operation wieder in die freie Wildbahn entläßt. Russischer Kinderfilm, der das Thema Tierliebe mit einfachen Mitteln ansprechend darstellt (1).

Die Erteilung des Prädikats „wertvoll" erfolgt nicht ohne Bedenken. Der Film ist in der Fotografie wie in der Erzählweise sehr konventionell, in den Bildern nicht frei von Sentimentalität. Die Handlung ist fast märchenhaft zu bezeichnen; bei einem solchen Thema hätte man sich eher Informationen gewünscht, z. B. über Pelikane. Das Weltbild, das hier vor den Kindern ausgebreitet wird, ist reines Wunschbild.

Drehbuch:
Astrid Lindgren

Regie:
Olle Hellbom

Lit. Vorlage:
Astrid Lindgren

Kamera:
Kalle Bergholm

Musik:
Ulf Björlin

Darsteller:
Louise Edlind
Maria Johansson
Stephen Lindholm
Torsten Lilliecrona
Björn Söderbäck

Bootsmann und Moses (Ferien auf Saltkrokan)

TJORVEN, BATSMAN, OCH MOSES

Farbfilm

Herstellungsland und -jahr: Schweden 1964

Hersteller: KB Artfilm, Stockholm

Verleiher: –

Bj 1964 w FSK: 6 J., ffr. Länge: 2517 m – 92 min

Inhaltsangabe:
Im Mittelpunkt der Alltäglichkeiten und Konfliktchen auf Saltkrokan stehen diesmal die Robbe Moses, die ein geschäftstüchtiger Fischer den Kindern wegnehmen will, und der Bernhardiner Bootsmann, der in den falschen Verdacht des Wilderns gerät (1).

Der Bewertungsausschuß ist der Meinung, daß dieser Film vor allem Kinder interessiert. Denn er ist in seiner dramaturgischen Anlage auffällig spannungslos. Er führt ausschließlich sympathische Menschen vor, und so kann auch nicht entfernt von dem Versuch die Rede sein, Spielfiguren psychologisch zu differenzieren. Alle bleiben sie auf dem gleichen menschlichen Niveau, alle machen kenntlich, wie unbefangen hier Märchenvorstellungen in eine auf Glanzpapier fotografierte „Wirklichkeit" eingegangen sind. So ist angenehm an diesem Film seine Anspruchslosigkeit. Sinnvoll wirkt daher die Abwesenheit einer künstlichen Dramatisierung, sinnvoll der Versuch der Regie, Mensch und Tier ohne jede Prätention zusammenzubringen. Wenn im Bild Stimmungsmalerei die genaue Charakterisierung einer Situation verdrängt, so wird bereits von daher klar, daß es dem Film nicht auf Wirklichkeitsschilderung ankommt.

Drehbuch:
William Goldman

Regie:
Rob Reiner

Lit. Vorlage:
William Goldman

Kamera:
Adrian Biddle

Musik:
Mark Knopfler

Kostüme:
Phyllis Dalton
Jane Hamilton

Darsteller:
Cary Elwes
Peter Falk
Chris Sarandon
Fred Savage
Wallace Shawn

Die Braut des Prinzen

THE PRINCESS BRIDE

Farbfilm

Herstellungsland und -jahr: USA 1987

Hersteller: The Princess Bride/Buttercup Films, Los Angeles, Calif.

Verleiher: Jugendfilm-Verleih, Berlin

Bj 1988 bw FSK: 6 J., ffr. Länge: 2689 m – 98 min

Inhaltsangabe:
Ein Großvater liest dem kranken Enkel ein Märchen vor, wobei die fantastischen Abenteuer eines armen Knechtes, der schließlich sein geliebtes Mädchen wiederfindet und befreien kann, im Königreich Florian im Bild erscheinen.

Der Ausschuß hat mit großem Vergnügen die schwungvolle Leinwandadaptation gesehen. Eingebettet ist dieses „Märchen" in eine Rahmenhandlung. Dies führt zur doppelten Brechung innerhalb des Films, in dem zum einen das Märchen selbst durch seine moderne Sprache und die Ironisierung der alten Märchenmuster aufgelockert, zum anderen der Handlungsfluß immer wieder durch die Rückkehr in die Realität zu der Auseinandersetzung zwischen Enkel und Großvater unterbrochen wird.

Durch diese dramaturgische Gestaltung wird zum einen die Identifikationsmöglichkeit für Kinder mit dem kindlichen Zuhörer gegeben. Zum anderen ermöglicht die Brechung, daß der Zuschauer ein vernünftiges (amüsiertes) Verhältnis zu der Geschichte mit ihren Zitaten aus der Märchenwelt, aber auch aus dem modernen Abenteuer-Kino gewinnt. Beeindruckend an dem Film sind die sprachlichen Zugeständnisse an die heutige Zeit, die u. a. vermeiden, daß die in dem Film angelegten alten Märchenmuster zu Klischees geraten.

Drehbuch:
Hubert Schonger

Regie:
Rainer Geis

Lit. Vorlage:
frei nach Gebrüder Grimm

Kamera:
Peter Puluj

Musik:
Raimund Rosenberger

Darsteller:
Max Bösel
Peter Brand
Toni Mang
Peter Thom
Christa Welzmüller

Die Bremer Stadtmusikanten

Farbfilm

Herstellungsland und -jahr: Bundesrepublik Deutschland 1959
Hersteller: Schongerfilm, Inning, Ammersee
Verleiher: Jugendfilm-Verleih, Berlin
Bj 1959 w FSK: 6 J., ffr. Länge: 2105 m – 77 min

Inhaltsangabe:
Nach dem Märchen von Grimm ein deutsches Lustspiel für Kinder, das Esel, Hund, Katze und Hahn nicht ganz glücklich durch gesichts- und ausdruckslose Darsteller in Tiermasken ersetzt (1).

Der Bewertungsausschuß hat dem Film das Prädikat „wertvoll“ erteilt. Er würdigt damit vornehmlich die Tatsache, daß der Film den Gehalt des zugrundeliegenden Märchenstoffes nicht verfälscht bzw. an eine gewollt artifizielle Darstellung ausliefert. Die Bildfolge behält vielmehr die derbe naturalistische Einfalt des Märchens und wahrt auch mit der liebevoll und sorgsam gebauten Szenerie den romantisch-gemüthaften Grundton. Vielleicht sind einige Vorgänge etwas zu turbulent angelegt und manche Motive zu dick aufgetragen, doch fällt das kaum ins Gewicht gegenüber der Liebe, mit der der Film als ganzes gemacht wurde. Da auch die Frage nach der Kindertümlichkeit der Gestaltung in einem positiven Sinn beantwortet werden muß, konnte dem Film ein Prädikat zugesprochen werden.

Drehbuch:
Arthur Julian

Regie:
Norman Tokar

Lit. Vorlage:
Marthy Roth

Kamera:
William Snyder

Musik:
Robert F. Brunner

Darsteller:
Norman Fell
Robert Morse
Stefanie Powers
Mickey Shaughnessey
Phil Silvers

Die Bruchschiffer

THE BOATNIKS

Farbfilm

Herstellungsland und -jahr: USA 1969
Hersteller: Walt Disney Productions, Burbank, Calif.
Verleiher: Twentieth Century Fox, Frankfurt (Main)
Bj 1970 w FSK: 6 J., ffr. Länge: 1093 m (16 mm) – 100 min

Inhaltsangabe:
Der neue Kommandant eines Küstenwachbootes, der sich zuerst als Tolpatsch erweist, kommt mit Hilfe eines jungen Mädchens drei Juwelenräubern auf die Spur (1).

Der Film erhält das Prädikat „wertvoll" als Jugendfilm. Der Bewertungsausschuß kam zu diesem Ergebnis, weil er meint, die in dem Film weithin wirksame Klamotten-Komik sei ausnehmend für das Verständnis von Jugendlichen berechnet. Das bedeutet, es wird in ihm jenes Maß an Naivität sichtbar, das intelligenten Witz, auch formalen Witz der Kamera weithin ausschließt. Im Film wird frisch gespielt, ohne Neigung zur Nuancierung, aber doch mit einer unmittelbaren Laune, die sichtbar macht, wie sehr dieser Film mit der Neigung zum Unterhaltenden gedreht ist. Das Unterhaltende ist – auch dramaturgisch gesehen – mit so viel Einfallskraft in Szene gesetzt, daß der Ausschuß dies positiv bewerten konnte.

Drehbuch:
Lowell S. Hawley

Regie:
James Neilson

Lit. Vorlage:
Sid Fleischman

Kamera:
Edward Colman

Musik:
George Bruns

Darsteller:
Roddy McDowall
Suzanne Pleshette
Karl Malden
Mike Marzurki
Bryan Russell

Bullwhip Griffin oder Goldrausch in Kalifornien

THE ADVENTURES OF BULLWHIP GRIFFIN

Farbfilm mit Trickteilen

Herstellungsland und -jahr: USA 1966

Hersteller: Walt Disney Productions, Burbank, Calif.

Verleiher: –

Bj 1967 w FSK: 6 J., nffr. Länge: 3023 m – 111 min

Inhaltsangabe:
Verarmtes Geschwisterpaar aus feinem Hause gewinnt mit Hilfe seines Butlers im Wilden Westen einen Goldschatz. Kindertümliche Westernkomödie, die mangels künstlerischer Durchformung die gesteckten Heiterkeitsziele nicht ganz erreicht (1).

Ein Unterhaltungsfilm, der handwerklich sauber und mit bewährten Mitteln gemacht ist. Er hat eine Reihe hübscher Einfälle, aber seine eigentliche Wirkung liegt doch in seiner Naivität und der sanften Parodie auf die große Zeit des amerikanischen Westens, oder besser: auf deren Klischeevorstellungen. Überragende Einzelleistungen sind nicht festzustellen, doch erfüllt der Film im ganzen den Zweck, mit dem er sich sichtlich bescheidet, nämlich Alt und Jung harmlose Unterhaltung zu bieten.

Drehbuch:
Larry Clemmons
Ted Berman
Peter Young
Steve Hulett
Burny Mattinson
Earl Kress
Vance Gerry

Regie:
Art Stevens
Ted Berman
Richard Rich

Lit. Vorlage:
Daniel P. Mannix

Musik:
Buddy Baker
Walter Sheets

Cap und Capper, zwei Freunde auf acht Pfoten

THE FOX AND THE HOUND

Zeichentrickfarbfilm

Herstellungsland und -jahr: USA 1981

Hersteller: Walt Disney Productions, Burbank, Calif.

Verleiher: –

Bj 1981 w FSK: 6 J., ffr. Länge: 2260 m – 83 min

Inhaltsangabe:
Zwischen einem kleinen Fuchs und einem jungen Hund entwickelt sich eine abenteuerreiche Freundschaft, die sich auch nach Mißverständnissen und Eintrübungen im späteren Leben bewährt (1).

Dieser Spielfilm erzählt nach Art eines Tiermärchens die Geschichte einer Tierfreundschaft zwischen Fuchs und Jagdhund. Er bedient sich dabei der klassischen Muster der Disney-Filme, vergröbert aber die Wirkungen. Der Film bleibt insgesamt konventionell, erreicht aber innerhalb der Tradition einen hohen Standard. Auch die Animation ist handwerklich auf hohem Niveau, die Farbgebung qualitätsvoll. In der Verwendung der Musik bleibt der Film konventionell, auch wo er Musical-Elemente einbezieht. Vorwiegend eingewandt wurde vom Bewertungsausschuß, daß die deutsche Synchronisation einen anderen Tonfall in den Film bringt und Sentimentalitäten des Sujets über Gebühr verstärkt.

Drehbuch:
Karel Zeman
Pavel Juráček

Regie:
Karel Zeman

Kamera:
Václav Hunka

Musik:
Jan Novák

Bauten:
Zdeněk Rozkopal

Darsteller:
Karel Effa
Miroslav Holub
Petr Kostka
Valentina Thielová
Emilia Vašáryová

Chronik eines Hofnarren

BLÁZNOVA KRONIKA

mit Trickteilen

Herstellungsland und -jahr: ČSSR 1964

Hersteller: Filmové studio Barrandov, Prag

Verleiher: –

Bj 1967 bw FSK: 6 J., ffr. Länge: 924 m (16 mm) – 85 min

Inhaltsangabe:
Die Abenteuer eines böhmischen Bauernjungen während des Dreißigjährigen Krieges, der keinen Spaß am Soldatenhandwerk hat und zu guter Letzt wieder zu friedlichem Tun zurückkehren kann. Mischung von Real- und Trickfilmen, die den Krieg als sinnlos entlarvt. Hintergründig-vergnügliche Unterhaltung (1).

Obwohl der Bewertungsausschuß Einwände gegen die Synchronisation hat, findet er den poetischen Witz des Films bemerkenswert. Die Entscheidung wurde ihm leicht gemacht durch die einfallsreiche formale Machart dieser amüsanten Eulenspiegelei aus dem 30jährigen Krieg, die sich als eine Art Marionettenspiel ausgibt, in dem auf höchst einfallsreiche Weise bewegte Bilder aus der Zeit und Realszenen ineinander verquickt sind. Das Ergebnis ist ein Märchen für die Jugend, das auch Erwachsene amüsieren sollte, die nicht zuletzt die politischen Anspielungen sehen und in ihrem Sinne interpretieren.

Drehbuch:
Bryan Forbes
Robert B. Sherman
Richard M. Sherman

Regie:
Bryan Forbes

Lit. Vorlage:
chinesisches Märchen
(850 n. Chr.)

Kamera:
Tony Imiv

Musik:
Robert B. Sherman
Richard M. Sherman
Angela Morley

Darsteller:
Richard Chamberlain
Gemma Craven
Annette Crosbie
Edith Evans
Christopher Gable

Cinderella's silberner Schuh

THE SLIPPER AND THE ROSE

Scope-Farbfilm teilweise mit Untertiteln

Herstellungsland und -jahr: Großbritannien 1976

Hersteller: Paradine Co-Productions Ltd., London

Verleiher: –

Bj 1977 bw FSK: 6 J., ffr. Länge: 3483 m – 127 min

Inhaltsangabe:

Freie Verfilmung der Aschenbrödel-Geschichte, die das märchenhafte Geschehen mit einer realistisch wirkenden Umgebung zu verschmelzen sucht. Die Bilder geraten dabei zuweilen süßlich, und die Musical-Einlagen bringen den Handlungsablauf immer wieder zum Stocken, was dem Charme des Werkes stellenweise abträglich ist. Als Kinder- und Familienunterhaltung dennoch gut brauchbar (1).

Der Bewertungsausschuß sieht diesen Film in einer zweifachen Perspektive. Er ist der Ansicht, er sei für Kinder und für Jugendliche „besonders wertvoll" zu nennen, da er das Märchen Cinderella wohl mit Aufwand aber auch mit Geschmack, Distanz und mit jenem Verständnis für klare Formulierung realisiert, die dem Jugendlichen angemessen ist. Aber auch der Erwachsene sieht in diesem Märchen mit Sicherheit eine angenehme Unterhaltung, deren Qualitäten er vor allem in der Fotografie, der Ausstattung, aber auch in der Fähigkeit der Regie erkennt, durch den ironischen Unterton das allzu Märchenhafte zu relativieren.

Drehbuch:
Charles Chaplin

Regie:
Charles Chaplin

Kamera:
Roland H. Totheroh

Musik:
Charles Chaplin

Bauten:
Charles D. Hall

Darsteller:
Henry Bergman
Charles Chaplin
Harry Crocker
Allan Garcia
Merna Kennedy

Circus

THE CIRCUS

mit Zwischentexten

Herstellungsland und -jahr: USA 1927

Hersteller: Chaplin Studios, Inc., Hollywood, Calif.

Verleiher: –

Bj 1969 bw FSK: 6 J., ffr. Länge: 1962 m – 72 min

Inhaltsangabe:
Kleiner Strolch flüchtet vor der Polizei in einen Zirkus, stört die Nummern, wird ohne sein Wissen zur Attraktion des Unternehmens, verzichtet auf die von ihm geliebte Artistin und bleibt allein zurück (1).

Abgesehen von seiner filmhistorischen Bedeutung hat dieser Chaplin-Film auch unter den gegenwärtigen Maßstäben eine beispielhafte Qualität der filmischen Gestaltung, überraschenderweise sogar auch in der Kameraarbeit.

Der Film ragt unter den anderen Chaplin-Filmen relativ hervor, weil er optisch und im Spiel ungemein dicht angelegt ist. Ein rasanter Schlagabtausch von Einfällen, die keineswegs nur auf ein rasches Gelächter angelegt sind, verschafft dem Film eine frische Lebendigkeit. Allenthalben macht sich die verborgene Menschlichkeit Chaplins bemerkbar, der in seiner Darstellung schlechterdings überragend ist. In diesem Film hat Chaplin auch einigermaßen adäquate Nebendarsteller gefunden. Die gelinde Bearbeitung für eine heutige Aufführung gelang vorzüglich. Die Musik allerdings wirkt mitunter recht sentimental und nicht übermäßig originell.

Drehbuch:
Ota Hofman

Regie:
Jindřich Polák

Kamera:
Jan Kališ

Musik:
Evžen Illín

Darsteller:
Hanuš Bor
Vladimír Horka
Eva Hrabětová
Jiří Vrštala

Clown Ferdinand und die Rakete

KLAUN FERDINAND A RAKETA

Herstellungsland und -jahr: ČSSR 1962
Hersteller: Filmové Studio Barrandov, Prag
Verleiher: AV-Film, Neufahrn
Bj 1968 w FSK: 6 J., ffr. Länge: 792 m (16 mm) – 73 min

Inhaltsangabe:
Mit dem Wohnwagen, seinem uralten Auto und begleitet von drei Kindern gelangt Clown Ferdinand unfreiwillig in das Innere einer geheimnisvollen, unbemannten Weltraumrakete, die sofort zum Flug ins All startet (2).

Der Bewertungsausschuß hält den Film für jugendgeeignet, weil das Fantastische hier handfeste Formen angenommen hat, weil zwei Lieblingsvorstellungen von Jugendlichen (besonders Kindern) hier Gestalt gewonnen haben: der Clown und die Technik. Wenn hier beides in eine Geschichte von berechneter Langatmigkeit, ja, man kann sagen, Einfalt zusammengebracht ist, so wird das Fantasievermögen der Kinder nicht unangemessen strapaziert. Im Gegenteil: Das Arrangement aus Clown-Auftritt und Weltraumtechnik ist so geraten, daß es dem Vorstellungsvermögen von Jugendlichen gemäß erscheint, die sich leicht über Handlungslogik hinwegsetzen. Formal kommt hinzu: Die Fotografie, im allgemeinen konventionell und wenig interessant, geht in einigen Sequenzen dennoch erfindungsreich mit dem Requisit um.

Drehbuch:
John Goldsmith

Regie:
Gavin Millar

Lit. Vorlage:
Roald Dahl

Kamera:
Oliver Stapleton

Musik:
Stanley Myers

Ausstattung/Bau/
Kostüme:
Richard Hornsby

Darsteller:
Robbie Coltrane
Cyril Cusack
Samuel Irons
Yeremy Irons
Jimmy Nail

Danny – Der Champion

DANNY, THE CHAMPION OF THE WORLD

Farbfilm

Herstellungsland und -jahr: Großbritannien 1989

Hersteller: Portobello Filmproduktion, in Zusammenarbeit mit Thames/British Screen/The Disney Channel/Wonderworks/Children's Film and Television Foundation, London

Verleiher: Metropol Filmverleih, München

Bj 1989 bw FSK: 6 J., ffr. Länge: 2740 m – 100 min

Inhaltsangabe:
Mit Unterstützung seines alleinerziehenden Vaters gelingt es dem 9jährigen Danny, einen neureichen Großgrundbesitzer auszutricksen.

Dieser englische Film bringt mit der liebevoll-einprägsamen Charakterisierung seiner Hauptfiguren, mit der zurückhaltenden Dosierung von Überraschungs- und Spannungsmomenten, mit der oft bis zum Skurrilen zugespitzen Ausstattung, mit seiner einfachen Handlungs- und Dialogführung gewiß nicht jene Konfliktpädagogik zur Geltung, die als Hinführung zur Realität viele moderne Kinderfilme charakterisiert.

Er steht in der langen Tradition des englischen Kinderfilms, verschweigt und verschleiert die Konflikte der Erwachsenen und der Kinder aber nicht, sondern läßt sie in den einfachen Strukturen seiner Gestaltung fast sinnbildhaft für jeden durchscheinen, der ihre Tragweite – auch als Kind wahrzunehmen weiß.

Die guten schauspielerischen Leistungen, die gekonnte Arbeit der Kamera geben dem Film besondere Glanzlichter, die weniger der Realistik als jener unmittelbaren Erzähltechnik zugeordnet sind, die zur Gattung des „Es war einmal" gehört.

Drehbuch:
William Raynor
Myles Wilder

Regie:
Robert Stevenson

Lit. Vorlage:
Gordon Buford

Kamera:
William Snyder

Musik:
Buddy Baker

Darsteller:
Joe Flynn
Dwayne Hickman
Elsa Lanchester
Mary Ann Mobley

Ein dicker Hund

MY DOG, THE THIEF

Farbfilm

Herstellungsland und -jahr: USA 1969

Hersteller: Walt Disney Productions, Burbank, Calif.

Verleiher: –

Bj 1971 w FSK: 6 J., ffr. Länge: 2191 m – 80 min

Inhaltsangabe:
Kleptomanisch veranlagter Bernhardiner bringt seinen Herrn in Konflikt mit einem Gaunertrio. Disney-Lustspiel nach bekanntem tierfreundlichen Muster mit kindertümlichem Humor und leichtem Krimi-Zusatz (1).

Auch innerhalb seines Genres bietet der Film nicht viel, was auszuzeichnen wäre. Er ist völlig konventionell gemacht, das Drehbuch ist recht simpel, von den Darstellern wurde kaum etwas verlangt. Bei dem allgemeinen Mangel an netten Unterhaltungsfilmen hat die Mehrheit des Bewertungsausschusses sich für ein Prädikat entscheiden.

D r e h b u c h :
Miles Malleson
Lajos Biro

R e g i e :
Ludwig Berger
Michael Powell
Tim Whelon

K a m e r a :
Georges Périnal
Osmond Borradaile

M u s i k :
Miklos Rozsa

D a r s t e l l e r :
June Duprez
John Justin
Sabu
Morton Selten
Conrad Veidt

Der Dieb von Bagdad

THIEF OF BAGDAD

Farbfilm mit Trickteilen

Herstellungsland und -jahr: Großbritannien 1940

Hersteller: London Film Productions, London

Verleiher: –

Bj 1968 w FSK: 6 J., ffr. Länge: 2900 m – 108 min

I n h a l t s a n g a b e :
Ein listiger kleiner Junge und ein guter, mächtiger Geist helfen einem entmachteten jungen König, dem bösen Wesir von Bagdad ein Schnippchen zu schlagen (1).

Der Film bleibt von Anfang an in der Welt des Märchens, versucht gar nicht erst, irgendwelche Realitäten vorzugaukeln, und spricht daher Kinder unmittelbar an. Er hat eine erhebliche Spannung, Drehbuch und Regie entfalten eine Fülle von Fantasie in der Aufschließung märchenhafter Bilderwelten. Auch die zahlreichen Tricks sind keinesfalls bombastisch, sondern ganz im Sinne der Märchen aus 1001 Nacht angelegt. Das zeichnet diesen Film überhaupt aus, daß er in der ganzen Spielanlage, vor allem aber auch in der guten Farbgebung, ganz in der Märchenwelt aus 1001 Nacht bleibt. So hat man es hier mit einer an sich geschlossenen Leistung zu tun, die ihren Stil klar durchhält.

Auch schauspielerisch hat dieser Film beträchtliche Vorzüge, zumal in der Besetzung des Diebes von Bagdad, aber auch Conrad Veidt verdient eine besondere Hervorhebung. Zu beanstanden sind einige Längen (bei den Massenszenen) und die dem Stil des Films nicht angemessene Musik.

Drehbuch:
Leslie Bricusse

Regie:
Richard Fleischer

Lit. Vorlage:
Hugh Lofting

Kamera:
Robert Surtees

Musik:
Leslie Bricusse

Darsteller:
Richard Attenborough
William Dix
Samantha Eggar
Rex Harrison
Anthony Newley

Doctor Dolittle

DOCTOR DOLITTLE

Scope-Farbfilm

Herstellungsland und -jahr: USA 1966

Hersteller: Apjac Productions, London

Verleiher: Twentieth Century Fox, Frankfurt (Main)

Bj 1967 w FSK: 6 J., ffr. Länge: 4123 m – 151 min

Inhaltsangabe:
Die fantastischen Abenteuer des Dr. Dolittle in der Begegnung mit den Tieren und auf der Suche nach einer Riesen-Meeresschnecke, dargeboten als aufwendiges Musical mit eingängigen Melodien, verblüffenden Einfällen und beachtlichen darstellerischen Leistungen (1).

Das eigentliche Thema der literarischen Vorlage, der Umgang mit den verschiedenartigsten Tieren, wurde verblüffend und in meist ergötzlichen Sequenzen bewältigt. Im ersten Teil ist die Regie meist vortrefflich. Mit dem Augenblick, da das Doppellama auftritt, gewinnt der Film ein bis dahin nicht erreichtes Tempo. Hier brilliert die Kameraarbeit, die Farbfotografie. Die beiden männlichen Hauptrollen sind sehr angemessen besetzt. Auch der kleine Junge wurde von der Regie gut geführt.

Leider ist der Übergang des Films in das reine Märchen der schwimmenden Insel nicht in gleicher Weise geglückt, wenn auch mit dem Schiffbruch und der Abreise in der Schnecke und auf der Motte Höhepunkte filmischer Märchenerzählung erreicht wurden. Dagegen nähern sich die Szenen auf der Insel der bloßen Klamotte. Hier ist dem Buch und der Regie augenscheinlich der Atem ausgegangen.

Drehbuch:
Robert Westerby
James Neilson

Regie:
James Neilson

Lit. Vorlage:
Russell Thorndike
William Buchanan

Kamera:
Paul Beeson

Musik:
Gerard Schurman

Darsteller:
Tony Britton
George Cole
Geoffrey Keen
Patrick McGoohan
Kay Walsh

Dr. Syn – das Narbengesicht

DR. SYN – ALIAS SCARECROW

Farbfilm

Herstellungsland und -jahr: Großbritannien 1963

Hersteller: Walt Disney Productions, London

Verleiher: –

Bj 1965 w FSK: 12 J., ffr. Länge: 2684 m – 98 min

Inhaltsangabe:
Ein Dorfpastor in Südostengland sabotiert als Anführer von Schmugglern die erpresserische Steuerpolitik des Königs Georgs III., hilft unterdrückten Bauern und befreit Eingekerkerte (1).

Das Drehbuch hat die Fabel in klaren Konturen entwickelt. Es findet sich auf dem historischen Hintergrund eine genaue Abgrenzung zwischen Gut und Böse, die sogar einige, dramaturgisch geschickt entwickelte Differenzierungen zeigt. Der hohe Spannungsgrad dieses Films ist um so bemerkenswerter, als man von Anfang an weiß, wie das Spiel ausgehen wird.

Besonders erfreulich ist es, daß der Film auf Effekte vollständig verzichten konnte. Er hält sich auch bei jenen Szenen, die zur Härte neigen, behutsam zurück. Die Spielweise, die die Regie entwickelt, aber auch die Kameraarbeit, die Farbgebung und der Schnitt entsprechen ganz den Intentionen des Drehbuchs. Sie sind einfach und klar.

Regie:
diverse Regisseure

Donald Duck – eine Ente wie du und ich

DONALD DUCK'S BIRTHDAY PARTY

Zeichentrickfarbfilm mit Realteil

Herstellungsland und -jahr: USA 1934-1953/1984

Hersteller: Walt Disney Productions, Burbank, Calif.

Verleiher: Warner Bros. Film, München

Bj 1984 w FSK: 6 J., ffr. Länge: 2101 m – 77 min

Inhaltsangabe:

Zusammenstellung von zwischen 1934-1953 entstandenen Kurzfilmen aus der Disney-Produktion aus Anlaß des „50. Geburtstages" von Donald Duck.

Zwar sind manche der über zwanzig zitierten Filme auch in dem wiedergegeben Ausschnitt von einem zeichnerischen und inhaltlichen Witz, der das höchste Prädikat rechtfertigen könnte, doch bleibt die Zusammenstellung und Dramaturgie des Gesamtfilms der Gestalt des „Geburtstagskindes" und seinen Erfindern manches schuldig. Daß Donald Duck mehr ist als nur eine Witzfigur, daß er ist „wie du und ich", wird gerade durch diese Zusammenstellung nur begrenzt deutlich.

So rechtfertigt sich das Prädikat weniger durch den Gesamtfilm als durch einzelne Ausschnitte, die zwar keinen filmhistorischen Abriß von der Entwicklung dieser Figur vermitteln, aber doch in sich so geschlossen zitiert sind, daß der ursprüngliche Charme der Kurzfilme zur Geltung kommt.

Regie:
diverse Regisseure

Donald Duck geht in die Luft

DONALD DUCK AND HIS COMPANIONS

Zeichentrickfarbfilm

Herstellungsland und -jahr: USA 1936-53

Hersteller: Walt Disney Productions, Burbank, Calif.

Verleiher: Warner Bros. Film, München

Bj 1971 w FSK: 16 J., nffr. Länge: 2253 m – 82 min

Inhaltsangabe:
Zusammenstellung von Kurzfilmen aus den Jahren 1936-1953 mit bekannten Figuren aus der Disney-Werkstatt.

Die Bedenken des Ausschusses zielten auf die hier vorliegende Zusammenstellung des Materials ab, die eine ordnende Systematik vermissen läßt. Die Reihenfolge der Filme erscheint beliebig austauschbar und insofern kann bei der vorliegenden Zusammenstellung keineswegs von einer filmhistorisch relevanten und informativen Aufarbeitung des Materials gesprochen werden.

Für die Prädikatisierung maßgebend war, daß einzelne Filme in sich auch heute noch beachtlichen Unterhaltungswert besitzen. Sie reproduzieren eine Fülle einfallsreicher und amüsanter Gags (die allerdings in einigen Fällen durch Wiederholung ihre Überraschungsmomente einbüßen) und lassen immer wieder als Grundlage der Komik das Disneysche Prinzip der „plausiblen Unmöglichkeit" erkennen. Die Zusammenstellung erlaubt einen Überblick über die Variationsbreite der Hauptfigur und der Situationen und Geschehnisse, in die sie gestellt wird.

Regie:
diverse Regisseure

Donald und seine verrückte Bescherung

DONALD AND HIS DUCKLING GANG

Zeichentrickfarbfilm

Herstellungsland und -jahr: USA 1937-55

Hersteller: Walt Disney Productions, Burbank, Calif.

Verleiher: Warner Bros. Film, München

Bj 1981 w FSK: 6 J., ffr. Länge: 2114 m – 77 min

Inhaltsangabe:
Zusammenstellung von 11 Zeichentrickfilmen (1938-1954) aus der Disney-Werkstatt.

Der Bewertungsausschuß honorierte damit vor allem die filmhistorische, dokumentarische Bedeutung dieser Zusammenfügung von Ausschnitten aus verschiedenen Filmen der Serie Donald Duck und der Tiere seines Umkreises. Der Einfallsreichtum und die farbliche Qualität der einzelnen Filmteile sind, trotz grundsätzlich gekonnter Machart und perfekter Animation, doch recht unterschiedlich. Die deutsche Synchronisation wurde als überzogen und nicht überzeugend empfunden. Es bleibt auch zu fragen, ob der Film in seiner Ganzheit nicht zu viel Situationskomik bringt, die nach einem gleichen Muster verläuft, dadurch den Eindruck von Wiederholungen vermittelt.

Drehbuch und Regie:
Fritz Genschow

Lit. Vorlage:
frei nach Gebr. Grimm

Kamera:
Georg Huttula

Musik:
Hans-Joachim Wunderlich

Darsteller:
Fritz Genschow
Karin Hardt
Angela von Leitner
Gert Reinholm
Renée Stobrawa

Dornröschen

Farbfilm

Herstellungsland und -jahr: Bundesrepublik Deutschland 1955
Hersteller und Verleiher: Fritz Genschow Filmproduktion, Berlin
Verleiher: –
Bj 1955 w FSK: 6 J., ffr. Länge: 2199 m – 80 min

Inhaltsangabe:
Freie Bearbeitung des gleichnamigen Märchens um die Prinzessin, die von einer bösen Fee verwünscht wird, sich mit der Spindel sticht und in einen 100jährigen Schlaf fällt, aus dem sie der Prinz Florestan erlöst. Um den Kern der Handlung herum sind eine Vielzahl von Einlagen, Sing- und Tanzspiele gebaut (2).

Der Bewertungsausschuß hat dem abendfüllenden Märchen- und Jugendfilm „Dornröschen" einstimmig mit Rücksicht auf die anschauliche und jugendgemäße Gestaltung des Grimm'schen Märchens das Prädikat „wertvoll" verliehen.

Drehbuch:
Erdman Penner

Regie:
Clyde Geronimi

Lit. Vorlage:
Charles Perrault

Kamera:
Don da Gradi
Ken Anderson

Musik:
George Bruns
(nach Tschaikowsky)

Dornröschen und der Prinz

SLEEPING BEAUTY

Zeichentrickfarbfilm

Herstellungsland und -jahr: USA 1958

Hersteller: Walt Disney Productions, Burbank, Calif.

Verleiher: –

Bj 1959 w FSK: 6 J., ffr. Länge: 2050 m – 75 min

Inhaltsangabe:
Großangelegter Zeichenfilm nach einer älteren französischen Märchenvorlage. Walt Disney gab, wie üblich, amerikanischen Zauberhumor und trickreiche Aufregung hinzu (1).

Der Film ist – in sich betrachtet – eine mit Könnerschaft, ja mit Raffinement und Witz gemachte Produktion, die bei aller Mischung der Stilelemente es nie an Bildeinfällen, an Persiflage und vor allem an Ironie fehlen läßt. Da der Film die Märchenmotive und das, was an sich süßlich-kitschig ist, immer wieder durch Ironie und Verve aufhebt, läßt ihn in der Reihe der Disney-Produktion als eine weiter entwickelte und technisch vervollkommnete Stufe einordnen. Der Bildhintergrund, insbesondere die heraldischen Motive, die Schloßkompositionen und die surrealistischen Szenerien verraten ästhetische Qualitäten.

Drehbuch:
Laurence Stallings

Regie:
Zoltan Korda

Lit. Vorlage:
Rudyard Kipling

Kamera:
Lee Garmes

Musik:
Miklos Rosza

Darsteller:
Joseph Calleia
Rosemary de Champ
Frank Puglia
John Qualen
Sabu

Das Dschungelbuch

THE JUNGLE BOOK

Farbfilm

Herstellungsland und -jahr: Großbritannien 1942

Hersteller: London Film Productions, London

Verleiher: –

Bj 1968 w FSK: 6 J., ffr. Länge: 2859 m – 108 min

Inhaltsangabe:
Ein im indischen Dschungel unter Wölfen aufgewachsener Junge, der die Sprache der Tiere versteht, tötet einen mörderischen Tiger und legt Dieben das Handwerk (1).

Wertvoll erscheint, daß die Regie es versteht, einen fantastischen Vorgang überzeugend in eine farbige Kulissenwelt zu binden, in der der Dschungel fast wie ein pompös arrangierter botanischer Garten wirkt. Es ist zweifellos die Frage zu stellen, wieweit die Regie Naivität für einen märchenhaft legendären Vorwurf aufbringt, dem man selbstverständlich durch eine wesentlich intellektuell disponierte Fantasie nicht nahekommen kann. Die Mehrheit des Ausschusses meint, daß in die Künstlichkeit der Szenerie so viel Unmittelbarkeit, so viel Sinn für das Fantastische eingeflossen ist, daß man dem Film jenes Maß an Naivität bescheinigen muß, das dem weithin mit märchenhaften Zügen ausgestatteten Geschehen angemessen ist. Hinzu kommt, daß seine Spannungen dem jugendlichen Verständnis in dem Sinne angepaßt sind, als hier nie ein bestimmter Erregungsgrad überschritten wird.

D r e h b u c h :
Larry Clemmons
Ralph Wright
Ken Anderson
Vance Gerry

R e g i e :
Wolfgang Reitherman

L i t . V o r l a g e :
Rudyard Kipling

M u s i k :
George Bruns

Das Dschungelbuch

THE JUNGLE BOOK

Zeichentrickfarbfilm

Herstellungsland und -jahr: USA 1967

Hersteller: Walt Disney Productions, Burbank, Calif.

Verleiher: Warner Bros. Film, München

Bj 1968 w FSK: 6 J., ffr. Länge: 2140 m – 78 min

I n h a l t s a n g a b e :
Musicalhafter Disney-Zeichentrickfilm nach Rudyard Kiplings fantastischer Geschichte vom indischen Jungen, der im Dschungel von Tieren aufgezogen wird (1).

Zeichnungen und Animationen sind im Stil wie eh und je bei Disney, die Animation, vor allem die Bewegungen der Tiere fielen noch sorgfältiger aus als in früheren Beispielen. Im Gegensatz zu früher ist auch darauf verzichtet worden, übermäßig verspielt in Details zu gehen. Die Sentimentalität ist in Grenzen gehalten, wenn man vom Schluß absieht, der gegenüber dem übrigen Film deutlich abfällt. Erfreulicherweise kann man feststellen, daß an die Stellen von Sentimentalität Witz und gelegentlich sogar Humor getreten sind. Köstlich sind alle parodistischen Teile des Films, etwa das Elefantenexerzieren oder die Affenparty. Die gelegentlichen Ausflüge des Musical gelingen verhältnismäßig ungezwungen.

Drehbuch, Regie und Kamera:
Arne Sucksdorff

Musik:
Ravi Shankar

Dschungelsaga

EN DSCHUNGELSAGA

Scope-Farbfilm

Herstellungsland und -jahr: Schweden 1957

Hersteller: Arne Sucksdorff, Stockholm

Verleiher: –

Bj 1959 bw FSK: 12 J.; ffr. Länge: 2047 m – 75 min

Inhaltsangabe:
Volkskundlicher Dokumentarfilm, der sich – an Hand eines entbehrlichen Handlungsfadens – mit Lebensführung, Sitten und Bräuchen eines mittelindischen Stammes liebevoll befaßt und dabei ungewöhnlich schöne Naturaufnahmen vorzeigt (1).

Der Film muß trotz arrangierter Szenen und Handlung als Dokument gesehen werden, denn hier ist es gelungen, Lebensumstände und Lebensgefühl eines einfachen indischen Volksstammes in einem Ausschnitt zu zeigen, der durch die Verständlichkeit der Motive, durch die Unmittelbarkeit der Lebensäußerung, durch die hinreißend fotografierte exotische Umwelt Glaubwürdigkeit gewinnt. Es ist nicht eine fragwürdige Mischung von Dokumentarbericht und leicht fasslicher Spielhandlung entstanden, vielmehr ist das Geschehen als natürlicher Ausdruck eines exotischen Landes und Volkes entwickelt, die mit dokumentarischer Genauigkeit und künstlerischer Sensibilität gesehen sind. Die Fotografie ist in ihrer intensiven Farbigkeit ebenso zu rühmen, wie durch ihre Fähigkeit, dem Bildausschnitt eine künstlerische Fassung zu geben. Die formalen Reize sind unübersehbar, und es ist ihnen hoch anzurechnen, daß sie die überzeugende Lebensimpression nicht nur nicht hindern, sondern eher – man muß das positiv ausdrücken – intensivieren. Hinzu kommt, daß ein sorgfältig berechneter Schnitt ein fließendes Geschehen ermöglicht, daß wirklich einen Lebensausschnitt aus der Welt Indiens bildet, der nicht konstruiert oder auch nur bloß effektvoll arrangiert ist.

Drehbuch:
Joe Grant
Dick Huemer

Regie:
Walt Disney

Lit. Vorlage:
Helen Aberson

Kamera:
Harald Pearl

Musik:
Oliver Wallace
Frank Churchill

Dumbo, der fliegende Elefant

DUMBO

Zeichentrickfarbfilm

Herstellungsland und -jahr: USA 1941
Hersteller: Walt Disney Productions, Burbank, Calif.
Verleiher: AV-Film, Neufahrn
Bj 1952 bw FSK: 6 J., nffr. Länge: 696 m (16 mm) – 64 min

Inhaltsangabe:
Erlebnisse eines kleinen Zirkuselefanten, der seine großen Ohren zum Fliegen benützen kann. Ein stofflich, technisch und stilistisch origineller Musical-Zeichentrickfilm (1).

Die Kommission hat sich entschlossen, dem Film das Prädikat „besonders wertvoll“ zu geben. Sie tut dies aus der Erkenntnis, daß dieser Film aus der durchweg ausgezeichneten Kategorie der Zeichentrickfilme noch besonders durch sein so sehr vertieftes Thema herausragt. Die Schilderung der Mutterliebe in diesem Film ist eindringlicher, als dies in vielen Spielfilmen mit ausgezeichneten Schauspielern gelungen ist. Der Traum Dumbo's ist in dem Zusammenspiel von Farben, Formen, Musik und Rhythmus ein besonders gelungenes Kunstwerk. Sowohl der Form als auch der Durchführung des Themas nach gehört der Film zu den bedeutendsten Leistungen des Filmschaffens überhaupt. Es konnte ihm deshalb das höchste Prädikat zuerkannt werden.

Drehbuch:
John Collier
Akos Tolnay
Marica de Silva

Regie:
Zoltan Korda
Robert Flaherty

Lit. Vorlage:
Rudyard Kipling

Kamera:
Osmond Borradaile

Musik:
John Greenwood

Darsteller:
W. E. Holloway
Walter Hudd
Allan Jeayes
Sabu
Wilfrid Hyde White

Der Elefantenboy

THE ELEFANT BOY

Herstellungsland und -jahr: Großbritannien 1936
Hersteller: London Film Productions, London
Verleiher: –
Bj 1968 w FSK: 6 J., ffr. Länge: 2165 m – 83 min

Inhaltsangabe:
Ein kleiner indischer Junge, der sich im Dschungel auskennt, hilft den Tierschützern der Regierung, die Sammelplätze der Elefantenherden zu finden. Verfilmung einer poetischen Kipling-Erzählung (1).

Der Film bringt es fraglos zuwege, die noch stark von Kolonialvorstellungen beeinflußte Welt Kiplings im Film zu spiegeln. Dabei ist ein legendärer Ton nicht ausgeschlossen. Ebensowenig wie der Kolonialromantizismus, der sich in der schauspielerisch besonders schwachen Figur des weißen Sahib markiert.

So ist zu dem Film anzumerken, daß die Spielszenen nicht überzeugen: sie wirken gestellt, an einigen Stellen theatralisch. Der besondere, auch heute noch wirksame Reiz des Films liegt in den vorzüglichen Tieraufnahmen (von Flaherty), liegt also vor allem in der Bildqualität. Hier zeigt der Film Spontanes, hier ist die Situation völlig glaubwürdig. Hier ist die Fotografie im eigentlichen Wortsinne schön. Man darf annehmen, daß die etwas simple Direktheit der Spielszene (von Korda) für jugendliches Auffassungsvermögen berechnet ist. Der Junge, Sabu, entspricht ganz dieser Absicht.

Drehbuch:
Malcolm Marmorstein

Regie:
Don Chaffey

Kamera:
Frank Phillips

Musik:
Al Kasha
Joel Hirschhorn
Irwin Kostal

Darsteller:
Red Buttons
Jim Dale
Sean Marshall
Helen Reddy
Mickey Rooney

Elliot – Das Schmunzelmonster

PETE'S DRAGON

Farbfilm mit Trickteilen

Herstellungsland und -jahr: USA 1977

Hersteller: Walt Disney Productions, Burbank, Calif.

Verleiher: AV-Film, Neufahrn

Bj 1978 w FSK: 6 J., ffr. Länge: 1155 m (16 mm) – 106 min

Inhaltsangabe:
Ein Drache, der fliegen und sich unsichtbar machen kann, begleitet einen Waisenjungen auf seiner Flucht vor den ihn ausnutzenden Pflegeeltern und verhilft ihm zu einer neuen Familie (1).

Der Film, so wurde ausgeführt, verwirklicht jene Märchenhaftigkeit und erzählerische Breite, die Kindern angemessen ist. Bedenken hinsichtlich eines Prädikats erhoben sich wegen der Wiederholungen und Ungereimtheiten der Handlung; widersprochen wurde ihnen mit Hinweis auf den Märchencharakter des Films. Schauspielerische Schwächen und (bei „Elliot") zeichnerische Inkonsequenzen wurden ebenfalls als Einwand gegen ein Prädikat geltend gemacht.

Drehbuch:
Karel Zeman
František Hrubý

Regie:
Karel Zeman

Lit. Vorlage:
Jules Verne

Kamera:
Jiří Tarantík
Bohuslav Pikhart
Antonín Horák

Musik:
Zdeněk Liška

Darsteller:
Miloslav Holub
Arnošt Navrátil
František Šlégr
Lubor Tokoš
Jana Zatloukalová

Die Erfindung des Verderbens

VYNÁLEZ ZKÁZY

Real-, Puppen- und Zeichentrickfilm

Herstellungsland und -jahr: ČSSR 1957

Hersteller: Krátký film, Praha, Studio loutkových filmu, Gottwaldov

Verleiher: AV-Film, Neufahrn

Bj 1968 bw FSK: 6 J., ffr. Länge: 888 m (16 mm) – 81 min

Inhaltsangabe:
Um die Erfindung eines Professors für verbrecherische Ziele nutzen zu können, entführen Piraten den Gelehrten und seinen Assistenten (1).

Aber gerade die Überlegung Karel Zemans, die situative Darstellung mit einer skurrilen Freude am grotesken Gegenstand zu durchdringen, regt ungemein die Fantasie des Jugendlichen an, und zwar in dem Sinne, daß er die Szene naiv begreift und darüber hinaus an den formalen Erfindungen Zemans seine Fantasie entzündet. Daß diese formale Erfindung so sehr der Welt Jules Verne zugehört, die Karel Zeman als ein interessantes Ineinander von Zeichnungen und Realszene zeigt, erhöht den Reiz des intelligent und mit hohem formalen Vermögen konzipierten Spiels, das eine hochinteressante Verbindung von illustrativer Zeichnung des 19. Jahrhunderts und der frühen Fotografie bewirkt. Daß dabei die filmische Bewegung so fesselnd geraten ist, erscheint nicht nur ein Beweis des technischen, sondern ebenso auch der künstlerischen Formulierkraft Zemans, die – wie dieser Film zeigt – nicht veraltet ist.

Drehbuch:
Jan Werich
Jiří Brdečka
Bořivoj Zeman

Regie:
Bořivoj Zeman

Lit. Vorlage:
Božena Nemcova

Kamera:
Jahn Roth

Musik:
Václav Trojan

Darsteller:
Vlasta Burian
Milena Dvorska
Irena Kacirkova
Stella Majova
Jan Werich

Es war einmal ein König

BYL JEDNOU JEDEN KRÁL

Farbfilm

Herstellungsland und -jahr: ČSSR 1955

Hersteller: Tschechoslowakischer Staatsfilm, Prag

Verleiher: –

Bj 1956 w FSK: 6 J., nffr. Länge: 2215 m – 81 min

Inhaltsangabe:
Ein König fragt seine drei Töchter, wie sehr sie ihn lieben. Als die Jüngste antwortet, sie liebe ihn wie das Salz, wird sie verstoßen. Erst als der Vater erkennt, daß man ohne Salz nicht leben kann, läßt er die jüngste Tochter zurückholen. Mit ihrem Bräutigam hält sie Einzug auf dem Schloß (2).

Daß der wesentliche Hintergrund der märchenhaften Spielhandlung glaubhaft wird, ist vor allem das Verdienst der geschlossenen und konsequenten Dramaturgie, der ebenso strengen wie lebendigen Regieführung und nicht zuletzt der ungewöhnlichen schauspielerischen Leistungen von Jan Werich. Ihm gelingt es, auch in jenen Phasen des Films, in denen der König als Trottel und Popanz gezeichnet wird, jene menschliche Substanz durchscheinen zu lassen, auf welche die spätere Wandlung sich gründet. Die Figuren um den König herum, sowohl die Marionetten des Hofstaates wie auch die Tochter und die Kräuterfrau bilden ein vielfarbiges und vielgestaltiges Relief für die Handlung. Wenn der Film sich in seinem Bildstil eines teilweise dick aufgetragenen Realismus bedient, so ist das an sich zu bedauern, doch kann er durch den märchenhaften Charakter dieses Lustspiels hingenommen werden. In einem seltsamen Gegensatz zu diesem Bildstil steht der teilweise moderne und reflektierte Dialog. Ihm ist es jedoch mitzuverdanken, daß die Hautpfiguren nicht typenhaft, sondern persönlich erscheinen.

Drehbuch:
Melissa Mathison

Regie:
Steven Spielberg

Animation:
Samuel Camstock

Kamera:
Allen Daviau

Schnitt:
Carol Littleton

Musik:
John Williams

Darsteller:
Drew Barrymore
Robert Barton
Peter Coyote
Michael Darrell
Erika Eleniak

E.T. – Der Außerirdische

THE EXTRA TERRESTRIAL

Farbfilm

Herstellungsland und -jahr: USA 1981
Hersteller: Universal Pictures, New York, N.Y.
Verleiher: United International Pictures, Frankfurt (Main)
Bj 1982 bw FSK: 6 J., ffr. Länge: 3127 m – 114 min

Inhaltsangabe:
Ein intelligentes koboldartiges Wesen von einem fernen Planeten wird von Kindern versteckt und gerettet (1).

Im Blick auf die Gattung des Märchenfilms, der dieser Film zuzurechnen ist, muß die Originalität des Stoffes hervorgehoben werden. So sehr er auch die uralten Märchenmotive fast aller Kulturen aufgreift, leistet er in ihrer originellen Verknüpfung Bemerkenswertes auch im Sinne der Zeitkritik: die Extraterrestrischen werden nicht als Bedrohung der Menschheit, nicht als deren erklärte oder zufällige Feinde interpretiert, sondern als intelligente Wesen, deren Fähigkeit zum Denken und Fühlen, Mitempfinden und Handeln dem Menschen ebenbürtig ist, ihn weder deklassiert noch glorifiziert.

Eingebunden ist dieser Tenor der Erzählung in ein einfaches, nicht immer rational schlüssiges Geschehen. In der Auswahl der Schauspieler und in ihrer Führung beweist eine Regie ihre Fähigkeiten, die in der Dramaturgie der Spannung ebenso hervorragend ist wie in der Dramaturgie der Enthüllungen, beispielsweise über das Aussehen und die Fähigkeiten von E.T. Dabei sind die Trickgestaltung wie die Ausstattung des Films auf den märchenhaften und gleichzeitig gleichnisartigen Tenor des Films ausgerichtet: es gibt keine Gags, die allein um ihrer selbst willen das Geschehen unterbrechen, es gibt keine Ausstattungselemente und auch keine Rollen, die selbstzweckhaft im Film auftauchen.

Drehbuch und Regie:
Eugen Schumacher

Kamera:
Eugen Schumacher
Freimut Kalden
Helmut Barth

Musik:
Erich Bender

Europas Paradiese – Letzte Reste einer Urnatur

Farbfilm

Herstellungsland und -jahr: Bundesrepublik Deutschland 1973
Hersteller: Eugen Schumacher, Grünwald
Verleiher: Globus-Film, Neufahrn
Bj 1973 w FSK: 6 J., ffr. Länge: 3033 m – 111 min

Inhaltsangabe:
Eugen Schumachers (1906-1973) letzter Film gibt Einblick in verschiedene europäische Naturschutzgebiete und Nationalparks mit seltenen, zum Teil vom Aussterben bedrohten Tierarten (1).

Der Bewertungsausschuß geht davon aus, daß dem Autoren des Films seltene Tieraufnahmen gelungen sind. Von daher hat der Film unübersehbare Qualität. Sie wird dadurch akzentuiert, daß Tiere in einer Umwelt gezeigt werden, die ihnen gemäß ist. Dies ist der Anlaß für einen moralischen Appell, der nach Meinung des Bewertungsausschusses zu undifferenziert geraten ist, dem er in der Tendenz indessen zustimmt. Die Bildqualität des Films erscheint dem Ausschuß dem Schwierigkeitsgrad mancher Aufnahmen angemessen. So ist festzustellen, daß hier ein Tatbestand vorgeführt wird, der in eine mit Musik oft allzu aufdringlich garnierte filmische Perspektive gerät, die sich auf Grund des sachlichen Anliegens nuancierter hätte ausnehmen sollen.

Drehbuch, Regie und Kamera:
Bob Carrau
John Korty

Schnitt:
John Nutt

Musik:
Peter Bernstein

Darsteller:
Guy Boyd
Warwick Davis
Fionulla Flanagan
Aubree Miller
Eric Walter

Die Ewoks – Karawane der Tapferen

CARAVAN OF COURAGE

Farbfilm

Herstellungsland und -jahr: USA 1984
Hersteller: Lucasfilm, San Rafael, Calif.
Verleiher: Twentieth Century Fox, Frankfurt (Main)
Bj 1985 w FSK: 6 J., ffr. Länge: 2647 m – 97 min

Inhaltsangabe:
Die abenteuerlich – fantastische Geschichte von zwei Kindern, die auf einem fernen Planeten und mit Hilfe der Ewoks (lebenden Teddybären) ihre Eltern aus der Gewalt eines Riesen befreien können.

Und wenn sie nicht wieder zur Erde zurückgekehrt ist, lebt die Familie heute noch glücklich und zufrieden unter den Ewoks, denn – so lautet die Lehre dieses Kinderfilms: „Mut, Treue und Liebe sind die mächtigsten Kräfte des Universums", also nicht nur auf der Erde.

Um diese Botschaft über die Leinwand zu bringen, veranstaltet der Film ein aufwendiges Spektakel, dem es an märchenhaften Szenen und spannenden Einfällen nicht fehlt. Immer wenn die Kommunikation zwischen den ausdrucksarmen Ewoks und den Menschen ins Stocken gerät, greift ein Kommentar ein, um dem jugendlichen Publikum den weiteren Gang der Handlung zu erläutern. Die Kamera übt sich in wohltuender Gelassenheit, hektischer Schnitt ist verpönt, Humor wird in bescheidenem Umfang von den possierlichen Ewoks produziert.

Drehbuch:
Václav Krška
Jaroslav Beránek

Regie:
Václav Krška

Lit. Vorlage:
Wilhelm Hauff

Kamera:
Ferdinand Pečenka

Musik:
Jarmil Burghauser

Darsteller:
Eduard Cupák
Karel Fiala
Vladimír Leraus
Dana Medřická
Jana Rybářová

Der falsche Prinz

LABAKAN

Farbfilm

Herstellungsland und -jahr: ČSSR/Bulgarien 1956

Hersteller: Tschechoslowakischer Staatsfilm, Prag/Bulgarische Staatsfilmproduktion, Sofia

Verleiher: –

Bj 1959 w FSK: 6 J., nffr. Länge: 1811 m – 59 min

Inhaltsangabe:
Ein mit seinem Leben unzufriedener Schneidergeselle gibt sich beim Sultan als dessen Sohn aus. Als sein falsches Spiel entdeckt wird, wird er verbannt (2).

Als für die Jugend bestimmtes Erzeugnis hat dieser Film zweifellos nicht unerhebliche Reize. Durch seine geschmacklich unterschiedliche Farbigkeit und seine Kostümfreude, die eine etwas simple Spielführung, in der das berechnet Fantastische einigermaßen das Märchenhafte überwuchert, noch akzentuiert, gerät das Ganze zur aufwendigen Bilderbuchwirklichkeit. Die Geschichte von dem Schneidergesellen Labakan, der sich zum Prinzen macht, wird ohne filmischen Anspruch erzählt, geht indes so weit auf jugendliches Fassungsvermögen und Bildfreude ein, daß ein Film entstanden ist, der für den jungen Zuschauer berechtigte Ansehnlichkeit besitzt. Hinzu kommt der pädagogische Sinn des Spiels, der darin liegt, daß erborgter Glanz zu keinem guten Ende führt.

Drehbuch, Regie
und Kamera:
Klaus Lautenbacher

Schnitt:
Monika Abspacher

Ton:
Calos Barbosa

Ausstattung:
Christel Lautenbacher

Darsteller:
Dotsche Asocapane
Markus Lautenbacher
Leonore Paurat

Die Farbe der Indios

Farbfilm

Herstellungsland und -jahr: Bundesrepublik Deutschland 1987
Hersteller: Antares Filmproduktion, Klaus Lauterbacher, München
Verleiher: AV-Film, Neufahrn
Bj 1987 w FSK: o. A. ffr. Länge: 686 m (16 mm) – 63 min

Inhaltsangabe:
In seinen Träumen begegnet ein Junge aus München einem Indiojungen im brasilianischen Urwald und erlebt dessen Alltag.

Die im Bewertungsausschuß geäußerten positiven Argumente für den Film wurden vom Hauptausschuß im Prinzip geteilt. Darüber hinaus fand der Hauptausschuß die Idee, den deutschen Jungen im Traum in die Welt der Indios am Amazonas zu versetzen, originell und im ganzen auch als gelungen. Es bestand Übereinstimmung darüber, daß der Eindruck der Lebenssphäre der Indios und ihrer Probleme natürlich nicht sehr differenziert dargestellt werden konnte, sondern in einer der kindlichen Auffassungsgabe entsprechend verkürzten Form. Die Langatmigkeit der Darstellung des Milieus des weißen Jungen ist allerdings nicht zu übersehen und auch die zu häufigen Großaufnahmen von Banalitäten aus dem Alltagsleben (Toaster, Ei aufklopfen) erscheinen dramaturgisch nicht hinreichend begründet.

Drehbuch:
Judy Freudberg
Tony Geiss
David Kirschner

Regie:
Don Bluth

Chef-Zeichner:
John Pomeroy
Dan Kuenster
Linda Miller

Kamera:
Fred Craig

Musik:
James Horner

Feivel, der Mauswanderer

AN AMERICAN TALE

Zeichentrickfarbfilm

Herstellungsland und -jahr: USA 1985

Hersteller: Universal International Films, Hollywood, Calif.

Verleiher: United International Pictures, Frankfurt (Main)

Bj 1987 w FSK: 6 J., ffr. Länge: 2210 m – 81 min

Inhaltsangabe:
Die kleine Maus Feivel muß als US-Einwanderer zahlreiche gefahrvolle Abenteuer überstehen, um endlich ihre Familie wiederzufinden.

Als Zeichentrickfilm, in dem die bewährten Elemente der herkömmlichen Animation mit denen des Computer-Tricks zusammengefügt werden, bewegt sich der hier zu bewertende Film auf einem professionell interessanten Niveau. Die Geschichte bleibt auf bekannte, vielfach verwendete „Amerika-Hoffnungsvisionen" begrenzt, ist aber innerhalb ihrer Genrebildung einleuchtend erzählt – mit der Möglichkeit vieler Weiterknüpfungen. Die Montage wird in vielen Sequenzen als zu rasant bzw. hastig – besonders für kindliche Wahrnehmungsmöglichkeiten – empfunden. Die Musik bleibt im Konventionellen.

Drehbuch:
Gerry und Syliva Anderson

Regie:
David Lane

Kamera:
Paddy Seale

Musik:
Barry Gray

Feuervögel startbereit

THUNDERBIRDS ARE GO

Scope-Trickfarbfilm

Herstellungsland und -jahr: Großbritannien 1966

Hersteller: A.P. Films, London

Verleiher: United International Pictures, Frankfurt (Main)

Bj 1967 w FSK: 6 J., ffr. Länge: 2540 m – 93 min

Inhaltsangabe:
Science-fiction-Film mit Puppen und Modellen über einen Flug zum Mars und zurück (2).

Das für den Zuschauer Interessante an diesem Raumfahrtabenteuer ist die Modellspielerei, die technisch recht geschickt aufgezogen wurde. In diesem Bereich scheinen zumindest für den Nichtfachman die Anleihen aus der heutigen Realität weitgehend plausibel. Das Fremdartige dieser Abenteuergeschichte wird ganz konsequent durch zwei Momente betont: durch das Fehlen einer eigentlichen Spielhandlung, die nur in einigen restlichen Elementen vorhanden ist, und durch das „Ausweichen" in das Spiel mit Puppen. Nicht uninteressant ist dabei in einigen Szenen die Mixtur von Puppen mit „echten" Details. Der Film macht deutlich, wie sehr man auf der Suche und andererseits wie sehr man noch am Anfang ist, neue Bereiche der Wirklichkeit, die in Schlagworten schon eine gewisse Alltäglichkeit erreicht hat, nun tatsächlich sinnfällig zu machen.

Drehbuch:
Mary O'Hara

Regie:
Harold Shuster

Lit. Vorlage:
Mary O'Hara

Kamera:
Dewey Wrigley

Musik:
Alfred Newman

Darsteller:
James Bell
Jeff Corey
Preston Forster
Rita Johnson
Roddy McDowall

Flicka

MY FRIEND FLICKA

Farbfilm

Herstellungsland und -jahr: USA 1942

Hersteller: Twentieth Century Fox Film Corporation, New York

Verleiher: –

Bj 1968 w FSK: 6 J., ffr. Länge: 2431 m – 90 min

Inhaltsangabe:
Die herzbewegende Geschichte eines kleinen Jungen, der sich sehnlichst ein Pferd wünscht und aus einem widerspenstigen Fohlen mit Liebe und Geduld einen verläßlichen Kameraden heranzieht (1).

Es ist überraschend, wie frisch dieser Film aus dem Jahre 1942 heute noch wirkt. Sogar die Farbe ist in ihrer Qualität noch sehr ansehnlich. Die Regieleistung liegt nicht so sehr bei der Führung der Darsteller, obgleich auch hier nichts auszusetzen ist, als in den Tier- und Naturaufnahmen.

Die Parallelgeschichte des Pferdes Flicka und des Jungen ist mit großer Einfühlungsgabe, aber auch mit großer Zurückhaltung entwickelt, so daß Handlung und Darstellung an keiner Stelle ins unangenehm Sentimentale abgleiten. Der Film zeichnet sich durch Einfachheit und Natürlichkeit aus, er hat Spannung und ist auch pädagogisch nicht ohne Wert.

Drehbuch:
Erich Kästner

Regie:
Kurt Hoffmann

Lit. Vorlage:
Erich Kästner

Kamera:
Friedl Behn-Grund

Musik:
Hans Martin Majewski

Darsteller:
Heliane Bei
Paul Dahlke
Bruno Hübner
Paul Klinger
Erich Ponto

Das fliegende Klassenzimmer

Herstellungsland und -jahr: Bundesrepublik Deutschland 1954
Hersteller: Carlton-Film, München
Verleiher: Filmwelt-Verleih, München
Bj 1954 bw FSK: 6 J., ffr. Länge: 2521 m – 90 min

Inhaltsangabe:
Eine Gymnasialklasse hat neben ihrer Privatfehde gegen gleichaltrige Realschüler auch vernünftige Ideen: Sie erneuert den Kontakt zwischen dem bewunderten Klassenlehrer und dessen Jugendfreund, einem durch Schicksalsschläge zum verbitterten Einzelgänger gewordenen Arzt (1).

Zu den Vorzügen gehört das ausgezeichnete Drehbuch, die nicht immer sehr einfache, aber wohlgelungene Regieführung, vor allem der spielenden Jungens, aber auch der Hauptdarsteller, die saubere einfügsame Fotografie, die eine sehr gute Kameraführung zeigt. Es muß auch darauf hingewiesen werden, daß dem Film ein ethisch sehr hohes, in keiner Weise aufdringlich pädagogisch zum Vorschein kommendes Niveau gegeben ist, das ihn an die Spitze derartiger Filme in der augenblicklichen deutschen Filmproduktion stellt.

Drehbuch:
Arthur Weiss

Regie:
James B. Clark

Lit. Vorlage:
Ricou Browning
Jack Cowden

Kamera:
Lamar Boren
Joseph Brun

Musik:
Henry Vars

Darsteller:
Chuck Connors
Luke Halpin
Kathleen Maguire
Jane Rose
Connie Scott

Flipper

FLIPPER

Farbfilm

Herstellungsland und -jahr: USA 1962

Hersteller: Ivan Tors Films, Los Angeles, Calif.

Verleiher: United International Pictures, Frankfurt (Main)

Bj 1963 w FSK: 6 J., ffr. Länge: 2468 m – 90 min

Inhaltsangabe:
Die Geschichte einer Jugendfreundschaft mit einem Delphin an der Küste Floridas, durch effektvolle Abenteuer künstlich angereichert. Gelungene Unterhaltung für die Familie (1).

Der Film ist – trotz seiner nur durchschnittlichen Qualitäten – geeignet, die Fantasie junger Menschen zu beflügeln, ihrem Verlangen nach märchenhaften Tiergeschichten zu entsprechen und gewisse Ermunterungen zu eigener Freundschaft mit Tieren zu geben und auch einen gewissen Einsatz für solche Freundschaft zu verlangen. Die filmischen Qualitäten sind ausreichend. Eine Hervorhebung verdient die Farbe. Besondere Bedenken hatte der Ausschuß gegen die pädagogischen Erörterungen des Vaters, zumal hier die etwas märchenhaft angelegte Geschichte allzusehr auf eine reale Ebene gezogen wird.

Drehbuch:
Ota Hofman
Štepán Skalský

Regie:
Štepán Skalský

Lit. Vorlage:
Ota Hofman

Kamera:
Jiři Šámal

Musik:
Zdeněk Liška

Darsteller:
Helena Bendová
Roman Skamene
Ivan Vyskočil

Flucht

ÚTĚK

Herstellungsland und -jahr: ČSSR 1967

Hersteller: Filmové Studio Barrandov, Prag

Verleiher: Landesbildstellen

Bj 1970 w FSK: 12 J., ffr. Länge: 831 m (16 mm) – 76 min

Inhaltsangabe:
Einer fahrlässigen Brandstiftung verdächtiger zehnjähriger Junge hängt sich an den 16jährigen wirklichen Täter, um ihn der Polizei auszuliefern, schließt dann aber Freundschaft mit ihm (1).

Dieser Film ist fein nuancierter, unprätentiöser Abenteuer-Bericht. Er hat Atmosphäre und mindert seine Spannungselemente derart, daß er offensichtlich für Jugendliche berechnet ist. Die beiden Jungen, die das Spiel bestreiten, sind spontan, lebendig: der ältere ebenso wie der jüngere. Und so ergibt sich ein im Grunde anspruchsloses Spiel, das der Regie das Zeugnis guter psychologischer Beobachtung ausstellt.

Drehbuch und Regie:
Arendt Agthe

Kamera:
Jürgen Jürges

Musik:
Matthias Raue

Darsteller:
Hans Beerhenke
Fedor Hoppe
David Hoppe
Julia Martinek
Uwe Müller

Flußfahrt mit Huhn

Farbfilm

Herstellungsland und -jahr: Bundesrepublik Deutschland 1983
Hersteller: Frankfurter Filmwerkstatt, in Zusammenarbeit mit Hessischer Rundfunk, Frankfurt (Main)
Verleiher: Atlas-Filmverleih, Duisburg
Bj 1984 w FSK: 6 J., ffr. Länge: 3024 m – 111 min

Inhaltsangabe:
Die abenteuerliche Reise von vier Kindern, die sich – von einem fürsorglichen Großvater verfolgt – im Schlauchboot auf den Weg machen, die „Nord-West-Passage“ zu entdecken.

Was die pädagogische Beurteilung anbelangt, ist der Hauptausschuß nicht der Meinung, daß einige der ohne Zweifel riskanten Abenteuer-Situationen wegen einer Nachahmungsgefahr gegen den Film eingewendet werden können. Die Kamera-Arbeit wird übereinstimmend als gut empfunden, sowohl was die Farbfotografie anbelangt, als auch die sehr geschickt und abwechslungsreich gewählten Kamera-Positionen. Nebenher liefert sie eindrucksvolle Bilder einer deutschen Fluß-Landschaft.

Die Story ist spannend, gewinnt dabei immer wieder einen Hauch poetischer Atmosphäre. Das bewirkt, daß auch lange Einstellungen nicht langweilig werden. Obwohl im Erst-Gutachten schon hervorgehoben, sei noch einmal auf das vorzügliche Spiel der Kinder und des Großvaters hingewiesen, das den Film entscheidend prägt. Demgegenüber erscheinen die zum Teil berechtigten Einwände gegen die Familien-Szenen am Anfang und am Schluß nicht mehr so gravierend, daß damit eine Ablehnung begründet werden könnte.

Drehbuch:
Jiří Cirkel
Václav Táborský

Regie:
Václav Táborský

Kamera:
Josef Střecha

Musik:
Bohuslav Ondráček

Darsteller:
Zdeněk Janský
Josef Novotný
Antonin Vomáčka

Franz stellt alles auf den Kopf

ZÁZRACNÝ HLAVOLAM

Herstellungsland und -jahr: ČSSR 1967

Hersteller: Filmové Studio Barrandov, Prag

Verleiher: Landesbildstellen

Bj 1969 w FSK: 6 J., ffr. Länge: 894 m (16 mm) – 82 min

Inhaltsangabe:
Mit gefundenen Zauberringen bringen Franz und seine Freunde eine ganze Kleinstadt durcheinander. Bemerkenswerter Märchenfilm vor realistischem Hintergrund. Phantasieanregend und unterhaltsam (1).

Der Film erzählt seine märchenhafte Geschichte recht amüsant; stellenweise, besonders zu Beginn, kann er auch für Erwachsene vergnüglich und sogar spannend sein. Längen werden von Kindern sicher nicht als solche empfunden, und daß die Autoren sich bei der Erfindung von allerlei Verzauberung eine gewisse Zurückhaltung auferlegten, mag für Kinder ebenfalls richtig sein, da ihnen auf diese Weise noch Spielraum für die eigene Fantasie und das Weiterspinnen der Geschichte bleibt. Der Kamera ist es gelungen, von Anfang an eine Atmosphäre zu schaffen, die die Übergänge ins Irreale unterstützt.

Drehbuch und Regie:
Fritz Genschow

Lit. Vorlage:
Gebr. Grimm

Kamera:
Wolf Göthe
Gerhard Huttula

Musik:
Richard Stauch

Darsteller:
Melitta Klefer
Rita-Maria Nowotny
Erika Petrick
Renée Stobrawa
Annaliese Würtz

Frau Holle

Farbfilm

Herstellungsland und -jahr: Bundesrepublik Deutschland 1954
Hersteller/Verleiher: Fritz Genschow Filmproduktion, Berlin
Verleiher: –
Bj 1954 w FSK: 6 J., ffr. Länge: 2179 m – 90 min

Inhaltsangabe:
An einem Brunnen löst sich der Schwarze Peter aus seiner Versteinerung und verleitet zwei Waisenkinder zu Dummheiten und Diebstahl. Um die Kinder zu beschützen, entführt Frau Holle sie in ihr Zauberreich, wo sie das Märchen von der Gold- und der Pechmarie erleben (2).

Der Bewertungsausschuß hat dem Film „Frau Holle“ als abendfüllendem Jugend- und Märchenfilm das Prädikat „wertvoll“ verliehen. Er hält die Darstellung und die Farbgebung des Märchens im wesentlichen für geglückt, wenn auch die Verbindung des ursprünglichen Märchens mit der wohl frei dazu erfundenen Geschichte eines kinderlosen Dorfes und den Streichen des „Schwarzen Peter“ den Film für Kinder und Jugendliche stofflich etwas überlädt.

Drehbuch:
Lubomir Feldek
Juraj Jakubisko

Regie:
Juraj Jakubisko

Lit. Vorlage:
frei nach Gebr. Grimm/
slawische Volksmärchen

Kamera:
Dodo Šimončic

Musik:
Petr Hapka

Darsteller:
Tobias Hoesl
Giulietta Masina
Milada Ondrašiková
Petra Vanciková

Frau Holle

PERINBABA

Farbfilm

Herstellungsland und -jahr: ČSSR/Bundesrepublik Deutschland/Österreich 1985

Hersteller: Slovensky Film, Bratislava/Omnia Film, München/Zweites Deutsches Fernsehen, Mainz/MR-Film/Österreichischer Rundfunk, Wien/RAI, Rom

Verleiher: Jugendfilm-Verleih, Berlin

Bj 1985 w FSK: o. A., ffr. Länge: 2561 m – 94 min

Inhaltsangabe:
Mit folkloristischen Elementen angereicherte Neuverfilmung des Märchens der Gebrüder Grimm.

Märchenfilme gehören heute zu den Kunstgattungen, die nur noch selten beherrscht werden. So mag es kein Zufall sein, daß dieser Film, der das Märchen von Frau Holle der Gebrüder Grimm neu erzählt, aus der Slowakei stammt. Dort lassen sich – wie nur in wenigen anderen europäischen Kulturgebieten – bis heute Folklore und neueste Erzählformen miteinander verknüpfen. Das gilt auch für die musikalische Ebene, die kaum eine andere Herkunft haben könnte. Die Bühnenstruktur, das nie penetrante Zusammenspiel von Formen und Farben, auch die Verträumtheit vieler Einstellungen (die in anderen Kulturen möglicherweise als Kitsch empfunden werden könnte) lassen vermuten, daß dieser Film für Kinderaugen (und andere) eine große Freude sein wird.

Drehbuch:
Gerald L.C. Copley

Regie:
James Hill

Lit. Vorlage:
Joy Adamson

Kamera:
Kenneth Talbot

Musik:
John Barry

Darsteller:
Omar Chambati
Geoffrey Keen
Peter Lukoye
Virginia McKenna
Bill Traves

Frei geboren – die Königin der Wildnis

BORN FREE

Farbfilm

Herstellungsland und -jahr: Großbritannien 1965

Hersteller: Open Road Films/Atlas Films, London

Verleiher: Columbia Tri-Star, München

Bj 1966 w FSK: 6 J., ffr. Länge: 2605 m – 95 min

Inhaltsangabe:
Authentische Geschichte eines englischen Wildheger-Ehepaars, das 3 verwaiste Löwenbabys aufnimmt und großzieht (2).

Dieser Film berührt sympathisch, weil er ein interessantes, wenn man will, menschlich bewegendes Motiv mit achtbaren filmischen Mitteln sichtbar macht. Wenn die These des Films lautet, daß ein Tier – in diesem Falle eine Löwin – durch lange Gewöhnung an menschliche Umgebung seine naturhaften Instinkte verliert, so ist zuzugeben, daß der Film, der sich auf eine wahre Geschichte beruft, diese These plausibel abhandelt. Das bedeutet: Er tut es nicht mit filmischer Verve, er tut es nicht unter Bemühung optisch interessanter Einfälle, aber er tut es angemessen mit einer unmittelbaren Beziehung zum Tier, die auch die Schauspieler glaubhaft machen. So ist dieser Film nicht von seinem Metier her bemerkenswert; eher als Versuch, ein Thema, das den Menschen im Hinblick auf seine Beziehung zum Tier angeht, mit Mitteln zu verwirklichen, die der Einfachheit der These ebenso entsprechen wie ihrer Glaubwürdigkeit. Insbesondere ist die Schwierigkeit der Aufnahmen, die möglicherweise interessante, aufschlußreiche Hinweise auf die Verhaltenspsychologie der Löwen bieten, nicht zu bestreiten.

Drehbuch:
Leo Benvenuti
Gian D. Giagni
Ugo Guerro
Franco Rossi

Regie:
Franco Rossi

Kamera:
Gabor Pogany

Musik:
Nino Rota

Darsteller:
Andrea Benvenuti
Geronime Meynier
C. Tamberlani
Giagni L. Tosi

Freunde fürs Leben

AMICI PER LA PELLE

Herstellungsland und -jahr: Frankreich/Italien 1955
Hersteller: Pathé Production, Paris/Cines, Rom
Verleiher: –
Bj 1956 bw FSK: 6 J., ffr. Länge: 2645 m – 94 min

Inhaltsangabe:
Der Film gibt seine Geschichte einer Jungen-Freundschaft mit realistischen Mitteln und in selten feiner psychologischer Durchformung wieder.

Vom Buch her sind die kleinen und doch so bedeutsamen Gemeinsamkeiten dieser Freundschaft und auch deren Bruch in völliger Glaubwürdigkeit angelegt. Dies ist ohne Zweifel nicht nur Verdienst der Darsteller, sondern vor allem der Regie. Ihr muß auch die überzeugende Zeichnung des Milieus, in dem die beiden Kinder leben, zugeschrieben werden. Die technische Durchführung, im besonderen die Beleuchtung und die Kameraarbeit vervollkommnen die Absichten des Regisseurs. Hervorgehoben werden muß die meisterhafte Verwendung des musikalischen Motivs und des natürlichen Tons, der jeder Situation, im besonderen aber der Schulatmosphäre zu ihrer eigentümlichen Wirkung verhilft.

Drehbuch:
Emil Surmann

Regie:
Otto Meyer

Lit. Vorlage:
Gebr. Grimm

Kamera:
Willi Kuhle

Musik:
Norbert Schultze

Darsteller:
Sieglinde König
Hans Kwiet
Stanislav Ledinec
Olga Limburg
Dorothea Wieck

Der Froschkönig

Herstellungsland und -jahr: Bundesrepublik Deutschland 1954
Hersteller: Delos-Film Produktionsgesellschaft, Berlin
Verleiher: Genschow Filmproduktion, Berlin
Bj 1955 w FSK: 6 J., nffr. Länge: 2380 m – 87 min

Inhaltsangabe:
Freie Bearbeitung des gleichnamigen Märchens unter Hinzufügung von Handlungselementen, Personen und Tieraufnahmen.

Der Film schildert in einer, vor allem in seiner ersten Hälfte nicht voll befriedigenden, dann aber von Buch und Regie wesentlich stärker mit Atmosphäre erfüllten Darstellung das Grimm-Märchen vom Froschkönig in einer der Eigenart des Märchens überwiegend entsprechenden Weise. Eine Beeinträchtigung des Films wird vor allem in der Darstellung der Tierliebe der Prinzessin, die sich offenbar nur an eingesperrten Tieren äußert, und in einer unpassenden Umkleideszene, schwankhaft überspielten, ins Groteske übersteigerten Zeichnung des Milieus in dem Königsschloß und im Auftreten der sog. Palastgarde gesehen.

Drehbuch und Regie:
Katrin Hedman

Lit. Vorlage:
Enid Blyton

Kamera:
Michael Salomon

Musik:
Bertrand Bech

Darsteller:
Niels Kibenich
Sanne Knudsen
Mads Rahbeck
Ove Sprogöe
Lone Thielke

Fünf Freunde in der Tinte

Farbfilm

Herstellungsland und -jahr: Bundesrepublik Deutschland/Dänemark 1970
Hersteller: Terra-Filmkunst, Berlin/Panorama Film, Kopenhagen
Verleiher: –
Bj 1970 w FSK: 6 J., ffr. Länge: 2422 m – 88 min

Inhaltsangabe:
Zwei Mädchen und zwei Jungen, mit ihrem Schäferhund auf Ferientour, beteiligen sich mit detektivischem Eifer und Spürsinn an der Aufklärung einer Kindesentführung (1).

Auch den Mitgliedern des Bewertungsausschusses, die dafür gestimmt haben, fiel diese Entscheidung nicht ganz leicht. Es gäbe eine ganze Reihe von Einwänden aufzuzählen, sowohl filmkünstlerischer wie pädagogischer Art. Doch überwog bei der Mehrheit die Überlegung, daß es sehr wenig Filme für Kinder und Jugendliche gibt und daß man schließlich annehmen kann, daß Kinder diesen Film mit seinen netten Bildern und seiner spannenden Geschichte goutieren.

Drehbuch:
Michael Blankfort

Regie:
Delmer Daves

Lit. Vorlage:
Elliott Arnold

Kamera:
Ernest Palmer

Musik:
Hugo Friedhofer

Darsteller:
Jeff Chandler
Wili Geer
Debra Paget
Basil Ruysdael
James Stewart

Der gebrochene Pfeil

BROKEN ARROW

Farbfilm

Herstellungsland und -jahr: USA 1950

Hersteller: Twentieth Century Fox Film Corporation, New York

Verleiher: Twentieth Century Fox, Frankfurt (Main)

Bj 1966 w FSK: 12 J., ffr. Länge: 1008 m (16 mm) – 93 min

Inhaltsangabe:
Der Pfadfinder Tom Jeffords aber überredet Cochise und den Beauftragten der Regierung zu einer Lösung auf dem Verhandlungswege. Nach wiederholten blutigen Zwischenfällen, bei denen auch Jeffords indianische Frau getötet wird, ist der Friede sichergestellt. Ein guter, großer Western von Delmer Daves, dessen humane Gesinnung sich vor allem in der Darstellung des indianischen Standpunkts zeigt (1).

Positiv zu vermerken ist die Naivität des Ethos, positiv erscheint darüber hinaus die Reduzierung realistischer Szenen auf edle Äußerlichkeit, die sich beim Tanz der Indianer ausnehmend dekorativ gebärdet. Dieser Film erscheint dem Bewertungsausschuß etwa als Mischung von Karl May und Märchen. Grundfiguren, wie Winnetou, Old Shatterhand, sind auch in diesem Film mit dem gleichen Pathos des Edelmuts verwendet, wie das bei Karl May der Fall ist. Darüber hinaus bietet der Film interessante Information über indianische Folklore. Daß dies im Sinne eines distanzierten Berichts und nicht etwa als blutige Wildwestgeschichte geschieht, erscheint dem Bewertungsausschuß vorteilhaft.

Drehbuch:
Betty Davis

Regie:
Peter Bradford

Kamera:
George Stevens
Reg. W. Cavender

Musik:
Doreen Carwithen

Darsteller:
Basil Appleby
Freda Bamford
Wilfred Downing

Gefährliche Kurven

HEIGHTS OF THE DANGER

Herstellungsland und -jahr: Großbritannien 1953
Hersteller: Children's Film Foundation, London
Verleiher: –
Bj 1957 w FSK: 6 J., ffr. Länge: 1615 m – 60 min

Inhaltsangabe:
Kinderfilm aus der Versuchsreihe der englischen Pädagogin Mary Field: Der Besitzer einer Tankstelle im Alpengebiet gerät unverschuldet in Geldnot, gewinnt aber mit Hilfe seiner Kinder den Großen Preis bei einem Autotest-Rennen (1).

Der Film verdient als Jugendfilm insofern Anerkennung, als die moralisierende Absicht in eine einfache und spannende Handlung eingekleidet ist, welcher der Jugendliche gern folgen wird. Die Kinder sind wichtige Handlungsträger, und das Verhältnis der Kinder zu den Erwachsenen, vor allem zu den Eltern wird in einer positiven und lebendigen Weise dargestellt. Die Bedenken richten sich dagegen, daß in dem Bestreben, die Handlungsfolge zu vereinfachen, allzu viele Unwahrscheinlichkeiten unterlaufen. Die erzieherische Wirkung des Films kann dadurch in Frage gestellt werden, daß bei den Jugendlichen sowohl die geografischen Verhältnisse wie auch die tatsächlichen Bedingungen bei einer Motorsportkonkurrenz als bekannt vorausgesetzt werden müssen.

Drehbuch:
Radim Cvrček
Milan Šimek
Ota Koval

Regie:
Ota Koval

Kamera:
Jan Novák

Musik:
Luboš Fišer

Darsteller:
Robert Krásný
Jiři Kukol
Jana Petrušová

Das Geheimnis der Berenka

MY TŘI A PES Z PĚTIPESY

Farbfilm

Herstellungsland und -jahr: ČSSR 1971

Hersteller: Filmové Studio Barrandov, Prag

Verleiher: AV-Film, Neufahrn

Bj 1974 w FSK: 6 J., ffr. Länge: 747 m (16 mm) – 68 min

Inhaltsangabe:

Ein Junge, der seine Sommerferien in einem Dorf an der Berenka verbringt, freundet sich nach vielen Schwierigkeiten mit den einheimischen Kindern an, als sie in gemeinsame Abenteuer auf der Suche nach einem angeblich riesengroßen Aal verwickelt werden. Intelligent gestalteter Kinderfilm, der die Verhaltensweisen von 7- bis 10jährigen in der Gemeinschaft, bei ihrer Selbstfindung und der Auseinandersetzung mit der Natur nachzeichnet (1).

Er kommt kindlichem Verständnis weithin durch Spannungslosigkeit entgegen, die von der Regie her gesehen sogar so zu interpretieren ist, daß selbst das spannende Motiv „entspannt" wird. Der Film ist achtbar, manchmal differenziert fotografiert; er überläßt sich auf diese Weise zurückhaltend einer gewissen Poesie. Die Kinder selbst sind, abgesehen von einem Kleinen mit der Brille, nicht immer spontan natürlich. Man hat das Gefühl, sie folgten Regieanweisungen, die sich weithin einer unmittelbaren Fantasie entziehen.

Drehbuch:
Rainold Gideon
Bruce A. Evans

Regie:
Rob Reiner

Lit. Vorlage:
Stephen King

Kamera:
Thomas del Ruth

Musik:
Jack Nitzsche

Darsteller:
Richard Dreyfuss
Corey Feldman
Jerry O'Connell
River Phoenix
Kiefer Sutherland

Das Geheimnis eines Sommers

STAND BY ME

Farbfilm

Herstellungsland und -jahr: USA 1986

Hersteller: Columbia Pictures Industries, New York

Verleiher: Columbia Tri-Star, München

Bj 1987 bw FSK: 6 J., ffr. Länge: 2425 m – 89 min

Inhaltsangabe:
Vier Jungen unternehmen eine abenteuerliche Exkursion, um eine Leiche zu finden. Die Prüfungen, denen sie sich unterziehen müssen, führen zur inneren Reifung.

Ein Schriftsteller arbeitet die Vergangenheit auf, zumindest eine Episode aus seiner Kindheit, als man noch wirkliche Freunde hatte. Das Ziel einer abenteuerlichen Exkursion, die vier Jungen unternehmen, ist, wie sich herausstellen wird, für ihre Entwicklung nicht so wichtig: Das Auffinden einer Leiche.

Dem Autor wie dem Regisseur ist mit der Verfilmung einer amerikanischen Novelle die subtile Studie nicht nur jugendlicher Denk- und Verhaltensweisen gelungen, sondern zugleich eine Gesellschaftsschilderung von zuweilen erschreckender, aber das Verständnis an der Situation vertiefender Drastik. Eine Schar vortrefflich ausgesuchter junger Darsteller bringt es fertig, die unaufdringlich sich einstellende Spannung in keinem Augenblick absinken zu lassen. Die nicht gerade sparsamen Dialoge, die ihnen dabei in den Mund gelegt werden, bleiben glaubwürdig altersgerecht, ohne banal zu sein, und werden in der deutschen Fassung von einer bemerkenswert gut gelungenen Synchronisation gestützt.

Drehbuch:
David P. Harmon

Regie:
James Neilson
Harry Keller

Kamera:
William Snyder
Edward Colman

Musik:
Oliver Wallace

Darsteller:
Darryl Hickman
Allan Lane
Betty Lynn
Tom Tryon

Geronimo's Rache

GERONIMO'S REVENGE

Farbfilm

Herstellungsland und -jahr: USA 1962

Hersteller: Walt Disney Productions, Burbank, Calif.

Verleiher: Twentieth Century Fox, Frankfurt (Main)

Bj 1965 w FSK: 12 J., ffr. Länge: 765 m (16 mm) – 70 min

Inhaltsangabe:
Wieder einmal kämpft der – schon aus anderen Disney-Filmen bekannte – John Slaughter, ein ehemaliger Texas Ranger, gegen böse Apachen (1).

Dieser Film wird vom Bewertungsausschuß ausdrücklich als Jugendfilm eingestuft. Von daher – und nur von daher – ist seine Qualität zu sehen. Sie besteht in einer Bilderbuchregie, die selbst Kampfsituationen nahezu als Idylle darstellt. Die Szenen sind breit ausgespielt und erhalten so jenes Maß an Spannung, das offensichtlich von dem Fassungsvermögen der Jugendlichen her bestimmt ist. So zeigt dieser Film bunte Bilder im Stil eines Jugendbuches. Er zeigt freundliche Familienszenen und entbehrt so sehr des Temperaments, daß man den Eindruck haben kann, hier sei ein Jugendpsychologe als Berater hinzugezogen worden, um Jugendlichen eine angemessene Unterhaltung zu sichern.

Drehbuch und Regie:
Vera Plivová-Šimková

Kamera:
Emil Sirotek

Musik:
Zdeněk Liška

Darsteller:
Vaclàv Babka
Markéta Hermannová
František Husak
Marie Moravcová
Zuzana Tucková

Geschichten um Schneewittchen (Schneewittchen und die 7. Klasse)

O SNĚHURCE

Farbfilm

Herstellungsland und -jahr: ČSSR 1972

Hersteller: Filmové Studio Barrandov, Prag

Verleiher: –

Bj 1974 w FSK: 6 J., ffr. Länge: 2009 m – 73 min

Inhaltsangabe:
Die Kinder eines Gebirgsdorfes proben die Aufführung des Märchens „Schneewittchen"; dabei ereignen sich lustige Begebenheiten und ernsthafte Zwischenfälle (1).

Zwar konnte positiv gewertet werden, daß in der Führung der Kinder jene Schwerfälligkeit vermieden ist, die ähnliche Filme oft kennzeichnet. Auch die wechselseitige Durchdringung von Alltagswirklichkeit und Traum, die für Kinder kennzeichnend ist, war positiv einzuordnen. Hinsichtlich der Darstellung der Erwachsenen gab es jedoch erhebliche Einwände. Auch bezüglich der Kinder wurde bezweifelt, ob nach Darstellung und Regie mehr als Durchschnittliches geleistet worden ist. Die Konstruktion (Uneinsehbarkeit der Traumszenen im Blick auf das reale Geschehen) ist nicht durchsichtig und verunklart Konzept und Gestalt des Films.

Drehbuch:
Christof Schulz-Gellen

Regie:
Herbert B. Fredersdorf

Lit. Vorlage:
Gebr. Grimm

Kamera:
Ted Kornowicz

Musik:
Richard Stauch

Darsteller:
Günter Hertel
Margitta Sonke
Martin Volkmann
Harry Wüstenhagen
Helmut Ziegner

Der gestiefelte Kater

Farbfilm

Herstellungsland und -jahr: Bundesrepublik Deutschland 1955
Hersteller: Förster-Film, Hamburg
Verleiher: Jugendfilm-Verleih, Berlin
Bj 1955 w FSK: 6 J., ffr. Länge: 1859 m – 70 min

Inhaltsangabe:
Hinz, der gestiefelte Kater, verhilft dem armen Müllerssohn, seinem Herrn, mit List und Einfallsreichtum zum Grafentitel. Der Kater besiegt einen bösen Zauberer und besetzt dessen Schloß. Als Graf und Schloßherr kann Heinrich nun auch die Tochter von König Wonnebald heiraten (2).

Der Hauptausschuß hat sich davon überzeugt, daß trotz mancher Schwächen im Aufbau und in der Darstellung dem Film im ganzen doch durchweg der Märchencharakter anhaftet, daß auch die Schauspieler das Ihre dazu getan haben, um den Kindern die Zauberwelt des Märchens im gestiefelten Kater zu verlebendigen.

Fotografie und insbesondere die Farbgebung und die Bauten werden als besonders bemerkenswert anerkannt.

Drehbuch:
Peter Sauder

Regie:
Arna Selznick

Chef-Animator:
Charles Bonifacis

Musik:
John Sebastian
Carol King

Der Glücks-Bärchi Film

THE CARE BEARS MOVIE

Zeichentrickfarbfilm

Herstellungsland und -jahr: USA 1985

Hersteller: American Greetings Corporation/CPG Products Corporation

Verleiher: Filmwelt Verleih, München

Bj 1986 w FSK: o. A., ffr. Länge: 2086 m – 76 min

Inhaltsangabe:
Die Glücks-Bärchis sind gute und helfende Geister, die hier – um die Verbreitung des Bösen auf der Welt zu verhindern – vielfältige Gefahren und Abenteuer überstehen müssen.

Der Kinderfilm befindet sich heute bei uns in einer besonders schwierigen Lage. Auch der hier zu begutachtende Kinofilm, der an wichtige Figuren aus der kindlichen Mythologie anknüpft, konnte den Ausschuß nicht davon überzeugen, „besonders wertvoll" zu sein. Auf der anderen Seite wird hier in bemerkenswerter – ganz eigener – Weise mit Grundbildern der kindlichen Erzählwelt im Zeichentrickdesign umgegangen. Von dort her läßt sich die Glücks-Bärchi-Geschichte vermutlich erzählerisch sinnvoll in die heutige Medienerfahrung der Kinder einbinden.

Drehbuch:
Peter Sauter

Regie:
Dale Schott

Kamera:
Charles Bonifacio
Bill Perkins

Musik:
Patricia Cullen

Glücksbärchis: Teil 2

CARE BEARS MOVIE II: A NEW GENERATION

Zeichentrickfarbfilm

Herstellungsland und -jahr: USA 1986

Hersteller: Columbia Pictures Industries, Inc., New York

Verleiher: Columbia Tri-Star Filmgesellschaft, München

Bj 1986 w FSK: 6 J., ffr. Länge: 2083 m – 76 min

Inhaltsangabe:
Zwei Glücksbärchi verlassen mit dem Auftrag ihren Wunschstern, auf der Erde zwischen sich streitenden Kindern zu vermitteln.

Auch der zweite Teil des Glücksbärchi-Films lebt von der fröhlich-optimistischen Schilderung der guten Taten dieser Zeichentrickfiguren, die in Bedrängnis geratenen Menschen sofort zur Hilfe eilen. Trotz erheblicher Einwände gegen den sich hart an der Grenze des Kitsches bewegenden Zeichenstil und die süßliche, mit Herzsymbolen überfrachtete, in allen Regenbogenfarben schwelgende Darstellung entschloß sich der Bewertungsausschuß zu einem Prädikat, in der Hoffnung, daß der Appell an Menschlichkeit und Hilfsbereitschaft beim kindlichen Publikum auch in dieser Gestaltung sein Ziel erreichen möge.

Regie:
diverse Regisseure

Goofys lustige Olympiade

OLYMPIC GOOF

Zeichentrickfarbfilm

Herstellungsland und -jahr: USA 1941-71

Hersteller: Walt Disney Productions, Burbank, Calif.

Verleiher: –

Bj 1972 w FSK: 6 J., nffr. Länge: 2004 m – 73 min

Inhaltsangabe:
„Olympia-Auswahl" von Disney-Kurzfilmen (1941-1971), die sich u. a. mit verschiedenen Sportarten befassen.

Für die Prädikatserteilung war maßgebend, daß hier aus einer Reihe von ursprünglich selbständigen Kurzfilmen ein abendfüllender Film gestaltet wurde, der unter dem Gesichtspunkt der olympischen Spiele einen gewissen ironischen Reiz und auch Aktualität erreicht. Die Machart der einzelnen Teile bleibt von der traditionellen Qualität der Disneyschen Produktion, so daß sowohl Vorzüge wie Fehler der Disneyschen Gestaltung durch die Aneinanderreihung von Kurzfilmen besonders deutlich hervortreten.

Drehbuch:
Cesare Zavattini
Suso Cecchi d'Amico

Regie:
Gianni Franciolini

Kamera:
Anchise Brizzi

Musik:
Alessandro Vicognini

Darsteller:
Nando Bruno
Vittorio de Sica
Maria Mercader
Sabu

Guten Tag, Herr Elefant
BUON GIORNO ELEFANTE

Herstellungsland und -jahr: Italien 1952
Hersteller: Rizzoli Film/Produzione de Sica, Rom
Verleiher: –
Bj 1959 w FSK: 6 J., ffr. Länge: 2264 m – 82 min

Inhaltsangabe:
Tragikomische Verlegenheiten, in die ein indischer Fürst eine römische Lehrerfamilie bringt, als er deren Kindern einen veritablen Elefanten zum Geschenk macht (1).

Der Film zeichnet sich durch eine erfrischende Naivität aus, die um so bemerkenswerter ist, als sich die Märchenfabel aus der realen Wirklichkeit eines römischen Lehrerhauses und dessen sozialen Bedrängnissen entfaltet. Die Heiterkeit, mit der bereits die Begegnung mit dem indischen Fürsten vorgetragen wird, überglänzt alle Ebenen des Films bis hin zu den Parlamentsdebatten um die Lehrergehälter und den Streitigkeiten mit dem Hauswirt. Dank des hervorragenden Spiels von Vittorio de Sica kann der Film die Darstellung der realen Wirklichkeit zu jedem Zeitpunkt durch Märchenintervalle unterbrechen. Es ist besonders anzuerkennen, daß die märchenhaften Szenen nicht übertrieben ausgespielt wurden und so eine befreiende Leichtigkeit behielten. Auch die Liebe zum Tier, die in dem Spiel von Vittorio de Sica einen geradezu charmanten Ausdruck findet, wird nirgends tendenziös überzogen.

Drehbuch:
Sheila Ochová
Bohumil Sobotka
Pavel Hobl

Regie:
Pavel Hobl

Kamera:
Jiři Vojta

Musik:
William Bukovy

Darsteller:
Josef Filip
Dagmar Kofronová
Olga Machoninová
Ladislav Očenášek
Miloš Preininger

Habt Ihr einen Löwen zu Hause?

MÀTE DOMA IVA?

Herstellungsland und -jahr: ČSSR 1963

Hersteller: Filmové Studio Barrandov, Prag

Verleiher: AV-Film, Neufahrn

Bj 1973 w FSK: 6 J., ffr. Länge: 889 m (16 mm) – 81 min

Inhaltsangabe:
Ein Brüderpaar, das zunächst ratlos vor der Tür des geschlossenen Kindergartens steht, verbringt einen Tag voller Abenteuer in der Stadt. Fantasiereiche, auf die Erlebniswelt der jüngsten Besucher zugeschnittene Unterhaltung (1).

Gegen die Prädikatisierung wurde besonders eingewendet, daß die Fülle der einzelnen Ereignisse nur lose durch das rote Band, das die beiden Jungen darstellen, miteinander verknüpft seien und insofern der Zusammenhang des gesamten Films nur sehr dürftig sei. Dagegen wurde allerdings argumentiert, daß dies gerade für den Jugendfilm typisch wäre und aus jugendpsychologischen Gründen erforderlich sei.

Daß sich die Mehrheit zu einer Prädikatisierung entschließen konnte, liegt hauptsächlich darin begründet, daß die fantasievolle Ausschmückung und Gestaltung der einzelnen Erlebnisse dem Märchencharakter entspricht, gleichzeitig das Verständnis der Umwelt erleichtert und sie in einem den Kindern eigentümlichen Sinn ironisiert: Die Welt der Kinder und der Erwachsenen klafft nicht nur in diesem Film weit auseinander.

Drehbuch:
Gerhard F. Hummel

Regie:
Walter Janssen

Lit. Vorlage:
Gebr. Grimm

Kamera:
Wolfgang Schwan

Musik:
Guiseppe Becce

Darsteller:
Maren J. Bielenburg
Ellen Frank
Barbara Gallauner
Jürgen Micksch
Jochen Riestelmann

Hänsel und Gretel

Farbfilm

Herstellungsland und -jahr: Bundesrepublik Deutschland 1954
Hersteller: Schongerfilm, Hubert Schonger, Inning/Ammersee
Verleiher: Jugendfilm-Verleih, Berlin
Bj 1954 w FSK: 6 J., ffr. Länge: 1487 m – 55 min

Inhaltsangabe:
Verfilmung des gleichnamigen Märchens von Hänsel und Gretel, die – weil ihre Eltern arm sind – in den Wald laufen und von einer alten Hexe gefangen genommen werden. (Geringfügige Abänderungen der Vorlage) (2).

Der Ausschuß ist zwar der Auffassung, daß der Film nicht in allen Teilen, vor allem bei den Szenen im Elternhaus, gleichmäßig gut gehalten ist. Der Hauptteil des Films, die Szenen im Hexenhaus, erscheint aber vom Drehbuch, vom Spiel und der Regie überwiegend reizvoll und dem Märchencharakter des Films richtig entsprechend zur Wirkung gebracht. Auch die Fortentwicklung des Märchens durch den Film wird in der vorliegenden Weise für geglückt erachtet.

Regie:
diverse Regisseure

Häuptling Donald Duck

CARTOON CARROUSEL

Zeichentrickfarbfilm

Herstellungsland und -jahr: USA 1940-54

Hersteller: Walt Disney Productions, Burbank, Calif.

Verleiher: –

Bj 1975 w FSK: 6 J., nffr. Länge: 2207 m – 81 min

Inhaltsangabe:

Zusammenstellung von 12 Kurzfilmen aus den Jahren 1940-1954.

Die Erteilung des Prädikats erfolgte unter erheblichen Bedenken. Nicht nur die Vorzüge, sondern auch die Nachteile der Disney-Gestalten werden in dieser beliebig erscheinenden Aneinanderreihung von Kurzfilmen besonders deutlich. Thematische und stilistische Höhepunkte der Disney-Produktion sind in dem Film nicht enthalten. Im Hinblick auf den hier gebotenen Überblick über eine konventionelle Periode dieser Produktion konnte sich der Ausschuß unter Bedenken zu einem Prädikat verstehen.

Drehbuch:
Milan Simek
Josef Pinkava

Regie:
Josef Pinkava

Lit. Vorlage:
Marie Kubatová

Kamera:
Karel Kobečky

Musik:
Angelo Michajlos

Darsteller:
Vladimir Beabec
Milena Dvorská
Drahomira Hofmarová
Michal Vavrusa

Ein Haifischorden für den Kapitän

KAPITAN KORDA

Farbfilm

Herstellungsland und -jahr: ČSSR 1970

Hersteller: Krátký film Praha/Výrobni skupina Gottwaldov, Prag

Verleiher: AV-Film, Neufahrn

Bj 1972 w FSK: 6 J., ffr. Länge: 972 m (16 mm) – 86 min

Inhaltsangabe:
Einfach, klar und unsentimental wird die Geschichte eines Heimkindes erzählt, das bei Pflegeeltern wieder Zutrauen zu sich selbst und Geborgenheit findet, bis seine leibliche Mutter es zu sich zurückholt (1).

Der Film ist technisch gut gemacht. Seine Geschichte ist für kindliche Zuschauer klar gegliedert; sie bringt die pädagogische Absicht eher indirekt, da im Vordergrund Unterhaltung und stellenweise auch Spannung stehen. Die Darsteller sind durchweg gut, hervorheben muß man den Jungen, der eine beachtliche Begabung mitbringt, von der Regie jedoch auch verständnisvoll geführt wird. Im ganzen eine sehr erfreuliche Produktion, deren Wert durch den offenen Schluß noch gesteigert wird.

Drehbuch:
Curt Linda
Franz J. Stockmann
Borislav Sajtinac

Regie:
Curt Linda

Kamera:
Marilena Voicu

Musik:
Wolfgang Neumann
Ulrich Bassenge

Sprecher:
Willi Röbke
Monika John
Wilmut Borell
Wolfgang Hess
Karin Kernke

Darsteller:
Ursula Karven

Harold und die Geister

Zeichentrickfarbfilm

Herstellungsland und -jahr: Bundesrepublik Deutschland 1988
Hersteller: Linda-Film, Curt Linda, München
Verleiher: –
Bj 1989 w FSK: – Länge: 2275 m – 83 min

Inhaltsangabe:
Als touristische Attraktion waren drei Geister lange dienstbar, bis sie den Whiskykeller entdeckten. Jetzt verdienen sie sich ihr Geld mit dem Stehlen von Grabschmuck, wobei sie eine ganz ungewöhnliche Entdeckung machen.

Uneingeschränkte Zustimmung findet die Zeichentechnik, die von der ersten bis zur letzten Einstellung vollendet durchgeführt wurde. Sowohl die Animation der Figuren als auch die Gestaltung des Hintergrundes entspricht internationalem Maßstab. Um so bedauerlicher ist es, daß die „Geschichte" selbst, der Inhalt des Films seiner aufwendigen Realisierung nicht gerecht wird. Die Story ist dünn und zerfällt in Episoden, die nicht immer leicht nachvollziehbar sind. Diese Episoden werden durch die sorgfältig eingepaßte Musik nur notdürftig zusammengehalten. Die Dialoge sind teils hochgestochen, teils banal. Allein der zeichnerische Witz und die spürbare Freude an der Animation, die das Bedauern über die verschenkten Möglichkeiten des Themas besonders spürbar machen, veranlaßten den Bewertungsausschuß zur Vergabe eines Prädikats.

Drehbuch und Regie:
Ulrich König

Kamera:
Franz Rath

Musik:
Fritz Muschler
Joe Kleindienst

Darsteller:
Adelheid Arndt
Toni Berger
Henry van Lyck
Michael Schwarzmaier
Jan Steinbeck

Hatschipuh

Zeichentrickfarbfilm mit Realteilen

Herstellungsland und -jahr: Bundesrepublik Deutschland 1986

Hersteller: Checkpoint Film- und Musikproduktion GmbH/Mutoskop Film, Unterföhring/M + P Film/Maran Film, München/Robert Van Ackeren Filmproduktion, Berlin/Süddeutscher Rundfunk, Stuttgart

Verleiher: Zukunft-Film-Verleih, Crailsheim

Bj 1987 w FSK: 6 J., ffr. Länge: 2607 m – 95 min

Inhaltsangabe:
Die Butzemänner, hilfreiche und meist unsichtbare Kobolde, haben sich in einem bayerischen Bauernhof niedergelassen und kämpfen für dessen Erhalt.

Damit honoriert der Bewertungsausschuß die gelungene Kombination zwischen Realaufnahmen und Trickfilm und vor allem die Perfektion und den Einfallsreichtum des letzteren. Was sich in der Welt der Butzemänner, die hier als Pumuckl-Nachfolger debütieren, abspielt, ist originell erfunden und überzeugend ins Bild gesetzt. Weniger befriedigt die Schilderung der Menschenwelt. Im bäuerlichen Milieu wird eine Idylle vorgespiegelt, deren plötzliche Bedrohung aufgesetzt wirkt und unmotiviert bleibt. Die Darstellung der reichen Familie, die den bäuerlichen Hof kauft, ist allzu simpel geraten.

Drehbuch:
Johanna Sibelius
Eberhard Keindorff

Regie:
Werner Jacobs

Lit. Vorlage:
Ehm Welk

Kamera:
Günther Haubold

Musik:
Rolf Wilhelm

Darsteller:
Paul Dahlke
Theo Lingen
Rainer Penkert
Fritz Tillmann
Ralf Wolter

Die Heiden von Kummerow und ihre lustigen Streiche

Farbfilm

Herstellungsland und -jahr: Bundesrepublik Deutschland 1967
Hersteller: Neue Realfilm Walter Koppel, Hamburg/Neue Deutsche Filmges., München in Zusammenarbeit mit VEB Defa-Studio für Spielfilme, Potsdam
Verleiher: Bruno Schmidt, Berlin
Bj 1967 w FSK: 6 J., ffr. Länge: 1024 m (16 mm) – 94 min

Inhaltsangabe:
Die Sorgen und Nöte eines protestantischen Pastors in einer pommerschen Kleinstadt, der sich allem Neuen engstirnig verschließt und dem seine Schäfchen allerlei Streiche spielen (1).

Der Film ist von der Regie im ganzen so angelegt, daß die Spaßigkeiten überwiegen. Wenn es darüber hinaus noch gelungen ist, das zeitbedingte (vor dem I. Weltkrieg) Porträt einer Dorfgemeinschaft zu geben, die von der preußischen Tradition und auf höchst frugale Weise von den Erzeugnissen des Landes lebt, dann ist fraglos hier nicht besonders filmische Intelligenz im Spiel gewesen, sondern ein unmittelbares Verhältnis zu der volkstümlichen Variante des Stoffes, die angemessen ins Bild gesetzt worden ist; angemessen – das heißt: hier gibt es keine filmische Interessantheit zu notieren, die Kamera hat keine besonderen Einfälle, der Schnitt ist etwas langatmig.

Drehbuch:
Richard Schweizer

Regie:
Franz Schnyder

Lit. Vorlage:
Johanna Spyri

Kamera:
Emil Berna

Musik:
Robert Blum

Darsteller:
Willy Birgel
Heinrich Gretler
Isa Günther
Thomas Klameth
Elsbeth Sigmund

Heidi und Peter

Farbfilm

Herstellungsland und -jahr: Schweiz 1955

Hersteller: Praesens-Film AG., Zürich

Verleiher: –

Bj 1955 w FSK: 6 J.,ffr. Länge: 2476 m – 95 min

Inhaltsangabe:
Zwischen Heidi, dem Hütejungen Peter und der gelähmten Clara aus Frankfurt entsteht über Hindernisse hinweg eine treue Kinderfreundschaft, die jedes von ihnen auf seinem Lebensweg weiterbringt (1).

Der Ausschuß verkennt nicht, daß der Film zuweilen in einer sentimentalen Romantik gehalten ist und in der Gestaltung des Drehbuches, insbesondere bei der Gestaltung der Dialoge und in den schauspielerischen Leistungen nicht immer voll befriedigt. Er bejaht andererseits die wertvollen Beziehungen, die in der Wandlung des Stadtkindes, das zunächst ohne Aufgabe dahinlebt, durch die Hinordnung zur Gemeinschaft und durch die Mithilfe bei der Unwetterkatastrophe sowie in der selbstverständlichen Hilfsbereitschaft der Heidi sichtbar gemacht werden. Der Hauptausschuß glaubt weiter, daß die Zeichnung der kulturellen Verhältnisse um Neunzehnhundert diese Zeit in einer ansprechenden Weise der Jugend näherzubringen vermag.

Drehbuch:
Erich Kobler
Konrad Lustig

Regie:
Erich Kobler

Lit. Vorlage:
August Kopisch

Kamera:
Wolfgang Schwan

Musik:
Carl Stueber

Darsteller:
Heini Göbel
Claus Havenstein
Nora Minor
Ado Riegler
Toni Straßmeier

Die Heinzelmännchen

Farbfilm

Herstellungsland und -jahr: Bundesrepublik Deutschland 1956
Hersteller: Schongerfilm Hubert Schonger, Inning/Ammersee
Verleiher: Jugendfilm-Verleih, Berlin
Bj 1956 w FSK: 6 J., ffr. Länge: 2056 m – 75 min

Inhaltsangabe:
Nach einer alten rheinischen Sage kamen nachts die Heinzelmännchen, um den Menschen heimlich zu helfen (2).

Unter der zahlenmäßig nicht geringen Neuproduktion von Märchenfilmen nimmt der vorliegende Film insofern eine besondere Stellung ein, als sich nämlich in ihm die Bemühung um eine kindgemäß märchenhafte Atmosphäre weitgehend verwirklicht. Der Film fügt zwar zu den im Gedicht von August Kopisch enthaltenen Figuren noch weitere hinzu, versteht es aber, diese (Stadthauptmann, Dieb usw.) sinnvoll der eigentlichen Märchenhandlung einzufügen. Besonders bemerkenswert erscheint dem Bewertungsausschuß der Wechsel zwischen den sehr bewegten, gut fotografierten Arbeitsszenen der Heinzelmännchen, die lediglich von Musik begleitet sind, und den stummen Szenen mit den Diebereien. Auch die Verwendung von rein filmischen Mitteln für die Zaubereien des einen Zwerges sind in filmischer Weise illusionsfördernd, wie überhaupt die Kamera beweglich und doch nicht unruhig geführt wird. Die Farbe, besonders bei den Interieurs (wohl abgewogene Farbgebung im Bau) und in den Kostümen trägt wesentlich zum guten Gelingen des Films bei.

Drehbuch:
Bill Walsh

Regie:
Robert Stevenson

Lit. Vorlage:
Gordon Buford

Kamera:
Frank Phillips

Musik:
George Bruns

Darsteller:
Ken Berry
Helen Hayes
Stefanie Powers
Keenan Wynn

Herbie groß in Fahrt

HERBIE RIDES AGAIN

Farbfilm

Herstellungsland und -jahr: USA 1973

Hersteller: Walt Disney Productions, Burbank, Calif.

Verleiher: –

Bj 1974 w FSK: 6 J., ffr. Länge: 2379 m – 88 min

Inhaltsangabe:
Fortsetzung des VW-Ulks „Ein toller Käfer" (1968) aus der Disney-Werkstatt. Diesmal bewahrt der legendäre Volkswagen Herbie eine reizende alte Dame vor dem Verlust ihres bizarren Häuschens, das ein gerissener Baulöwe beseitigen will, um dort den höchsten Wolkenkratzer von San Francisco zu errichten (1).

Der Bewertungsausschuß sieht die ausgedehnte Klamotte ausschließlich in der Perspektive der Jugendwirksamkeit. Hier zeigt sich, daß alte Slapstick-Motive, reduziert zwar, aber für das jugendliche Verständnisvermögen immerhin wirksam, aufgegriffen worden sind. So steht der technische Gag im Vordergrund dieser psychologisch einfältigen Geschichte, in der Gut und Böse korrekt verteilt sind. Es findet eine Art Bilderbuch-Regie statt, die ausschließlich Jugendlichen zuzumuten ist.

Drehbuch:
Arthur Ross
Jack Sher

Regie:
Jack Sher

Lit. Vorlage:
Jonathan Swift

Kamera:
Wilkie Cooper
Ray Harryhausen

Musik:
Bernhard Herrmann
George Dunning

Darsteller:
Sherrie Alberoni
Gregoire Alsan
Kerwin Mathews
Jo Morrow
June Thorburn

Herr der drei Welten

THE THREE WORLDS OF GULLIVER

Farbfilm

Herstellungsland und -jahr: USA 1960

Hersteller: Columbia Pictures Corp., New York

Verleiher: Columbia Tri-Star Filmges., München

Bj 1960 bw FSK: 6 J. ffr. Länge: 2691 m – 99 min

Inhaltsangabe:
Die tricktechnisch unterhaltsam verfilmten Abenteuer des Dr. Gulliver im Reich der Zwerge und der Riesen; nach dem politisch-satirischen Roman „Gullivers Reisen" von Jonathan Swift (1)

Der tiefe moralische Gehalt der literarischen Vorlage bleibt in der Filmgestalt vollauf erhalten. Das Drehbuch weist keinerlei dramaturgische Schwächen auf, so daß der Bildfolge bis zum Schluß, trotz mancher filmischen Ausschmückung des Stoffes, die Spannung ebenso erhalten bleibt wie die geistvolle Ironie der Swift'schen Dichtung. Großartiges leistet der Film vor allem auf dem Gebiet der Tricktechnik. Es ist bewundernswert, mit welcher Geschicklichkeit und Phantasiekraft die Illusion der unterschiedlichen Größenverhältnisse erzeugt und in jeder Nuance glaubhaft aufrecht erhalten wird. Dies gilt sowohl für die Episode im Reiche Liliput wie der im Reich der Riesen. Die Präzision gerade dieser Trickaufnahmen zeigt, mit welcher Sorgfalt und Liebe dieser Film gemacht wurde. Auch die sehr lebendige und durchdachte Farbgebung kommt dem Märchencharakter des Stoffes wirksam entgegen. Lobend hervorzuheben ist ferner das nahtlose Ineinander von Bauten und Naturaufnahmen. Der Architekt hat zweifellos eine Glanzleistung vollbracht.

Drehbuch:
Max-Pol Fouchet

Regie:
Heinz Sielmann

Kamera:
Paul Krupp
Georg Schimanski
Kurt Neubert
Fernand Tack
Anders Lembcke

Schnitt:
Lewis Linzee

Musik:
Richard Cornu

Sprecher:
Ernst Wilhelm Borchert
Edith Schneider
Herbert Weiker

Herrscher des Urwaldes

LES SEIGNEURS DE LA FORET

Scopo-Farbfilm

Herstellungsland und -jahr: Belgien 1958

Hersteller: F.I.S. Fondation Internationale Scientique, Brüssel

Verleiher: –

Bj 1966 bw FSK: 6 J., ffr. Länge: 2453 m – 89 min

Inhaltsangabe:

Groß angelegte Dokumentation über Belgisch-Kongo (1958). Eine ausführliche Unterrichtung über alle menschlichen, tierischen und pflanzlichen Lebensformen und die noch urtümlichen Wechselbeziehungen zwischen Mensch und Natur. Von einer Gruppe hervorragender Könner mit Unterstützung des belgischen Königs gleichermaßen wissenschaftlich exakt wie filmisch faszinierend gestaltet. Ein historisches Dokument (1).

Der Bewertungsausschuß hat dem Film als abendfüllendem Kulturfilm in neuerlicher Begutachtung das höchste Prädikat bestätigt. Der außergewöhnliche Charakter des Films ist nach wie vor ungebrochen wirksam.

Der Bewertungsausschuß hat den Film obendrein als Jugendfilm eingestuft, da er der Überzeugung ist, daß er sich besonders gut für Jugendvorstellungen eignet. Der Bewertungsausschuß möchte dem Antragsteller dringend empfehlen, den Vorspann mit einem erläuternden Satz einzuleiten, durch den deutlich erkennbar wird, daß sich die politischen Verhältnisse im Kongo inzwischen entscheidend verändert haben – daß es sich demnach um ein Filmdokument aus vergangenen Jahren handelt.

Drehbuch:
Julij Demskij
Valerij Frid
Nadesha Koschewjerowa

Regie:
Nadesha Koschewjerowa

Musik:
Karen Schatschturjan

Darsteller:
Otar Koberidse
Märinä Probjenzewä
Faine Ranjewskaja
Gelij Sossojew
Pawel Suchanow

Heute neue Attraktionen (Achtung Raubkatzen)

SEGODNJA NOWJ ATTRAKZION

Scope-Farbfilm

Herstellungsland und -jahr: UdSSR 1966

Hersteller: Lenfilm, Leningrad

Verleiher: –

Bj 1967 w FSK: 6 J., ffr. Länge: 2363 m – 86 min

Inhaltsangabe:
Spannungen zwischen einem Dompteur und seiner Frau, die ihm vorübergehend den Rang als Artist abläuft, als anspruchsloses Handlungsgerüst eines russischen Films, der trotz hervorragender Raubtierdressuren Zirkusatmosphäre kaum aufkommen läßt. Leichte Unterhaltung (1).

Der Ausschuß ist der Überzeugung, daß vor allem die zirzensischen Darbietungen und die großen Dressurleistungen für ein Jugendpublikum sehr attraktiv sein werden. Die Handlung ist einfach, rasch überschaubar und vermeidet jegliche Komplikationen. Die einzelnen Typen sprechen junge Menschen unmittelbar an. Das gilt besonders für den Assistenten. So darf man sich insgesamt über einen empfehlenswerten Jugendfilm freuen.

Drehbuch:
Kjell Aukrust

Regie:
Ivo Caprino

Kamera:
Charles Patey
Ivo Caprino

Musik:
Bent Fabricius Bjerre

Ausstattung/Bau:
Gerd Alfsen
Bjarne Sandemose

Sprecher:
Friedrich Schoenfelder

Hintertupfinger Grand Prix

FLÄKLYPA GRAND PRIX

Puppontrickfarbfilm

Herstellungsland und -jahr: Norwegen 1976

Hersteller: Caprino Filmcenter, Snaroya

Verleiher: Jugendfilm-Verleih, Berlin

Bj 1977 bw FSK: 6 J., ffr. Länge: 2379 m – 87 min

Inhaltsangabe:
Unermeßlich reicher Scheich hilft einem legendären Erfinder in Hintertupfing, so daß dieser seinen Traumrennwagen bauen und einen Rivalen besiegen kann (1).

Dieser Puppentrickfilm ist technisch und im Blick auf die Ästhetik der Szenerie sehr einfallsreich. Ganz gewiß in dem Sinne, daß er am ehesten das Fantasievermögen von Jugendlichen erreicht. Hierfür spricht vor allem die Tatsache, daß er ausgesprochen märchenhafte Züge trägt und die Groteske mit angemessener Zurückhaltung verwendet. Aber auch Erwachsene können an diesem Film großes Vergnügen haben, obgleich hier Längen die Wirkung leicht reduzieren. Im ganzen ist der Film ebenso für Jugendliche wie für Erwachsene ein derart amüsantes Erlebnis, daß der Bewertungsausschuß, vor allem im Blick auf Jugendliche, sich zu dem höhsten Prädikat entschließen konnte.

Drehbuch:
Günter Kaltofen
Konrad Petzold

Regie:
Konrad Petzold

Lit. Vorlage:
Willibald Alexis

Kamera:
Hans Heinrich

Musik:
Günter Hank

Darsteller:
Kati Bús
Rolf Hoppe
Lissy Tempelhof
Petra Starke

Die Hosen des Ritters von Bredow

Farbfilm

Herstellungsland und -jahr: DDR 1973
Hersteller: VEB- Defa-Studio für Spielfilme, Potsdam
Verleiher: AV-Film, Neufahrn
Bj 1974 w FSK: 6 J., ffr. Länge: 1184 m (16 mm) – 109 min

Inhaltsangabe:
Die Geschichte eines rauf- und trinklustigen Ritters zu Beginn des 16. Jahrhunderts, zugleich ein Spiegelbild jener Zeit mit dem im Niedergang begriffenen kleinen Adel (1).

Dies ist ein erstaunliches Ritterspektakel, Mischung aus Saufklamotte, Posse und lärmender Schlägerei. Wenn die Mehrheit des Bewertungsausschusses den Film im ganzen positiv sieht, so deshalb, weil die Klamotte bis in ihre äußerste formale Konsequenz getrieben worden ist. Derart, daß sie dem Fassungsvermögen Jugendlicher entspricht. Der Film ist selbstverständlich als historische Auskunft unerheblich, steigert aber zum Schluß so sehr die Spiellaune der Akteure, daß er als Unterhaltung für Jugendliche positiv zu sehen ist.

Drehbuch:
Istvan Bekeffi
Gian Luigli Rondi
Ladislao Vajda

Regie:
Ladislao Vajda

Kamera:
Enrique Gerner

Musik:
Bruno Canfora

Darsteller:
Maurizio Arena
Pablito Calvo
Silvio Marco
Aroldo Tieri
Peter Ustinov

Der Hund, der „Herr Bozzi“ hieß

UN ANGEL PASO POR BROOKLYN

Farbfilm

Herstellungsland und -jahr: Spanien/Italien 1957

Hersteller: Chamartin, Madrid/Falco Film, Rom

Verleiher: Bruno Schmidt, Berlin

Bj 1959 bw FSK: 6 J., ffr. Länge: 998 m (16 mm) – 89 min

Inhaltsangabe:
Ein hartherziger Hausbesitzer in Brooklyn (Peter Ustinov), der Bettler vor seiner Tür mit Hundegebell zu vertreiben pflegt, wird zur Strafe in einen Fleischerhund verwandelt. Nun selber gejagt und obdachlos, ist er nach seiner Rückverwandlung entschlossen, den Armen Gutes zu tun (1).

Der Bewertungsausschuß sieht in dem Film eine Komödie von besonderem Reiz, ein geistreiches, menschlich durchwärmtes Spiel mit den Realitäten, das sich aus einem sozial eindringlich fixierten Milieu ohne alle Künstlichkeit ergibt. Das Drehbuch charakterisiert sehr scharf, um, dem eigentlichen Thema folgend, auf die Spur märchenhafter Verwirklichung abzubiegen, und dann zum Schluß wieder in die reale Wirklichkeit zurückzutreten, die nun unter dem Aspekt der Menschenfreundlichkeit gesehen ist. Es ist ein sehr wirksamer Kunstgriff des Drehbuches, daß es Situationen des unmittelbaren, realen Lebens als Klammer für das märchenhafte, von Poesie und Humor durchdrungene Ereignis verwendet, weil sie so auch dem Unwirklichen Züge einer naiv dargebotenen Realität verleihen kann.

Die Regie verwirklicht die Absichten des Drehbuches auf vorzügliche Weise. Sie faßt den Humor der Szene und ihren Gefühlsinhalt, sie bewirkt Unmittelbarkeit des Spiels durch vielfältige, geistreich variierende Kameraeinstellungen und schweift nie auf Bildreise ab, die mit dem Thema und dem ihm innewohnenden Sinn nichts zu tun haben.

Drehbuch und Regie:
Benton Claus Lombard

Kamera:
Werner von Appeldorn

Musik:
Hans Posegga

Darsteller:
Kurt Conradi
Hannelore Cremer
Heiner Jahncke

Der Hund ist weg

Farbfilm

Herstellungsland und -jahr: Bundesrepublik Deutschland 1968
Hersteller: Westdeutscher Rundfunk, Köln
Verleiher: –
Bj 1969 w FSK: 6 J., ffr. Länge: 1933 m – 71 min

Inhaltsangabe:
Kurz vor der Abfahrt in den Urlaub läuft einer schleswig-holsteinischen Familie der Jagdhund davon, was eine Menge Komplikationen heraufbeschwört (1).

Die Bedenken richteten sich unter anderem darauf, daß chargiert wird, es gibt klamottenhafte Elemente, auf die der Bewertungsausschuß bereits hingewiesen hat und die den Stil des Films zeitweilig in Gefahr bringen oder verraten. Aber der Ausschuß hat sich dann doch von den positiven Qualitäten überzeugen lassen – vor allem davon, daß die Gattung „Jugendfilm" außerordentlich vernachlässigt erscheint, daß hier eine einfache Geschichte ohne falsche pädagogische Ambitionen (die übrigens nach Auffassung des Hauptausschusses nicht zu langweilen braucht) vorgetragen wird. Als ein positives Moment erachtet der Ausschuß auch die Fotografie: Es sind eine Reihe von überzeugenden Aufnahmen schleswig-holsteinischer Landschaften zu verzeichnen.

Drehbuch und Regie:
Martin Rosen

Lit. Vorlage:
Richard Adams

Animation:
Tony Guy
Colin White

Kamera:
James Farrell
Marlyn O'Connor

Schnitt:
Richard Harkness

Musik:
Patrick Gleeson

Sprecher:
Joachim Tennstedt

Die Hunde sind los

THE PLAGUE DOGS

Zeichentrickfarbfilm

Herstellungsland und -jahr: USA 1982

Hersteller: Nepenthe Productions, San Francisco, Calif.

Verleiher: –

Bj 1982 bw FSK: 6 J., ffr. Länge: 2822 m – 103 min

Inhaltsangabe:
Zwei Hunden gelingt es, aus einem Labor für Tierversuche auszubrechen, doch ihre Lebensbedingungen nach der Flucht führen zum tödlichen Konflikt mit den Menschen (1).

Der Bewertungsausschuß war sich darüber einig, daß es sich um einen spannend realisierten Film handelt, der durch sein Thema, durch die klassische Dramaturgie des Abenteuerfilms, durch hervorragende Bildfindungen und durch die herausragende Qualität der Animation die Betrachter von Jung bis Alt fesseln und bewegen wird. Hier gibt es keine albernen, übertriebenen oder simplen Animationen. Die Tiere sind mit großer Genauigkeit beobachtet und in ihrem typischen Verhalten, in ihren Bewegungen und Eigenarten erfaßt. So entsteht schon durch die Tieranimation ein überhöhter Realismus, der durch die hervorragenden Landschaftsdecors noch unterstützt wird. Bei aller gebotenen Abstraktion der Zeichenfigur bleiben hier die Bildsituationen doch hart an der Wirklichkeit. Das gibt der Handlung und den einzelnen Situationen besonderes Gewicht. Es stärkt die Betroffenheit des Betrachters und schärft, durch die gesteigerte Anteilnahme, auch die kritischen Aspekte des Films. Als spannungssteigernd wurde empfunden, daß von Beginn an das Überleben als eine Frage der Zeit und des Durchhaltevermögens dargestellt ist.

Buch und Regie:
Karel Kachýna

Drehbuch:
Ota Hofman
Karel Kachýna

Lit. Vorlage:
Alan Marshall

Kamera:
Josef Illík

Musik:
Zdeněk Liška

Darsteller:
Vladimír Dlouhý
Zdena Hadrbolcová
Darja Hejska
Karel Hlušicka
Vladimír Smeral

Ich springe über Pfützen

UŽ ZASE SKÁČU PŘES KALUŽE

Herstellungsland und -jahr: ČSSR 1970
Hersteller: Filmové studio Barrandov, Prag
Verleiher: AV-Film, Neufahrn
Bj 1973 bw FSK: 6 J., ffr. Länge: 991 m (16 mm) – 91 min

Inhaltsangabe:
Ein zehnjähriger Dorfjunge, der seit einem Unfall gelähmt ist, schafft es mit Zähigkeit und Ausdauer, seine Behinderung zu überwinden und seinen größten Wunsch, reiten zu lernen, zu verwirklichen (1).

Der ganze Film ist konsequent auch aus der Perspektive des Jungen konzipiert. Dieser Junge selbst spielt überragend, was ja wohl auch die Führung durch einen hervorragenden Regisseur voraussetzt. In großen Teilen ein trauriger Film, der aber immer dann, wenn sich daraus die Gefahr der Sentimentalität zu entwickeln droht, sich davon befreit, befreiend auch für den Zuschauer. In diesen Augenblicken schlagen die Bilder um in schlichte Realität, in Fantasie- und Traumbilder, in heitere Karikierung (der k.u.k.-Epoche), und bei all dem bricht nicht nur eine natürliche, völlig unheldische Tapferkeit des Jungen durch, sondern immer auch ein Humor, der weit entfernt ist von vordergründigem Optimismus.

Drehbuch:
Fred Gipson
William Tunberg

Regie:
Norman Tokar

Kamera:
Edward Colman

Musik:
Oliver Wallace

Darsteller:
Kevin Corcoran
Pat Hogan
Brian Keith
Tommy Kirk
Slim Pickens

Im Tal der Apachen

SAVAGE SAM

Farbfilm

Herstellungsland und -jahr: USA 1962

Hersteller: Walt Disney Productions, Burbank, Calif.

Verleiher: Warner Bros. Film, München

Bj 1964 w FSK: 12 J., nffr Länge: 2829 m – 103 min

Inhaltsangabe:
Drei Farmerskinder werden von Apachen entführt, die auf einer Texasranch Pferde stehlen. Ein treuer Hund folgt ihrer Spur (1).

Ein Natur- und Abenteuerfilm, der sich zunächst durch eine einfache, aber gut gebaute Handlung auszeichnet. Die sehr hübsch und stimmungsvoll fotografierte Landschaft wird an keiner Stelle sentimental ausgewertet; Ernst und Humor sind abwechslungsreich ausgewogen. Die Erwachsenen und die Kinder sind gut ausgewählte, realistische, nirgendwo überzeichnete Typen, in allem, was sie tun und reden, glaubhaft, auch dort, wo die Handlung wildwest-romanhafte Züge erhält.

Bemerkenswert, wie die erzieherische Absicht in diesem Film sich der Komik und des Humors bedient und die Spannung der Handlung nichts unterbricht, sondern im Gegenteil steigert. Die Indianer sind eher tierhaft verspielt als bösartig gezeigt, auch sie sind nicht nach der gängigen Schablone gezeichnet, sondern individuell charakterisiert.

Kein Film von überragendem künstlerischen Rang, aber erfreulich durch die Sauberkeit seiner Mittel und seiner Wirkung.

Drehbuch:
S. J. Perelman
(nach Jules Verne)

Regie:
Michael Anderson

Kamera:
Lionel Lindon

Schnitt:
Gene Ruggiero
Paul Weatherwax

Musik:
Victor Young

Darsteller:
Charles Boyer
Trevor Howard
Peter Lorre
Shirley MacLaine
David Niven

In 80 Tagen um die Welt

AROUND THE WORLD IN 80 DAYS

Farbfilm

Herstellungsland und -jahr: USA 1956

Hersteller: The Michael Todd Co., Hollywood, Calif.

Verleiher: Warner Bros. Film, München

Bj 1968 bw FSK: 6 J., ffr. Länge: 4507 m – 177 min

Inhaltsangabe:
Großer Reisebilderbogen nach Jules Vernes Roman von dem englischen Gentleman, der 1872, zur Zeit der Königin Victoria, aufgrund einer Wette, in Begleitung seines treuen Dieners, in einer Rekordzeit die Erde umrundet. Eine spaßige und fesselnde Abenteuerschau, die durch Handlungsreichtum, prachtvolle Ausstattung und eine lange Reihe von Gaststars viel Kurzweil bietet (1).

Der Bewertungsausschuß erhöht in der Kategorie des abendfüllenden Jugendfilms auf das Prädikat „besonders wertvoll“. Der Ausschuß ist der Meinung, daß dieser Film in seiner berechneten Spannungslosigkeit in der Breite des Bildangebots ausgesprochen das Fassungsvermögen Jugendlicher berücksichtigt, die hier auf interessante Weise unterhalten, aber nicht überfordert werden.

Drehbuch und Regie:
Wolfgang Urchs

Kamera:
Pierre Salvagnac
Helmut Müller
Christop Beyer
Sebastian Schwerte
Roland Coulon

Musik:
Frank Pleyer

In der Arche ist der Wurm drin

Zeichentrickfarbfilm

Herstellungsland und -jahr: Bundesrepublik Deutschland 1987

Hersteller: MS-Film Ute Koll, Michael Schoenmann, Wiesbaden/Paramount Film Productions (Deutschland), München/Artemis Filmges., Berlin in Zusammenarbeit mit Zweites Deutsches Fernsehen, Mainz

Verleiher: United International Pictures, Frankfurt (Main)

Bj 1987 w FSK: o. A., ffr. Länge: 2228 m – 81 min

Inhaltsangabe:
Der Holzwurm Wudi-Wud erzählt die weit zurückliegende, abenteuerliche Geschichte der Arche Noah und der auf ihr versammelten Kreaturen.

Der Film steht eindeutig im Schatten Walt Disneys, ohne jedoch die technische und gestalterische Perfektion von dessen Zeichenfiguren und der Animation zu erreichen. Auch die für das amerikanische Vorbild kennzeichnende Menschlichkeit und ebenso den liebenswerten Charme läßt diese deutsche Produktion vermissen.

Positiv sind dagegen hervorzuheben die Ansätze für die Grundsituationen, die dann jedoch durch die Animation nicht phantasievoll genug ausgeschöpft werden. Auch zeichnerisch weist der Film eine Reihe von hübschen Details auf. Geschick beweist er an einigen Stellen in der Integration von Realaufnahmen mit der Tricktechnik. Dem Wechsel der Aufnahme-Perspektiven läßt sich ein gewisser Reiz abgewinnen.

Drehbuch:
Stu Krieger

Regie:
Don Bluth

Kamera:
Jim Man

Schnitt:
Dan Molina
John K. Carr

Ton:
Kevin Brazier

Musik:
James Horner

In einem Land vor unserer Zeit

LAND BEFORE TIME

Zeichentrickfarbfilm

Herstellungsland und -jahr: USA 1987

Hersteller: Universal City Studios Inc./U-Drive Production, Los Angeles, Calif.

Verleiher: United International Pictures, Frankfurt (Main)

Bj 1989 w FSK: 6 J., ffr. Länge: 1893 m – 69 min

Inhaltsangabe:
Der Brontosaurier Littlefoot wird von seinen Eltern getrennt und muß – gemeinsam mit seinen kauzigen Freunden – auf der gefahrvollen Suche nach dem großen Tal und seinen Verwandten viele Abenteuer bestehen.

Dies ist ein romantisches Dinosaurier-Märchen, und in einem Märchen sind Kinder am besten aufgehoben. Ein ganzer Kindergarten der verschiedensten Saurier-Arten, geführt von Littlefoot, dem Brontosaurier-Knaben wird bei der Wanderung ins „Tal" und bei seinen Abenteuern auf diesem Weg beobachtet.

Der Bewertungsausschuß ist der Auffassung, daß die „Vermenschlichung" der Tiere in ihrer Charakterzeichnung ein wenig zu weit gehe, andererseits dieser Einwand durch die gelungene Animation, die perfekte Technik und die adäquate Musik ausgeglichen werde.

Drehbuch:
Jon Whedon

Regie:
Robert Stevenson

Lit. Vorlage:
Ian Cameron

Kamera:
Frank Phillips

Musik:
Maurice Jarre

Darsteller:
David Gwillim
David Hartman
Mako
Jacques Marin
Donald Sinden

Insel am Ende der Welt

THE ISLAND AT THE TOP OF THE WORLD

Farbfilm

Herstellungsland und -jahr: USA 1974

Hersteller: Walt Disney Productions, Burbank, Calif.

Verleiher: AV-Film, Neufahrn

Bj 1975 w FSK: 6 J., ffr. Länge: 1026 m (16 mm) – 94 min

Inhaltsangabe:
Ein reicher Engländer sucht seinen in der Arktis verschollenen Sohn und entdeckt ein verborgenes Paradies, in dem die letzten Wikinger wie vor tausend Jahren leben. Tricktechnisch veralteter Abenteuerfilm aus der Disney-Werkstatt (1).

Der Film erhält mit 3:1 Stimmen das Prädikat „wertvoll". Ein gut gemachter, unterhaltsamer Jugendfilm. Ganz abgesehen von seinen spannenden Momenten besticht der Film durch die Qualität einer sehr gekonnten Mischung von Trick- und Realaufnahmen.

Drehbuch:
Josef Rölz
Sylvia Ulrich
Horst Matouch
Haro Senft
Christina Reiner-Gum

Regie:
Haro Senft

Kamera:
Wedigo von Schultzendorff

Musik:
David Knopfler

Darsteller:
Marquard Bohm
Dagmar Deisen
Siegfried Kernen
R. Roland
Thomas Spielberg

Jacob hinter der blauen Tür

Farbfilm

Herstellungsland und -jahr: Bundesrepublik Deutschland 1986

Hersteller: Alpha-Film, Monika Aubele, München/Zweites Deutsches Fernsehen, Mainz

Verleiher: Atlas Film und AV, Duisburg

Bj 1987 w FSK: 6 J., ffr. Länge: 1030 m (16 mm) – 94 min

Inhaltsangabe:
Nach dem Unfalltod seines Vaters schottet sich ein 12jähriger Junge bewußt von seiner Umwelt ab. Erst der Kontakt zu einem Außenseiter und einer Band gibt ihm die Kraft, seinen Schmerz zu überwinden.

Der Film steht in der Tradition des Jugendfilms. Dabei mag die Distanz, die dem Zuschauer gegenüber dem Handeln und den Motivationen der Personen abverlangt wird, überraschend sein, gehört aber zu den Darstellungsformen und -möglichkeiten, die dem Thema angemessen sind. Daher ist verständlich, daß das Miterleben dem Zuschauer versagt wird, eine Ambivalenz in der Beurteilung der Gestalten und ihres konkreten Verhaltens für den Film also konstitutiv bleibt. In diesem Sinn „verweist" der Film auf die Realität. Er ist – gerade indem er die „Unbeholfenheit" der auftretenden Schauspieler und Laien „ungeschminkt" zur Geltung bringt – in dieser „Ehrlichkeit" unspekulativ, auch wenn ihm eine in sich geschlossene „künstlerische Vollendung" dadurch abgehen mag.

Drehbuch und Regie:
Karl Schedereit

Kamera:
Jair Ganor

Darsteller:
Gerardo Bejarano
Melvin Gomez
Herbert Trujillo

Das Jahr der Machete

Farbfilm

Herstellungsland und -jahr: Bundesrepublik Deutschland 1990
Hersteller: Karl Schedereit Film- und Fernsehproduktion, München
Verleiher: –
Bj 1990 w FSK: o. A., ffr. Länge: 2514 m – 92 min

Inhaltsangabe:
Beobachtungen, Erfahrungen und Erlebnisse eines Jungen in Mittelamerika, der mit seinem Vater auf Jobsuche in die Stadt geht und mit 12 Jahren – wie sein Vater – Landarbeiter wird.

Es lassen sich einige filmästhetische Werte herausheben, die einer eindeutigen Botschaft verschrieben sind: die Aufmerksamkeit zu gewinnen für viele Substanzverluste, denen vor allem Länder in der „Dritten Welt" ausgesetzt sind. Als besonders liebevoll inszeniert hebt sich die Beziehung zwischen Vater und Sohn von vielen anderen Sequenzen ab, die eigentlich eher in der Nähe eines aufklärerischen Traktates angesiedelt bleiben (Zerstörung des Regenwaldes, Eigeninitiative/Bewässerung/Landwirtschaft). Da die Konzeption dieses Versuches immer wieder von einer ganzheitlichen Vision bestimmt wird, die so überhaupt nicht einzulösen wäre, ist dies ein kritischer Punkt, der nicht verschwiegen werden darf.

Drehbuch:
Greg Taylor

Regie:
John Hancock

Kamera:
Misha Suslov

Musik:
Maurice Jarre

Darsteller:
Rutanya Alda
John Duda
Sam Elliott
Rebecca Harrell
Cloris Leachman

Jessica und das Rentier

PRANCER

Farbfilm

Herstellungsland und -jahr: USA 1989

Hersteller: Cineplex Odeon Films, Los Angeles, Calif.

Verleiher: Concorde-Filmverleih, München

Bj 1990 w FSK: o. A., ffr. Länge: 2813 m – 104 min

Inhaltsangabe:
Ein Mädchen rettet ein von ihrem Vater angeschossenes Rentier, pflegt und versteckt es und verhindert dessen Verkauf.

Aus der Sicht der amerikanischen Gefühls- und Glaubenswelt ist dies gewiß eine gelungene Weihnachts- und Kinogeschichte für jung und alt mit allen Ingredienzen des rührseligen Drumherums.

Wenn sich der Bewertungsausschuß zur Vergabe eines Prädikats entschlossen hat, honoriert er damit vor allem den auch für ein deutsches Publikum erkennbaren Appell an die Tierliebe und das positive Sozialverhalten einer kleinen Gemeinde.

Bemängelt wurde die Synchronisation, die die Sprache des Kindes als allzu altklug und unkindlich gewandt präsentiert.

Drehbuch:
Patricia Lathan

Regie:
Lewis Gilbert

Kamera:
Gerald Gibbs

Musik:
Anthony Hopkins

Darsteller:
Michael Balfour
Eugenius Chylek
Sidney Tafler
Mona Washboume

Jonnys neue Heimat

JOHNNY ON THE RUN

Herstellungsland und -jahr: Großbritannien 1954

Hersteller: Children's Film Foundation, London

Verleiher: Goldeck Filmverleih, Frankfurt (Main)

Bj 1957 w FSK: 6 J., ffr. Länge: 1168 m – 68 min

Inhaltsangabe:
Abenteuer eines kleinen Ausreißers in Schottland mit einer Einbrecherbande und in einem internationalen Kinderdorf (1).

Der Film hat den Vorzug einer psychologisch wohl durchgeführten Handlungsfolge, in welcher der Ernst und der Humor in einer wohl abgewogenen Weise die Handlung bestimmen. Er ist in seinem dramaturgischen Aufbau gradlinig, ohne zu primitivieren, und mannigfaltig, ohne den Faden zu verlieren. Überdies wird dem Zuschauer auch noch mancher interessante Einblick in die soziale Struktur, in das Leben und die Bedeutung der Kinderdörfer gewährt. Die Regie wie auch die jungen und erwachsenen Darsteller bringen eine geschlossene Leistung zustande. Bei diesem Film wäre es wünschenswert, wenn die Fotografie gepflegter wäre.

Drehbuch:
Jiři Trnka
Jiři Brdcka

Regie:
Jiři Trnka
Miloš Makovec

Lit. Vorlage:
Hans-Christian Andersen

Kamera:
Ferdinand Pečenka

Musik:
Václav Trojan

Sprecher:
Albert Lieven

Der Kaiser und die Nachtigall

CÍSAŘÚN SLAVÍK

Puppentrickfarbfilm

Herstellungsland und -jahr: CSSR 1947

Hersteller: Loutkovy-Film; Prag/Rembrandt-Films, New York

Verleiher: –

Bj 1955 w FSK: 6 J., ffr. Länge: 1876 m – 68 min

Inhaltsangabe:
Andersens poetisches Märchen als Puppenfilm.

In dem Film wird das bekannte Märchen durch Puppen dargestellt: Es wird allerdings eingekleidet durch eine Rahmenhandlung, die im Spiel selbst häufig zum Vorschein kommt, in der ein dem natürlichen Leben abgewandter, in einem schloßähnlichen Gebäude aufwachsender Junge, der sich nach Freiheit und Freude sehnt, den Inhalt des vorgenannten Märchens träumt. Er wird durch die Überzeugungskraft seines Traumes dem jugendlichen Leben in Freiheit wiedergegeben. Der Film ist ausgezeichnet fotografiert, wenn auch in der Farbgebung nicht immer gleichmäßig. Die Führung der Puppen zeigt einen hervorragenden künstlerischen Bogen.

Drehbuch:
Branko Bauer
Ivanka Terenbaher

Regie:
Branko Bauer

Kamera:
Branka Blarina

Musik:
Karl-Heinz Brunnemann

Darsteller:
Vlado Baoia
Metka Gabrelijeloio
Radovan Vuckiovio

Kalle auf der Millionen-Insel

MILLIONI NA OTOKU

Herstellungsland und -jahr: Jugoslawien 1956

Hersteller: Jadran-Film, Zagreb

Verleiher: Bruno Schmidt, Berlin

Bj 1957 w FSK: 6 J., ffr. Länge: 969 m (16 mm) – 88 min

Inhaltsangabe:
Kinder spielen auf einer Insel in der Adria Seeräuber und setzen sich gegen Diebe zur Wehr, die ihnen einen verheimlichten Totogewinn abjagen wollen (1).

Die Handlung basiert auf einem solide gearbeiteten Drehbuch, das vor allem in dramaturgischer Hinsicht stimmt und das auch in der dialogischen Gestaltung kaum Wünsche offen läßt. So ist es den jungen Darstellern möglich, eine Sprache zu sprechen, die ihrem Alter gemäß ist. Die Handlung selbst verzichtet auf jede aufgepulverte Sensation und auf fragwürdige Effekte; vielmehr entwickelt sie sich von innen her, d. h., aus einem sicheren Gefühl für die Psychologie Jugendlicher. Erfreulich ist vor allem auch die Darstellung.

Drehbuch und Regie:
Rolf Husberg

Lit. Vorlage:
Astrid Lindgren

Kamera:
Bengt Westfelt

Musik:
Ulf Linde

Darsteller:
Peter Adam
Eskil Dalenuis
Lars-Erik Lundberg

Kalle Blomquist lebt gefährlich

MÄSTERDEDEKTIVEN OCH RASMUS

Herstellungsland und -jahr: Schweden 1953
Hersteller: Art Film, Stockholm
Verleiher: Bruno Schmidt, Berlin
Bj 1955 w FSK: 6 J., ffr. Länge: 970 m (16 mm) – 88 min

Inhaltsangabe:
Vierzehnjährige, ein Mädchen und zwei Jungen, geraten in eine Kriminalaffäre. Die Hobbydetektive wenden ihre Pfadfinderkenntnisse an, um den kleinen entführten Sohn eines Wissenschaftlers aufzuspüren (1).

Die Geschichte ist rührend naiv und kindlich, ganz dem Aufnahmevermögen von Kindern (bis zu 13 Jahren) angepaßt. Es wird nicht vergessen, neben der indianerhaften Romantik die technische Welt mit in die Geschichte einzubeziehen, so daß manche Unwahrscheinlichkeiten nach der einen oder anderen Seite abgerundet werden und ein sich zügiges Spiel ergibt. Das Spiel der Kinder ist natürlich und gut. Die Erwachsenen, die hier mehr oder weniger als Staffage dienen, passen sich diesem Rahmen freundlich ein. Die Inszenierung ist zügig, das Bild anerkennenswert. Die filmische Aufmachung ist nicht außergewöhnlich und zeigt keine besondere Leistungen und Effekte, sondern ist eine zu lobende saubere Arbeit.

Drehbuch:
Ingeborg Grunewald

Regie:
Hella Mora

Kamera:
Karl Frauenholz

Musik:
Ernst Brandner

Sprecher:
Alfred Balthoff
Hans Clarin
Renate Danz
Friedrich Joloff
Hugo Schrader

Kaspers Reise zu den Zwergen

Puppenspielfilm mit Farbteilen

Herstellungsland und -jahr: Bundesrepublik Deutschland 1954

Hersteller: Domo-Film KG, München

Verleiher: –

Bj 1955 w FSK: 6 J., ffr. Länge: 2416 m – 87 min

Inhaltsangabe:
Fix und Fax, durch deren Schuld die Prinzessin Goldhaar verzaubert und einem Lindwurm übergeben wurde, finden in Kasper einen Freund, der siegreich den Weg ins Zauberreich erkundet (1).

Der Film schildert in einer überwiegend guten Fotografie und einer sauberen kindertümlich gehaltenen Darstellung die Unternehmungen und Abenteuer des tapferen und hilfsbereiten Kaspers.

Bedenken bestehen im wesentlichen nur hinsichtlich der Länge des Films. Der Ausschuß ist der Auffassung, daß Kinder der unteren Altersstufen, für die der Film vor allem geeignet erscheint, durch seine Länge überfordert werden.

Drehbuch und Regie:
Usch Barthelmeß-Weller
Werner Meyer

Lit. Vorlage:
Lisa Tetzner

Kamera:
Jürgen Jürges

Musik:
Andi Brauer

Ausstattung/
Bau/Kostüme:
Maciej Putowski
Thomas Irmscher

Darsteller:
Stefan Bossenberger
May Buschke
Heike Falkenberg
Jürgen Frei
Sabine Kolbatz

Die Kinder aus Nr. 67 oder Heil Hitler, ich hätt gern'n paar Pferdeäpfel . . .

Farbfilm

Herstellungsland und -jahr: Bundesrepublik Deutschland 1979

Hersteller: Road Movies Filmproduktion/Renée Gundelach Filmproduktion, Berlin/Zweites Deutsches Fernsehen, Mainz

Verleiher: Basis-Film Verleih, Berlin

Bj 1979 bw FSK: 6 J., ffr. Länge: 2814 m – 103 min

Inhaltsangabe:
Im Spiegel der Erlebnisse einer Jugendclique und ihrer Familien im Hinterhof eines Hauses Nummer 67 in Berlin wird die Entwicklung im Deutschland der Jahre 1932 und 1933 erkennbar gemacht (1).

Vorwiegend aus der Sicht von Kindern und im Ausschnitt eines eng begrenzten Milieus wird geschildert, wie die sogenannte Machtübernahme durch den Nationalsozialismus tatsächlich geschehen ist und wie sie sich ausgewirkt hat. Nämlich als eine kaum begriffene Entwicklung, die nach und nach geschieht, gewissermaßen tropfenweise in die Gruppe der hier gezeigten Menschen einsickert und zu den Konflikten zwischen den Kindern selbst und den Erwachsenen und zwischen Kindern und Erwachsenen führt, die sehr bald eskalieren. Der Film zeichnet nicht schwarz-weiß, er urteilt nicht aus einem Wissen, das man vielfach später erst bekam und aus dem nur allzu oft rückprojiziert wird.

Zur professionellen Leistung der Regie kam hier ein ungewöhnliches pädagogisches Geschick. Zu seiner Glaubwürdigkeit trägt wesentlich das genau getroffene Milieu bei, aufgenommen von einer sensiblen Kamera, die in jedem Augenblick die selbstverständliche Zusammengehörigkeit der Agierenden mit ihrem auf wenige Schauplätze beschränkten Milieu festhielt.

Regie:
Lewis Gilbert

Kamera:
Frank North

Darsteller:
Marion Chapman
Kay Henderson
Yvonne Marsh
Tony Newley
Doreen Richard

Die kleine Ballerina

LITTLE BALLERINA

Herstellungsland und -jahr: Großbritannien 1948

Hersteller: G. B. Instructional, London

Verleiher: –

Bj 1957 w FSK: 6 J., ffr. Länge: 1631 m – 60 min

Inhaltsangabe:
Eine kleine Ballettschülerin macht gegen den Widerstand einer ehrgeizigen und eingebildeten Rivalin ihren Weg (1).

Der Ausschuß ist der Ansicht, daß in diesem Film das notwendige Maß der Vereinfachung in Richtung auf eine qualitätsmindernde Primitivierung überschritten wurde. Zunächst ist die Anlage des Buches sehr äußerlich und der Film infolge dessen handlungsarm. Der Regie gelingt es auch nicht, die Szenen von steifen Stellungen und simplem schauspielerischen Gestus freizuhalten. Vor allem wurde der Schnitt allzu bedenkenlos in den Dienst der pädagogischen Vereinfachung gestellt. Der Ausschuß ist der Meinung, daß eine sorgfältigere filmische Ausarbeitung und übrigens auch eine Fotografie von besserer technischer Qualität der pädagogischen Absicht sicher nicht abträglich gewesen wären.

Drehbuch:
Jack Speirs

Regie:
Ron Kelly

Kamera:
Reginald Morris

Musik:
Buddy Baker

Darsteller:
Jack von Evera
Wabb
Hugh Webster
Chris Wiggins
John Yesno

König der Grizzlies

KING OF THE GRIZZLIES

Farbfilm

Herstellungsland und -jahr: USA 1970

Hersteller: Walt Disney Productions, Burbank, Calif.

Verleiher: AV-Film, Neufahrn

Bj 1970 w FSK: 6 J., ffr. Länge: 1019 m (16 mm) – 93 min

Inhaltsangabe:
Verfilmung einer Tiergeschichte von Seton – in der Disneywerkstatt mit gewohnter Routine, schön und lebendig, zum quasimenschlichen Schicksalsroman ausgebaut (1).

Die Prädikatisierung erfolgte nur unter großen Bedenken. Vieles in der eigentlichen Tiergeschichte wirkt nur nachgestellt, der Stil ist uneinheitlich, da die Bereiche des Märchenhaften, des Realistischen und zwischendurch des Komisch-Grotesken ungeordnet durcheinandergehen. Die Fotografie ist konventionell. Noch mehr Einwände verursacht der Text. Er ist stellenweise überflüssig und zudem noch geschwätzig.

König der Winde

KING OF THE WIND

Farbfilm

Drehbuch:
Phil Frey

Regie:
Peter Duffell

Lit. Vorlage:
Marguerite Henry

Kamera:
Brian Morgan

Musik:
John Scott

Darsteller:
Jenny Agutter
Navin Chowdry
Frank Finlay
Richard Harris
Glenda Jackson

Herstellungsland und -jahr: USA 1989

Hersteller: HTV International Television, New York, N.Y.

Verleiher: Twentieth Century Fox, Frankfurt (Main)

Bj 1990 w FSK: o. A., ffr. Länge: 2796 m – 102 min

Inhaltsangabe:
Ein arabischer Hengst wird mit seinem jungen Betreuer an den König von Frankreich verschenkt, womit für beide eine abenteuerliche Odyssee beginnt.

Der Film über den ersten arabischen Vollbluthengst, der in den Westen Europas kam, kann nicht nur Pferdeliebhaber erfreuen, sondern ist in seinen Abenteuer- und Historien-Qualitäten durchweg spannende Unterhaltung. Dies liegt am geschickten Drehbuch, der opulenten Ausstattung, der prallen Bildsprache und actionreichen Regie, die durch eine große Schar bekannter und qualifizierter Darsteller die vielen Schauplätze und Ereignisse gut in Szene setzt.

Drehbuch:
Paul Grimault
Jacques Prévert

Regie:
Paul Grimault

Lit. Vorlage:
Hans-Christian Andersen

Kamera:
Gérard Soirant

Schnitt:
Paul Grimault

Musik:
Wojciech Kilar

Ausstattung/Bau/
Kostüme:
Paul Grimault

Der König und der Vogel

LE ROI ET L'OISEAU

Zeichentrickfarbfilm

Herstellungsland und -jahr: Frankreich 1979

Hersteller: Les Films Paul Grimault/Société des Films Gibe/Antenne 2, Paris

Verleiher: Senator Film Verleih, München

Bj 1981 bw FSK: 6 J., ffr. Länge: 2306 m – 84 min

Inhaltsangabe:
Ein Liebespaar entkommt mit Hilfe eines Vogels der Gewalt eines grausamen Königs, dessen Herrschaftssystem zuletzt durch eigene Zerstörung zugrundegeht (1).

Er ist ein herausragendes Werk auf dem Gebiet des Zeichentrickfilms. Eine schier unglaubliche Fantasie läßt eine Welt entstehen, die sowohl für Kinder wie für Erwachsene von hohem Reiz und von besonderer Bedeutung ist. In jedem Augenblick aber ist diese schrankenlos freie Phantasie gebändigt durch die Disziplin der graphischen Gestaltung und Animation.

Das gilt insbesondere für den Entwurf eines Königspalastes, der alle möglichen Anregungen der Architekturgeschichte auf eine seltsam geordnete Weise zusammenhäuft: von der klassischen Antike über Mittelalter und Renaissance bis zum Milieu des Golem und hinein in Visionen der Science fiction. Das ist überaus witzig gemacht und weit entfernt von bloßer Karikatur. Der Film ist zärtlich und grausam, beängstigend und befreiend zugleich.

Ähnlich wie sehr heterogene Architekturelemente hier zusammengeführt werden, kreuzen sich auch Motive der Literatur und Geschichte. Besonders hervorzuheben ist noch die Sorgfalt, mit der Musik und insbesondere auch Elemente der Akustik der Erzählung dieses Films in jedem Detail zugeordnet sind.

Drehbuch und Regie:
Curt Linda

Lit. Vorlage:
Erich Kästner

Kamera:
Wolfgang Dietrich

Musik:
Erich Ferstl

Die Konferenz der Tiere

Zeichentrickfarbfilm

Herstellungsland und -jahr: Bundesrepublik Deutschland 1969
Hersteller: Linda-Film-Produktion, München
Verleiher: Filmwelt, München
Bj 1970 w FSK: 6 J., ffr. Länge: 2238 m – 82 min

Inhaltsangabe:
Der Menschenkinder wegen beschließen die Tiere auf einer dazu einberufenen Konferenz Maßnahmen zum Schutz des Friedens und der Menschlichkeit und zwingen die Erwachsenen, diese Vorschläge zu verwirklichen (1).

Beim Ansehen des Films stellt sich sofort die Frage nach der zeichnerischen Qualität: nach dem Witz der Zeichenfigur, nach der malerischen Bewältigung der Hintergründe. Überhaupt nach der formal-künstlerischen Verwirklichung. Hier macht der Bewertungsausschuß begrenzte Einwände gegen die Unsicherheit des Stils, die sich in dem Hin und Her zwischen Abstraktion und offenbaren Naturalismen geltend macht. Die Erteilung des Prädikats war möglich, weil in wesentlichen Partien formale Erfindungskraft sich ausdrückt und von daher dem Vorhaben künstlerische (und im Blick auf den Zeichentrickfilm einzigartige) Qualität zufließt.

Drehbuch:
Silke Bartlick
Mark Braden
Lonny Olschewski

Regie:
Claudia Schröder

Kamera:
Fritz Moser

Musik:
Wilhelm Dieter Siebert

Darsteller:
Alexandra Degen
Robert Dietl
Violetta Ferrari
Heinz Schubert
Daniel Thorbecke

Konrad aus der Konservenbüchse

Farbfilm

Herstellungsland und -jahr: Bundesrepublik Deutschland 1982

Hersteller: Ottokar Runze Filmproduktion, Berlin

Verleiher: Atlas Film + AV, Duisburg

Bj 1983 w FSK: 6 J., ffr. Länge: 879 m – 80 min

Inhaltsangabe:
Konrad, das Dosenkind, hat alle positiven Eigenschaften, die sich ehrgeizige Eltern wünschen können, doch gerät er an die falsche Adresse: Eine eigenwillige und lebenslustige Künstlerin wünscht sich statt seiner lieber einen aufgeweckten, frechen Buben (1).

In der Diskussion bestand Einigkeit darüber, daß hier eine fantastische Geschichte mit einfachen Mitteln erzählt wird; die schlichte und auf möglichst große Eindeutigkeit abzielende Machart ist dem kindlichen Rezeptionsvermögen angemessen. Mit der Geschichte, die ebenso wie die Darstellung der beiden erwachsenen Hauptfiguren Spaß macht, wird ein Plädoyer für ein normales kindliches Verhalten und gegen ein synthetisch reine Wohlerzogenheit formuliert; dieses Plädoyer ist ein zwar undifferenzierter, aber nicht unzutreffender Kommentar zur Problematik von Erziehungsnormen.

Neben den Vorzügen sind aber auch Schwächen unübersehbar: Manche Szenen wirken allzu künstlich arrangiert, andere werden nur angespielt, aber im weiteren Verlauf des Geschehens nicht dramaturgisch sinnvoll genutzt. Besonders bei der Action-Handlung im letzten Teil verschenkt der Film Situationen, indem er sie zwar aufbaut, dann aber nichts aus ihnen macht.

Drehbuch und Regie:
George Lucas

Kamera:
Gilbert Taylor

Musik:
John Williams

Ausstattung/Bau/Kostüme:
Roger Christian
Norman Reynolds
John Mollo

Darsteller:
Kenny Baker
Phil Brown
Carrie Fisher
Alec Guinness
Mark Hamill

Krieg der Sterne

STAR WARS

Scope-Farbfilm

Herstellungsland und -jahr: USA 1976

Hersteller: Star Wars Productions/Twentieth Century Fox Film Corporation, Beverly Hills, Calif.

Verleiher: Twentieth Century Fox, Frankfurt (Main)

Bj 1978 bw FSK: 12 J., ffr. Länge: 3311 m – 121 min

Inhaltsangabe:
Der junge, unbedarfte Luke Skywalker befreit die Prinzessin eines Sternenimperiums aus den Fängen der Finsterlinge vom „Todesstern" (1).

Eine gigantische Spielwiese der Fantasie, angereichert aus allem, was man an Motiven des Märchens, der Sagenwelt, von Motiven der Vorzeit bis ins nächste Jahrtausend, an Anregungen aus der Kiste der Comics bis zu Erinnerungen an Stummfilmhelden und -szenen nur zusammenbringen kann. Das alles ist mit einer stupenden Tricktechnik verarbeitet. In diesem Zusammenhang muß auch die gesamte Ausstattung, also die Filmarchitektur, erwähnt werden, während die „Ausstattung" der handelnden Menschen und anderen Wesen sehr viel schwächer ausgefallen ist und wohl ganz bewußt das Komische nicht scheut. Besondere Effekte wurden aus (zu einem Teil ganz neuartigen) Raum- und Bewegungsillusionen geholt, zum Beispiel eine Vorstellung von Lichtgeschwindigkeit; besonders muß noch hingewiesen werden auf das eingesetzte Dolby-Verfahren.

Drehbuch:
Monika Seck-Aghte
Arendt Aghte

Regie:
Arendt Aghte

Kamera:
Carl Koschnick

Musik:
Matthias Rauhe
Martin Cyrus

Darsteller:
Hans Beerhenke
Lotti Huber
Timmo Niesner
Karl-Friedrich Prätorius

Küken für Kairo

Farbfilm

Herstellungsland und -jahr: Bundesrepublik Deutschland 1985

Hersteller: Topas Filmproduktion, Berlin, im Auftrag des Westdeutschen Rundfunks, Köln

Verleiher: Atlas Film + AV, Duisburg

Bj 1986 w FSK: o. A. nffr. Länge: 2040 m – 75 min

Inhaltsangabe:
Die abenteuerlich-aufregende Reise eines deutschen Kükens nach Kairo und zurück auf einen (deutschen) Weihnachtstisch.

Als Kinder- und Jugendfilm vergegenwärtigt dieser Film eine recht lebendige Handlung, bei der das Mitempfinden mit den Hauptpersonen im Vordergrund steht, vermittelt auch ein wohldosiertes Maß an Spannung und hält sich von althergebrachter Kindertümelei wohltuend frei. Daß Wahrsagerei in einem alles in allem realistischen Film so positiv dargestellt wird, daß an den Schranken des deutschen Zolls – sicherlich nicht unbedingt der Wirklichkeit widersprechend – das Geschehen so karikaturnah verläuft, daß neben den wichtigsten Gestalten dieses Kammerspiels die Besetzung der Nebenrollen doch zu offenkundig ungenügend ausfiel, vermag zwar den guten Gesamteindruck zu beeinträchtigen, das erteilte Prädikat aber nicht in Frage stellen.

Drehbuch und Regie:
Berno Kürten

Kamera:
Martin Gressmann

Musik:
Hanno Rinne

Darsteller:
Aram Coen
Jan Fredder
Theo Gostischa
Hans-Peter Hallwachs
Alexandra Schalaudeck

Land in Sicht

Farbfilm

Herstellungsland und -jahr: Bundesrepublik Deutschland 1990

Hersteller: Thilo von Arnim Filmproduktion, Berlin

Verleiher: –

Bj 1990 bw FSK: 6 J., ffr. Länge: 2466 m – 90 min

Inhaltsangabe:
Ein 14jähriges Mädchen kommt auf einen Bauernhof, um Reiterferien zu machen, und erlebt viele kleine Geschichten mit gleichaltrigen Jungen (Disco, erste Liebe, Eifersucht, Ablehnung).

Der Traum vom Reiten „auf dem Rücken der Pferde", der Traum vom Fliegen, vom Traktorfahren, vom Besuch der Disco, vom geheimen und gemeinsamen Unterschlupf – das wird hier Wirklichkeit, Filmrealität. Wichtiger noch sind andere Erlebnisse: Freundschaft und erste Liebe (mit entsprechender Eifersucht), auch erste Trunkenheit. – Doch ist dies alles, ist das ganze Geschehen nicht geschönt. Da sind nicht nur liebe Menschen; es gibt Lüge und Betrug, auch Enttäuschung, Irrtum, falsches Handeln; Gefährdungen werden erkennbar. Entscheidend für die Geschlossenheit des Films ist die Regie durch eine Besetzung der Rollen und Führung der Darsteller, die in sich stimmt und von den Jüngeren wie den Erwachsenen niemanden über Gebühr herausstellt, aber jeden angemessen zur Geltung bringt.

Drehbuch:
Monroe Manning
Charles O'Neal

Regie:
William Beaudine

Lit. Vorlage:
Summer Long

Kamera:
Edward Fitzgerald

Musik:
Sid Sidney

Darsteller:
June Lockhart
John Provost
Hugh Reilly
Richard Simmons
Patrick Westwoods

Lassies größtes Abenteuer

LASSIE'S GREAT ADVENTURE

Farbfilm

Herstellungsland und -jahr: USA 1963

Hersteller: Wrather Corp., Beverly Hills, Calif.

Verleiher: –

Bj 1968 w FSK: 6 J., ffr. Länge: 2493 m – 91 min

Inhaltsangabe:
Der kleine Farmersohn Timmy und sein Hund Lassie machen unfreiwillig eine Ballonfahrt, landen mitten in den kanadischen Wäldern, bestehen Abenteuer und werden gerettet (1).

Der Ausschuß ist der Meinung, daß dieser Film für Kinder recht spannend und unterhaltend ist. Mängel im Drehbuch und in der Regie dürften von Kindern ganz anders aufgefaßt werden. Das junge Publikum wird sich rasch gefangennehmen lassen von der hübschen Fabel mit den mannigfachen Robinsonaden nach der Ballonfahrt. Die Kamera ist konventionell, darin aber dem Film insgesamt angemessen.

Drehbuch, Regie und Kamera:
Christian Zuber

Musik:
Michel Hauser

Laßt sie leben – Tiere wie sie keiner kennt

LAISSEZ LES VIVRE

Farbfilm

Herstellungsland und -jahr: Frankreich 1968

Hersteller: Galapagos Films, Paris

Verleiher: –

Bj 1970 w FSK: 6 J., ffr. Länge: 2554 m – 93 min

Inhaltsangabe:
Seltene Tierarten in verschiedenen Teilen der Erde.

Es ist zu bedauern, daß gerade bei diesem Film – vom Material her eine überzeugende filmische Leistung – gravierende Einwände gemacht werden müssen, die den Kommentar betreffen, ebenso auch den Aufbau des Films. Der Kommentar ist sprachlich undifferenziert euphorisch, er verzettelt sich hin und wieder in Redensarten und ist so weithin der Qualität des Bildeindrucks nicht angemessen. Aber auch der Aufbau des Films ist nicht präzise genug. Die Regie geht nicht kontinuierlich vor, sondern springt in ihren Motiven hin und her, ohne daß daraus ein klares Stilprinzip erkennbar wäre.

Drehbuch:
Wolf Müller

Regie:
Gunther Scholz

Lit. Vorlage:
Henrik Hertz

Kamera:
Claus Neumann

Musik:
Friedbert Wissmann

Darsteller:
Rolf Hoppe
Sven Jansen
Dietrich Mechow
Linde Sommer
Eva Vejmelkowà

Das Licht der Liebe

Farbfilm

Herstellungsland und -jahr: Bundesrepublik Deutschland 1990
Hersteller: DEFA Studio Babelsberg GmbH, Potsdam
Verleiher: Progress Film-Verleih, Berlin
Bj 1991 w FSK: o. A. ffr. Länge: 2264 m – 83 min

Inhaltsangabe:
Mit der Kraft eines liebenden Herzens und einer guten Portion Bauernschläue gelingt es einem jungen Mann nach vielen Prüfungen, die Tochter des Markgrafen von Thüringen zu ehelichen und sie wieder sehend zu machen.

Einer der letzten noch mit beträchtlichem Aufwand hergestellten Jugendfilme der „alten" DEFA führt um über 1000 Jahre zurück in die Märchenwelt Thüringens und bedient sich auch der natürlichen und kunsthistorischen Schönheiten dieses Landes in erfreulichem Umfang. Der Weg eines Findelkindes, das wegen seiner großen Ohren nur „Bengel" genannt wird, zum legitimen Markgrafen von Thüringen, wird ausgestattet mit Abenteuern, die von einer souveränen Kamera und sorgfältiger Regie in bestechende Bilder umgesetzt werden. Seine Qualität erhält dieser Film vor allem durch die schauspielerische Besetzung, aus der Rolf Hoppe als alter Markgraf heraussragt. Daß dieser Film nicht mit martialischem Ernst erzählt wird, sondern mit zuweilen fast modernen Dialogen eine ironisch gebrochene Interpretation erfährt, wird als symphatisch empfunden.

Drehbuch:
Maria Theresia Wagner

Regie:
Karl Heinz Käfer

Lit. Vorlage:
Paul Maar

Kamera:
Wolfgang Treu

Musik:
Michael Gajare

Ausstattung/Bau/
Kostüme:
Andreas Rudoph
Gabriele Arendt-Wendler

Darsteller:
Hans Clarin
Irm Hermann
Hannelore Hoger
Siegfried Kernen
Constantin Trettler

Lippels Traum

Farbfilm

Herstellungsland und -jahr: Bundesrepublik Deutschland 1990

Hersteller: Alpha-Film, Monika Aubele, München/Alma Film, Berlin/Studio Hamburg Atelier, Hamburg/Zweites Deutsches Fernsehen, Mainz

Verleiher: Jugendfilm-Verleih, Berlin

Bj 1991 bw FSK: o. A., ffr. Länge: 2309 m – 84 min

Inhaltsangabe:
Während des Urlaubs seiner Eltern beginnt ein Junge, in dem Märchenbuch „1001 Nacht" zu lesen. Als seine griesgrämige Aufpasserin ihn daran hindert, träumt er die Geschichte in Etappen selbständig weiter.

Die Menschen seiner realen Welt füllen in Lippels Träumen jeweils relevante Positionen von Sympathie und Abneigung. Die märchenhaften Landschaften in Marokkos Wüste – wie aus einem Bilderbuch – bekommen in ihrer poetischen Dimension zusätzlichen Reiz: sie sind verfremdete Realität aus dem Blickwinkel des Jungen. In die kinematografisch verwirklichten Träume des Jungen sind dessen Grundängste und individuelle Gefühle mit psychologischer Stichhaltigkeit verwoben. Die Übergänge zwischen Traumwelt und Realität sind auf professionelle Weise fließend. Ähnlich sind auch zwei aneinander fremde Welten (Alltag des Jungen, orientalische Märchenwelt) dramaturgisch plausibel und technisch sauber im Kontrast zusammengeführt.

Drehbuch und Regie:
Thomas Draeger

Kamera:
Hille Sagel

Musik:
Graziano Mandozzi

Darsteller:
Eva Lebenheim
Brigitta von Lersner
Alexander Piele
Kurt Schmidtchen
Sigfrid Steiner

Lisa und die Riesen

Farbfilm

Herstellungsland und -jahr: Bundesrepublik Deutschland 1983/84
Hersteller: Cikon Filmproduktion GmbH, Berlin/Zweites Deutsches Fernsehen, Mainz
Verleiher: Basis-Film Verleih, Berlin
Bj 1985 w FSK: 6 J., ffr. Länge: 2467 m – 90 min

Inhaltsangabe:
Angeregt durch die vielen Geschichten und Märchen, die sie gehört hat, erträumt sich Lisa einen ihr dienenden Riesen. Aber es gibt auch noch andere „Riesen" ... draußen, in der Wirklichkeit.

Die assoziative Erzählweise aus der Fantasie eines Kindes knüpft ohne Übergangsschwierigkeiten Episode an Episode und erreicht unter der behutsamen Führung des im Kinderfilm erfahrenen Regisseurs faszinierende Passagen. Hieran haben die hervorragende Kamera, der Schnitt und nicht zuletzt die vorzüglich agierende junge Hauptdarstellerin wesentlichen Anteil.

So lange die Story also eine märchenhafte Bildergeschichte bleibt, überzeugt sie mit Logik und Konsequenz. Geht sie aber über in das Lehrstück von der Schädlichkeit des Elektronik-Monstrums, entwickelt sich eine von Klischees nicht freie Kinowelt. Deren Künstlichkeit bewertete der Hauptausschuß jedoch nicht als so schwerwiegend, daß sie die Vorzüge der Arbeit erdrücken könnte.

Regie und Gestaltung:
Heinz Sielmann

Kamera:
Heinz Sielmann
Georg Theilacker

Schnitt:
Hildegard Hänsel-Nowak

Musik:
Hans Posegga

Sprecher:
Klaus Kindler

Lockende Wildnis

Farbfilm

Herstellungsland und -jahr: Bundesrepublik Deutschland 1967/69
Hersteller: Heinz Sielmann-Produktion, München
Verleiher: –
Bj 1969 bw FSK: 6 J., ffr. Länge: 2531 m – 93 min

Inhaltsangabe:
Expeditionsfilm über die Fauna des nordamerikanischen Kontinents und des arktischen Raumes.

Alle Mitglieder des Bewertungsausschusses waren beeindruckt von der hohen Qualität der Farbfotografie. Hinzu kommt eine Fülle von Aufnahmen, die schon wegen ihrer Rarität nicht alltäglich sind. Die Schwierigkeit, die große Fülle des Materials zu ordnen, wurde hinreichend bewältigt.

Nicht leicht zu übergehende Einwände gegen diesen Film liefert der Text. Er geht sehr oberflächlich mit Adjektiven um. Viele Sätze sind von einer burschikosen Beiläufigkeit und oft ganz überflüssig.

Drehbuch und Regie:
Morris
René Goscinny
Pierre Tchernia

Kamera:
Francois Léonar
Jean Miche

Musik:
Claude Bolling

Lucky Luke

LUCKY LUKE

Zeichentrickfarbfilm

Herstellungsland und -jahr: Frankreich/Belgien 1971

Hersteller: Dargaud S. A., Neuilly/Productions Artistes Assoiés, Paris/Raymond Leblanc, Brüssel

Verleiher: FiFiGe – Hamburgische Filmeinkaufsgesellschaft, Hamburg

Bj 1972 w FSK: 6 J., ffr. Länge: 2072 m – 76 min

Inhaltsangabe:
Der einsame Cowboy Lucky Luke säubert ein Städtchen von Banditen und bleibt Sieger im Kampf gegen Verbrecher und Indianer. Comicverfilmung (1).

Fraglos ist Disney Vorbild gewesen. Immerhin läßt sich sagen, daß dieser Film in einigen Partien einfallsreicher geraten ist (etwa wenn der Kleine, mit einer grotesken Maske versehen, als Medizinmann den Totempfahl umtanzt). Der Film hat auch zeichnerisch hin und wieder groteske Einfälle, die sich gleichsam über eine naturalistische Grundfigur stülpen. Formal ist er also nicht einheitlich. Wenn der Bewertungsausschuß sich zuletzt positiv für den Film erklären konnte, dann deshalb, weil er ein paar amüsante Passagen anerkannte, die dem Fassungsvermögen Jugendlicher in besonderem Maße entsprechen.

Drehbuch und Regie:
Morris
René Goscinny
Pierre Tchernia

Kamera:
Pierre Watrin
Claude Pointis

Musik:
Claude Bolling

Lucky Luke – Sein größter Trick

LUCKY LUKE – LA BALLADE DES DALTON

Zeichentrickfarbfilm

Herstellungsland und -jahr: Frankreich 1978

Hersteller: Dargaud S. A., Neuilly/Les Productions René Goscinny/Studio Idefix, Paris

Verleiher: FiFiGe – Hamburgische Filmeinkaufsgesellschaft, Hamburg

Bj 1978 w FSK: 6 J., ffr. Länge: 2231 m – 82 min

Inhaltsangabe:
Vier Wildwestgangster dürfen das Erbe ihres Onkels nur antreten, wenn sie zuvor seinen Tod rächen, was der Cowboy Lucky Luke natürlich zu verhindern weiß (1).

Graphik und Animation sind technisch gekonnt. Die mit einigem Aufwand verarbeitete Story wartet mit hübschen Einfällen auf, die bis zum Schluß nicht an Witz verlieren. Erwähnenswert auch die filmgeschichtlichen Zitate in den Traumszenen. Große Mühe hat man sich mit der deutschen Synchronisation gemacht.

R e g i e :
diverse Regisseure

Lustige Micky Maus Revue

Zeichentrickfarbfilm

Herstellungsland und -jahr: USA 1942-59
Hersteller: Walt Disney Productions, Burbank, Calif.
Verleiher: –
Bj 1964 w FSK: 6 J., nffr. Länge: 2204 m – 81 min

I n h a l t s a n g a b e :
11 Zeichentrickfilme aus der Disney-Werkstatt (1942-1959).

Die Bedenken, die schon bei der Prädikatisierung der ersten ähnlichen Zusammenstellung von Walt Disney-Filmen geltend gemacht wurden, nämlich die Massierung von Gags, die Gefahr der Ermüdung, werden durch die Wiederholung des Verfahrens, aus im einzelnen oft sehr hübschen kurzen Zeichentrickfilmen ein abendfüllendes Programm zu machen, erheblich verstärkt. Ausschlaggebend für das Prädikat war vor allem der Gesichtspunkt, daß in den Filmtheatern so wenig für die untersten Altersgruppen der Kinogänger geboten wird, daß man auch über die angedeuteten Bedenken hinwegsehen kann.

Drehbuch und Regie:
Jamie Uys

Die lustige Welt der Tiere

BEAUTIFUL PEOPLE

Scope-Farbfilm

Herstellungsland und -jahr: Südafrika 1974

Hersteller: Mimosa Productions, Johannesburg

Verleiher: –

Bj 1975 w FSK: 6 J., ffr. Länge: 2505 m – 92 min

Inhaltsangabe:
Ein in vierjähriger Dreharbeit entstandener, ungewöhnlich origineller Film über die Tierwelt in den Wüsten Afrikas, der neben hervorragenden Aufnahmen interessante Verhaltensstudien enthält (1).

Er zeichnet sich aus durch eine hervorragende Fotografie, zudem durch eine ganze Reihe hochinteressanter, in ihrem Zusammenhang knapp und gut gestalteter, in sich geschlossener „Stories" aus dem großen Thema „Leben in der Wüste". Er hat unbestreitbare Höhepunkte der optischen und inhaltlichen Information.

Man kann nur bedauern, daß sonst so gut wie alles getan wurde zu verderben, was einem gedankenlosen Schnitt, dem restlichen Kommentar und an vielen Stellen der Musik möglich war. Vor allem ist damit eine Sprache gemeint, die nachgerade hemmungslos menschliche Begriffe und Werte dem Verhalten der Tiere anhängt, z. B. Adjektive wie „feige" oder „infam". Der Leistung, wie sie hier die Farbfotografie angeboten hat, ebenso der vielfältigen im Film noch enthaltenen Informationen, hätte eigentlich das höchste Prädikat gebührt.

Drehbuch:
Jan Procházka
Karel Kachyna

Regie:
Karel Kachyna

Kamera:
Eduard Kaderabek
Joseph Illik

Musik:
Jan Novak

Bau:
Karel Cerny

Darsteller:
Pavel Bartl
Václav Fischer
Jorga Kotrobová
Zdeněk Jiraková

Das Mädchen und der schwarze Hengst

TRAPENI

Scope

Herstellungsland und -jahr: ČSSR 1961

Hersteller: Filmové studio Barrandow, Prag

Verleiher: –

Bj 1963 bw FSK: 6 J., ffr. Länge: 2307 m – 84 min

Inhaltsangabe:
Freundschaft eines 12jährigen Mädchens mit einem als bösartig verschrienen Hengst.

Der Hauptausschuß hat dem Film um der künstlerischen Geschlossenheit, der hervorragenden Darstellung des Mädchens und um der Schönheit der Bilder, der Qualität der Kamera und des Schnittes willen das höchste Prädikat verliehen. Der Ausschuß hat sich u. a. auch deshalb dazu entschlossen, weil das Pubertätsproblem mit großer künstlerischer Behutsamkeit entwickelt wird. Die kindlichen Spiele des Mädchens, die allmähliche Ablösung von den jugendlichen Gefährten, die beginnende Unruhe und die Projektion der seelischen Nöte des Mädchens auf das schöne, wilde und mißhandelte Tier sind mit großer Behutsamkeit unter Vermeidung falscher Töne erfaßt und dargestellt.

Drehbuch/Regie/
Kamera:
Werner Kubny

Lit. Vorlage:
Jean Giono

Musik:
Piet Klocke
Omar Kelatrischwili

Darsteller:
Franz Bulin
Ferdinand Dux
Konstantin Graudus
Wolfgang Kaven
Anna Ludwig

Der Mann mit den Bäumen

Farbfilm

Herstellungsland und -jahr: Bundesrepublik Deutschland 1989
Hersteller: Werner Kubny Filmproduktion, Lindlar/Westdeutscher Rundfunk, Köln
Verleiher: Comet Filmgesellschaft, Wesel
Bj 1989 w FSK: o. A., ffr. Länge: 2206 m – 81 min

Inhaltsangabe:
Ein alter Schreinermeister erzählt seiner Enkelin die Geschichte von einem Schäfer, der sich vierzig Jahre seines Lebens damit befaßt hatte, in der Provence Bäume zu pflanzen und aus Karst- Kulturland zurückzugewinnen.

Die außerordentlich lebhafte Diskussion über diesen Film konzentrierte sich vor allem auf die Frage, ob hier nicht zu weitgehend mit Impressionselementen vorgegangen werde, während die dem Erzähler anvertraute „Naturbotschaft" eigentlich ein spürbares Mehr an alltäglichen Realsituationen aus dem Leben des „Mannes mit den Bäumen" nahelegen sollte.

Als wenig überzeugend wurden die Anfangseinstellungen (Halbstarke in der U-Bahn, Kind und Baumsprößling) empfunden, deren Funktion für die erzählerische Rahmenhandlung fragwürdig bleibt. Wenn trotzdem das Prädikat „wertvoll" möglich wurde, liegt dies im wesentlichen an dem symbolischen, grundlegenden Wert, der „dem Baum" gerade in unserer heutigen Welt zukommt und den bewußten Zeitgenossen herausfordern sollte.

Drehbuch:
Bill Walsh
Don da Gradi

Regie:
Robert Stevenson

Lit. Vorlage:
Pamela L. Travers

Kamera:
Edward Colman

Musik:
Richard und Robert B. Sherman

Darsteller:
Julie Andrews
Dick van Dyke
Glynis Jones
Reginald Owen
David Tomlinson

Mary Poppins

MARY POPPINS

Farbfilm mit Trickteilen

Herstellungsland und -jahr: USA 1964
Hersteller: Walt Disney Productions, Burbank, Calif.
Verleiher: Twentieth Century Fox, Frankfurt (Main)
Bj 1965 bw FSK: 6 J., nffr. Länge: 1520 m (16 mm) – 139 min

Inhaltsangabe:
Die von der evangelischen Kinderbuchautorin Pamela L. Travers erfundene gute Fee schwebt als Kinderfräulein in eine Londoner Familie und räumt dort mit allem Griesgram auf (1).

Das Amüsante an diesem Film ist: Er spielt auf ebenso naive wie fantasievolle Weise mit dem Metier Film. Hier wird der Trick nicht in seinen artifiziellen, ästhetischen Möglichkeiten entdeckt und angewandt, sondern als Spiel einer Fantasie, die sich den Dingen ganz realistisch zuwendet und sie nicht etwa ästhetisch überhöht. So ist das Märchenhafte dieses Spiels wesentlich vom Sinn für die konkrete Figur zu sehen, die sich keineswegs vom Kitsch isoliert. Aber gerade da zeigt der Film formale Konsequenz, gerade da wird sichtbar, daß hier eine Möglichkeit für jugendliche Fantasie besteht, sich Dinge anzueignen, die in der Realität nicht existieren, die sich aber realistischer Formen bedienen. Der Film hat zweifellos Längen. Sie wechseln ab mit eben jenen Tricks, die formalen Witz mit nahezu choreographischer Erfindungsgabe verbinden.

Drehbuch:
Denis Cannan

Regie:
Alexander Mackendrick

Lit. Vorlage:
W.H. Canaway

Kamera:
Erwin Hillier

Musik:
Trixtram Cary

Darsteller:
Harry H. Corbett
Constance Cummings
Fergus McClelland
Edward G. Robinson

Mein Freund, der Diamanten Joe

A BOY TEN FEET TALL

Farbfilm

Herstellungsland und -jahr: Großbritannien 1962

Hersteller: Greatshows, Ltd., London

Verleiher: Columbia Tri-Star Filmgesellschaft, München

Bj 1965 w FSK: 6 J., ffr. Länge: 2815 m – 103 min

Inhaltsangabe:
Zehnjähriger englischer Junge, der während der Suezkrise in Port Said durch einen Bombenangriff seine Eltern verliert, schlägt sich unter abenteuerlichen Umständen durch Wüste, Steppe und Urwald nach Durban in Südafrika durch, wo seine Tante wohnt (1).

Hier wird jenes Maß an jugendpsychologisch durchgerechneter Abenteuerlichkeit wirksam, das dem kindlichen Fassungsvermögen angemessen ist. Hier ist es also so, daß künstlerische Momente den jugendpsychologischen Überlegungen zu weichen haben, und gerade da scheint dieses simpel konzipierte und mit angenehmen Bildern durchgeführte Spiel ausreichend für ein Prädikat zu sein. Hier ist alles auf die kindliche Vorstellungswelt zugeschnitten. Und selbst wenn die Situation – beispielsweise bei der Jagd auf den Leoparden – erregend zu werden droht, so versteht es die Regie, die Spannung auf jenes Maß zurückzuführen, das für Jugendliche geradezu berechnet erscheint.

KINO ohne LANGNESE

ist wie

PRETTY ohne WOMAN

Drehbuch:
Lasse Hallström
Reidar Jönsson
Brasse Brannstrom

Regie:
Lasse Hallström

Lit. Vorlage:
Reidar Jönsson

Kamera:
Jörgen Persson

Musik:
Björn Isfält

Darsteller:
Tomes von Brömssen
Anton Glanzelius
Melinda Kinnaman
Anki Liden
Kicki Rundgren

Mein Leben als Hund

MITT LIV SOM HUND

Farbfilm

Herstellungsland und -jahr: Schweden 1985

Hersteller: Svensk Filmindustri/Film-teknik, Stockholm

Verleiher: Filmverlag der Autoren, München

Bj 1987 bw FSK: 6 J., ffr. Länge: 2772 m – 101 min

Inhaltsangabe:
Schweden Ende der 50er Jahre. Episoden aus dem Leben eines 12jährigen Jungen, der unter schwierigen familiären und sozialen Bedingungen aufwächst und nach dem Tod der Mutter bei einem Onkel unterkommt.

Kein Kinderfilm, aber ein Film über Kinder und für Kinder in Verbindung mit Diskussionen sei dies nach übereinstimmender Auffassung des Bewertungsausschusses. Und zwar eine der überzeugendsten Produktionen dieses Genres. Das Spiel um den Jungen Ingemar ist von einem erfahrenen und verantwortungsbewußten Regisseur auf eine künstlerische Ebene gehoben worden, die konsequent eingehalten wird. In der anspruchsvollen Story, die ihre Episoden zu reizvollen Handlungssträngen verschachtelt, wird die Nachvollziehbarkeit einer komplizierten Kinderwelt ermöglicht, halten Heiterkeit und Tragik sich die Waage, werden idyllische Szenen stets von ernsthaften konterkariert und Konflikte nicht ausgeklammert.

Regie und Buch entsprechen den höchsten Anforderungen innerhalb dieser filmischen Gattung. Im Mittelpunkt des Ensembles steht ein Junge, dem die Rolle auf den Leib geschrieben zu sein scheint. Seinem Spiel und den überzeugenden Darstellungen der anderen sowie den Handlungsräumen paßt sich die Kamera sensibel an.

Drehbuch:
Ellis Kaut
Ulrich König

Regie:
Ulrich König

Kamera:
Horst Schier

Musik:
Fritz Muschler

Darsteller:
Gustl Bayrhammer
Helga Feddersen
Hogo Lindinger
Gisela Uhlen
Wolfgang Völz

Meister Eder und sein Pumuckl

Farbfilm mit Trickteilen

Herstellungsland und -jahr: Bundesrepublik Deutschland 1980

Hersteller: Infafilm, München/Emi-TV, Köln, in Zusammenarbeit mit Pannónia-Filmstudios, Budapest

Verleiher: Filmwelt Verleih, München

Bj 1981 w FSK: 6 J., ffr. Länge: 2306 m – 84 min

Inhaltsangabe:
Ein kleiner Kobold taucht in der Werkstatt eines Schreinermeisters auf und sorgt für eine Reihe komischer und turbulenter Zwischenfälle (1).

Die ursprüngliche Spontaneität der Pumuckl-Geschichten, ihre erzieherische Bedeutung wird vom Film nur ansatzweise realisiert. Darüber hinaus vermag die Besetzung der Nebenrollen in der Häufung bekannter Typen nicht zu überzeugen. Die Wiederholung immer wieder gleicher Situationen und die fehlende Entwicklung des Pumuckl erschweren den Mitvollzug des Films.

Daß der Bewertungsausschuß dennoch zu einem Prädikat sich entschließen konnte, ist im wesentlichen der hervorragenden Gestaltung der Pumuckl-Figur und ihrer Einordnung in die Realszenen zu danken. Darüber hinaus erscheint auch die Figur des Meisters Eder bemerkenswert gut gelungen.

Drehbuch:
Bill Peet

Regie:
Wolfgang Reitherman

Lit. Vorlage:
T. H. White

Kamera:
Ken Anderson

Musik:
George Bruns

Merlin und Mim (Die Hexe und der Zauberer)

THE SWORD IN THE STONE

Zeichentrickfarbfilm

Herstellungsland und -jahr: USA 1963
Hersteller: Walt Disney Productions, Burbank, Calif.
Verleiher: Warner Bros. Film, München
Bj 1964 w FSK: 6 J., nffr. Länge: 2174 m – 79 min

Inhaltsangabe:
Ein kleiner Junge (König Artus) besteht mit einem weisen Zauberer vielfältige Abenteuer (2).

Da der Film als Jugendfilm eingestuft wurde, konnten diese Bedenken (gegen die Nivellierung der Merlin-Sage) weitgehend unberücksichtigt bleiben, da ein jugendliches Publikum naturgemäß mit anderen Augen sieht und auch nicht davon belastet wird, daß sich der Disney-Film zum hundertsten Male wiederholt, wiederholt vor allem in einer gewissen Grobheit seiner Figuren. Der Film hat aber für ein jugendliches Publikum so viel Imaginationskraft und auch so viele, durchaus originelle Einfälle, daß die Fantasie der Kinder erheblich angeregt wird. Das gilt vor allem für die Szenen mit der Hexe Mim und dem Zauberfeuer zwischen Mim und Merlin. In diesen Szenen verdient übrigens die nahtlose Verbindung der Zeichnungen eine besondere Hervorhebung. Die Musik ist dem Film angemessen. Der Schnitt ist flott, so daß insgesamt von einem guten Unterhaltungsfilm für jugendliches Publikum gesprochen werden kann.

Regie:
diverse Regisseure

Micky ist der Größte

MICKY MOUSE ANNIVERSARY PROGRAM 1970

Zeichentrickfarbfilm mit SW- und Realteilen

Herstellungsland und -jahr: USA 1935-41

Hersteller: Walt Disney Productions, Burbank, Calif.

Verleiher: –

Bj 1970 w FSK: 6 J., nffr. Länge: 2255 m – 82 min

Inhaltsangabe:
Die Entwicklungsgeschichte von Walt Disneys Micky Maus – angefangen vom Stummfilm-Micky bis zum modernen Star (1).

Eine geschickte Zusammenstellung alter Walt-Disney-Filme aus den Jahren 1935-1941, die auch filmhistorische Bedeutung haben und zudem Einblicke in die Trickwerkstatt gewähren.

Regie:
diverse Regisseure

Micky's größte Schau '78

MICKEY MOUSE GOLDEN JUBILEE SHORTS PROGRAM

Zeichentrickfarbfilm

Herstellungsland und -jahr: USA 1928-52

Hersteller: Walt Disney Productions, Burbank, Calif.

Verleiher: –

Bj 1978 w FSK: 6 J., nffr. Länge: 1810 m – 66 min

Inhaltsangabe:
Zusammenstellung von Mickey-Maus-Filmen aus den 30- und 40iger Jahren.

Der Bewertungsausschuß wäre gerne bereit gewesen, diese Hommage an die Micky-Maus unter filmhistorischer Perspektive zu sehen. Leider ist das nicht möglich, da hier die Argumentation allzu dünn wäre. Die typische Disney-Komik wird auch in diesem Film wirksam, freilich in Portionen, die nicht immer die Aufgeregtheit der Situationen in ein nützliches Gleichmaß bringen.

Drehbuch:
Roswell Rogers

Regie:
Vincent McEveety

Kamera:
William Snyder

Musik:
Buddy Baker

Darsteller:
Sandy Duncan
Joe Flynn
James Gregory
Dean Jones
Tony Roberts

Die Millionen-Dollar-Ente

THE MILLION DOLLAR DUCK

Farbfilm

Herstellungsland und -jahr: USA 1970

Hersteller: Walt Disney Productions, Burbank, Calif.

Verleiher: Twentieth Century-Fox, Frankfurt (Main)

Bj 1971 w FSK: 6 J., ffr. Länge: 1010 m (16 mm) – 92 min

Inhaltsangabe:
Eine Ente zeigt sich für Lernexperimente unbrauchbar, legt aber infolge radioaktiver Bestrahlung goldene Eier, was für den Besitzer, einen Wissenschaftler und Familienvater, zu Schwierigkeiten mit dem Schatzamt führt (1).

Die Prädikatserteilung erfolgt nur unter dem Aspekt, daß im Bereich des Kinderfilms das Angebot akzeptabler Filme gering ist, so daß hier unter vielen „Blinden der Einäugige König" genannt werden muß. Prüft man die Gestaltungsmerkmale des Films am Maßstab des gängigen Spielfilms, so sind Einwände gegen Regie, Darstellung und Drehbuch unausbleiblich. Sie wurden von der Mehrheit des Ausschusses im Hinblick auf die Eignung des Films für eine bestimmte Altersgruppe von Kindern und Jugendlichen zurückgestellt.

Drehbuch und Regie:
Wolfram Paulus

Kamera:
Volker Tittel

Musik:
Bert Breit

Darsteller:
Gerald Bachler
Petra Obinger
Christoph Schnell
Stefan Steger
Johannes Thannheiser

Die Ministranten

Farbfilm

Herstellungsland und -jahr: Bundesrepublik Deutschland/Österreich 1989

Hersteller: Hermes Film GmbH/Bayerischer Rundfunk, München/Infratel Fernseh- und Filmproduktion GmbH, Wien

Verleiher: –

Bj 1990 bw FSK: 6 J., ffr. Länge: 2378 m – 87 min

Inhaltsangabe:
Zur Osterzeit in einem österreichischen Dorf 1962: In ihrer knappen Freizeit (Schule und ministrieren) gründen zwei Jungen eine Bande, trainieren und statten ihre Mitglieder aus, um am Ostersonntag gegen die „feindliche“ Dorferbande anzutreten.

Ein in Regie und Fotografie außerordentlich gelungener Film machte es dem Ausschuß fast zum Problem, ihn als Kinder- und Jugendfilm oder als Spielfilm einzustufen. Die Führung der jugendlichen Darsteller war so lebensecht, daß sie fast als Führung nicht in Erscheinung trat. Im Zusammenklang von Milieu, Landschaft und Mentalität gab es keinen Bruch.

Als positiv wurde angemerkt, daß nicht alles ausgespielt und vor allen Dingen nicht alles artikuliert wurde, sondern vielfach in gekonnten Andeutungen und mit Zurückhaltung dargeboten wurde. Damit erhöht sich die Anforderung an die Zuschauer. Der starke Dialekt verhinderte leider oft die Verständlichkeit, wurde aber akzeptiert, da sonst die Glaubwürdigkeit der Buben gefährdet gewesen wäre.

Drehbuch:
William Adrige

Regie:
Wladimir Grammatikow

Lit. Vorlage:
Astrid Lindgren

Kamera:
Alexander Antipenko

Musik:
Anders Eljas

Darsteller:
Christian Bale
Timothy Bottoms
Christopher Lee
Nicholas Pickard
Susannah York

Mio, mein Mio

MIO, MIN MIO

Farbfilm

Herstellungsland und -jahr: Schweden/UdSSR/Norwegen

Hersteller: Nordisk Tonefilm International, Stockholm/Gorky Film Studio, Moskau, in Zusammenarbeit mit Norway Film Development Co., Oslo/V/O Sovinfilm, Moskau

Verleiher: Jugendfilm-Verleih, Berlin

Bj 1988 w FSK: 6 J., ffr. Länge: 2725 m – 99 min

Inhaltsangabe:
Ein Waisenjunge wird von einem guten Geist in das „Land der Ferne" und zu seinem königlichen Vater gebracht. Gemeinsam mit seinem besten Freund begibt er sich auf die Suche nach dem grausamen Ritter Kato.

Dem Film bzw. dem zugrunde liegenden Buch fehlt jene Geschlossenheit, die den einzelnen Handlungsteilen und Motiven ihren Stellenwert gibt. Er ist aber hinsichtlich der mehr formalen Gestaltungselemente wie Ausstattung, Tricks, Kamera, Besetzung und Schauspielerführung durchaus angemessen gestaltet. Er bringt darüber hinaus in seinem Geschehen auch so viel Spannung und Nachdenkenswertes für Kinder wie für Jugendliche auf die Leinwand, das das Prädikat rechtfertigt. Und er ist in seiner Betonung von Freundschaft und menschlicher Solidarität gegen das Böse, von Vertrauen und Zusammenarbeit zwischen den Menschen in diesem Kampf auch so stark geprägt, daß das Nebeneinander verschiedenartiger und -wertiger Märchenmotive demgegenüber nur eine Einschränkung seiner Qualität bedeutet.

Drehbuch:
Johannes Schaaf
Rosemarie Fendel
Michael Ende
Marcello Coscia

Regie:
Johannes Schaaf

Lit. Vorlage:
Michael Ende

Kamera:
Xaver Schwarzenberger

Musik:
Angelo Branduardi

Darsteller:
Mario Adorf
Radost Bokel
Syvester Groth
Leopoldo Trieste
Armin Müller-Stahl

Momo

Farbfilm

Herstellungsland und -jahr: Bundesrepublik Deutschland/Italien 1986

Hersteller: Rialto Film GmbH, Berlin/Iduna-Film GmbH, München/Sacis S.p.A./Cinecitta S.p.A., Rom

Verleiher: Tobis Filmkunst, Berlin

Bj 1986 w FSK: 6 J., ffr. Länge: 2859 m – 105 min

Inhaltsangabe:
Verfilmung des gleichnamigen Buches von Michael Ende. Phantasievolle Schilderung der Erlebnisse des Waisenkindes Momo, das durch seine natürliche Ausstrahlungskraft die grauen Herren überlistet.

Dieser Kinderfilm wechselt fast unmerklich von der Ebene der Realität in die des Märchens über und überträgt eine Reihe bekannter Märchenmotive in die moderne Welt. Als Botschaft verkündigt er den rechten, menschenwürdigen Gebrauch der Zeit, der in der nach der Devise „Zeit ist Geld“ lebenden Gegenwart – ein deutlicher kritischer Aspekt – verlorengegangen ist. Am Beispiel der Geschichte des Mädchens Momo, einer unschuldsvollen, naturhaften Gestalt, wird diese Thematik einfallsreich und mit einer bis zum Schluß durchgehaltenen Spannung in einer Folge einprägsamer Bilder aufgerollt.

Der Film verrät bei aller dem Thema angemessenen Naivität insgesamt Geschmack und ist nicht zuletzt dank der Qualität der Kamera-Arbeit und des Schnitts ästhetisch reizvoll.

Drehbuch:
Jens-Peter Behrend
Elfie Donnelly

Regie:
Jens-Peter Behrend

Lit. Vorlage:
Sigrid Heuck

Kamera:
Adrian Cooper
Carsten Krüger
Lars Barthel

Musik:
Jürgen Knieper

Darsteller:
Murilo Alvarenga
Marie Bierstedt
Sabine Kotzur
Karl Michael Vogler
Angelo Termité-Wadzatsé

Mondjäger

Farbfilm

Herstellungsland und -jahr: Bundesrepublik Deutschland 1989

Hersteller: Carsten Krüger Film- und Fernsehproduktion/Sender Freies Berlin/Ula Stöckel, Berlin

Verleiher: Carsten Krüger Film- und Fernsehproduktion, Berlin

Bj 1990 w FSK: – Länge: 2543 m – 93 min

Inhaltsangabe:
Gemeinsam mit ihrem Großvater und einem Indianerjungen unternimmt ein junges Mädchen auf der Suche nach den Lebensspuren ihres verstorbenen Vaters eine abenteuerliche Reise durch Brasilien.

Nicht ohne Bedenken hat sich der Bewertungsausschuß zur Vergabe eines Prädikates entschlossen, damit vor allem die Leistung der Kamera und der jungen Hauptdarstellerin honorierend, sowie, wenn auch mit Einschränkungen, den Einblick in bestimmte Gebräuche eines brasilianischen Indianerstammes. Hingegen fiel es nicht leicht, die Logik der Story nachzuvollziehen und den Figuren der Handlung Glaubwürdigkeit zu bescheinigen.

Die Taktik der Erzähldramaturgie überzeugt ebensowenig, wie es einzelnen Szenen an Realität mangelt. Das Anliegen des Films – Ausrottung der Indianer durch geldgierige Weiße – kommt nach Ansicht des Bewertungsausschusses nicht in der benötigten Eindringlichkeit zur Geltung. So überzeugt der Film mehr mit Bildern (und durchaus auch musikalisch) als mit Worten.

Drehbuch:
Bill Walsh
Lillie Hayward

Regie:
Charles Barton

Lit. Vorlage:
James Otis Kaler

Kamera:
William Snyder

Musik:
Buddy Baker

Darsteller:
Henry Calvin
Kevin Corcoran
Richard Eastham
Gene Sheldon
Bob Sweeney

Monsieur Tobi (Mein Freund Stubbs)

TOBY TYLER

Farbfilm

Herstellungsland und jahr: USA 1959

Hersteller: Walt Disney Productions, Burbank, Calif.

Verleiher: –

Bj 1960 w FSK: 6 J., nffr. Länge: 2622 m – 95 min

Inhaltsangabe:
Amerikanischer Waisenjunge entläuft dem mürrisch-strengen Onkel und darf im Zirkus zum Artisten aufsteigen. Ein Affe und der grimmig tuende „Starke Mann“ der Truppe schenken ihm ihre Freundschaft (1).

Er sieht in dem Film eine ausgesprochen sympathische Jugendunterhaltung und klammert daher bei seinem Urteil künstlerische Überlegungen aus. Bereits das Zirkus-Milieu wirkt als Filmmotiv auf Kinder in hohem Maße anziehend. Die simple, geradlinig entwickelte Handlung entspricht ganz der vom Milieu gegebenen Situation. Das für den jungen Verstand Positive ist zu sehen in der Freundschaft zwischen Kind und Tier, in komischen Tierdressuren, Zauberkunststücken und einem herzlich naiven menschlichen Verhalten. Hier liegen die entscheidenden Ansatzpunkte einer bewußt kunstlosen, farbig bunten Regie, die hohes Verständnis für jugendliches Vorstellungs- und Auffassungsvermögen beweist.

Drehbuch:
Arthur Weiss

Regie:
Laszlo Benedek

Kamera:
Lamar Boren

Musik:
Samuel Matlovsky

Darsteller:
John Anderson
Richard Erdman
Robert Lansing
Robin Matson
Lee Meriwerther

Namu, der Raubwal

NAMU, THE KILLER WHALE

Farbfilm

Herstellungsland und -jahr: USA 1966

Hersteller: Ivan Tors Films, Culver City, Calif.

Verleiher: United International Pictures, Frankfurt (Main)

Bj 1967 w FSK: 6 J., ffr. Länge: 2430 m – 89 min

Inhaltsangabe:
Die Geschichte vom Walfisch Namu, der von einem Naturforscher gefangen gehalten und an die Menschen gewöhnt wird, bis man ihn nach vielen Abenteuern wieder die Freiheit gibt (1).

Abgesehen von manchen Unwahrscheinlichkeiten, die bei solchen Filmen nahezu unvermeidbar sind, hat der Film eine überzeugende Frische im Aufbau der Handlung, in der Regie und vor allem in der durchweg guten Kameraarbeit. Die menschliche Spielhandlung ist sehr zurückhaltend geführt. Auch die Sentimentalitäten gegenüber dem Tier nehmen nicht überhand. Insgesamt fällt überhaupt die Reserviertheit des Films gegenüber seinem Objekt angenehm auf. Der Schluß des Films zeigt deutlich genug, daß man hier gewisse pädagogische Elemente nicht überstrapazieren wollte.

Drehbuch:
Jeanne Rosenberg

Regie:
Jeremy Kagan

Kamera:
Dick Bush

Musik:
James Horner

Darsteller:
Scatman Crothers
John Cusack
Lainie Kazan
Meredith Salenger
Ray Wise

Natty Gann

THE JOURNEY OF NATTY GANN

Farbfilm

Herstellungsland und -jahr: USA 1985

Hersteller: Walt Disney Productions, Burbank, Calif.

Verleiher: –

Bj 1986 w FSK: 6 J., ffr. Länge: 2765 m – 101 min

Inhaltsangabe:
Während der Wirtschaftskrise in den USA wird ein junges Mädchen von ihrem Vater getrennt und begibt sich auf die lange und abenteuerliche Suche nach ihm.

In der Tradition der Disney Productions sind Filme, mit jenen einfachen Handlungen, Verwicklungen, die auch für kleinere Kinder ertragbare, vorstellbare und attraktive Sensationen und zwischenmenschliche Konflikte vergegenwärtigen, „für die ganze Familie" schon oft produziert worden. Dem schließt sich dieser Film an, der in seiner Handlung wirklichkeitsbezogener ist, weil er nicht nur die Suche nach dem Vater, sondern auch dessen Suche nach Arbeit während der amerikanischen Depression thematisiert. Im Spiel der Darsteller, in Drehbuch, Regie, Aufnahmen und Montage wird solide und auf der Ebene einer auch für Kinder nachvollziehbaren Dramatik gearbeitet.

Drehbuch:
Karlhans Frank
Herbert Günther
Rainer Boldt

Regie:
Rainer Boldt

Kamera:
Ingo Hamer

Musik:
Graziano Mandozzi

Darsteller:
Jochen Angerstein
Marion Berndt
Jacob Bilabel
Hans Peter Korff
Hildegard Wensch

Neues aus Uhlenbusch: Ich hatte einen Traum

Farbfilm

Herstellungsland und -jahr: Bundesrepublik Deutschland 1980
Hersteller und Verleiher: Common-Filmproduktion, Berlin
Bj 1980 w FSK: 6 J., ffr. Länge: 2795 m – 102 min

Inhaltsangabe:
Ein nach dem Grundmuster von TV-Serien entwickelter Kinderfilm, der Wunschträume und Realität poetisch miteinander verknüpft.

Eine Kette von „Geschichten", die das Leben der Kinder ausmachen. Ihr Spiel zeigt die Ambivalenz von Ausgelassenheit und tiefer berührendem Ernst. Zuweilen geht die Realität der Ereignisse durch die Macht der freigelassenen Fantasie ins Unwirkliche, nur Erträumte hinüber und berührt die Zwischenbereiche der Imagination.

Der Film ist wohltuend schlicht fotografiert. Neben wirklich gelungenen Spielszenen gibt es viele Passagen, die zu gestellt, zu sehr aus der Sicht der Erwachsenen angelegt sind. Dadurch entstand insgesamt der Eindruck einer ästhetischen Unausgeglichenheit.

Wohl auf den Seriencharakter des Films zurückzuführen ist auch der Eindruck mangelnder dramaturgischer Geschlossenheit der Spielhandlung. Hier schlägt das Prinzip der nur vom Milieu zusammengehaltenen Aneinanderreihung von Episoden durch, die das doch zu fordernde Prinzip der dramaturgischen Bündigkeit zwangsläufig verletzt.

Drehbuch:
Astrid Lindgren

Regie:
Lasse Hallström

Kamera:
Lasse Westfelt

Musik:
Georg Riedel

Darsteller:
Linda Bergström
Ellen Demerus
Henrik Larrson
Harald Lönbro
Anna Sahlin

Neues von uns Kindern aus Bullerbü

MER OM OSS BARN I BULLERBYN

Farbfilm

Herstellungsland und -jahr: Schweden/Bundesrepublik Deutschland/Italien 1986

Hersteller: AB Svensk Filmindustri, Stockholm/Zweites Deutsches Fernsehen, Mainz/RAI-Radiotelevisione Italiana, Rom

Verleiher: Jugendfilm-Verleih, Berlin

Bj 1988 w FSK: o. A., ffr. Länge: 2437 m – 89 min

Inhaltsangabe:
Weitere Erlebnisse und Streiche der Kinder aus Bullerbü, die eine „schrecklich lange Zeit" – zwischen Sommer- und Weihnachtsferien – überstehen müssen.

Begründet wurde dies mit einer diesen Film prägenden positiven Grundstimmung, zu der Regie und Kamera sehr wesentlich beitragen. Der Film beschreibt episodenhaft und bringt mit durchweg schönen – manchmal fast zu schönen – Bildern jene kaum mehr anzutreffende, aber doch immer noch wünschenswerte Erlebniswelt nahe, von der Astrid Lindgren in ihren Kinderbüchern erzählt. Man mag dem Film das reichliche Maß an idyllischen Zutaten etwas ankreiden, im Vordergrund bleiben aber die lebendige Schilderung des Umgangs der Kinder miteinander, das Erlebnis der in Bullerbü wichtigen Ereignisse im Verlauf zweier Jahreszeiten, die Schule, das Spielen, die Verantwortung für den anderen und das Verhältnis zu Tieren.

Drehbuch:
Ralph Wright
Winston Hibler

Regie:
Jack Couffer
Don Haldane

Lit. Vorlage:
James Oliver Curwood

Kamera:
Donald Wilder
Lloyd Beebe
Jack Couffer

Musik:
Oliver Wallace

Darsteller:
Jean Coutu
Emile Genest
Uriel Luft

Nikki

NIKKI, WILD DOG OF THE NORTH

Farbfilm

Herstellungsland und -jahr: USA/Kanada 1960

Hersteller: Walt Disney Productions, Burbank, Calif./Cangary/Westminster Films, Toronto

Verleiher: Twentieth Century Fox, Frankfurt (Main)

Bj 1961 w FSK: 12 J., ffr. Länge: 800 m (16 mm) – 73 min

Inhaltsangabe:
Die Abenteuer eines Wildhundes und seine Freundschaft mit einem Bären in der kanadischen Berglandschaft (1).

Die Filme Walt Disneys versteigen sich immer mehr dazu, dem Zuschauer eine arrangierte, inszenierte Natur darzubieten und dadurch die Wirklichkeit im Interesse effektvoller Szenerien zu verfälschen. Es hat den Anschein, als nutze Disney die Natur lediglich als Arena für Dressurstückchen. Immerhin aber verstehen diese Filme es geschickt, an ein naives Aufnahmevermögen zu appellieren und damit besonders jugendliche Zuschauer anzusprechen.

Den Wert des Films erblickt der Ausschuß in der Vielzahl schöner Landschafts- und interessanter Tierbilder und auch darin, daß das abenteuerliche Geschehen einigermaßen mit diesen Aufnahmen zu einer Einheit verschmilzt.

Drehbuch und Regie:
David Lean

Lit. Vorlage:
Charles Dickens

Kamera:
Guy Green

Musik:
Arnold Bax

Darsteller:
John Howard Davies
Alec Guinness
Robert Newton
Francis L. Sullivan
Kay Walsh

Oliver Twist

OLIVER TWIST

Herstellungsland und -jahr: Großbritannien 1948

Hersteller: Cineguild Production, London

Verleiher: AV-Film, Neufahrn

Bj 1951 w FSK: 12 J., nffr. Länge: 1032 m (16 mm) – 110 min

Inhaltsangabe:
Der Leidensweg eines dem Londoner Armenhaus entlaufenen Waisenjungen, der als Zehnjähriger in die Netze des Trödlers Fagin und der von diesem organisierten Bande der Kindertaschendiebe gerät (1).

Der Film hat das Prädikat „wertvoll“ erhalten, weil er ein bedeutendes Werk der Weltliteratur thematisch und stilistisch getreu wiedergibt und diesem Werk, übertragen durch das Mittel des Filmes, zu neuem künstlerischen Leben hilft.

Die Bedenken richteten sich der Form nach gegen die offensichtlich überaus zahlreichen und harten Schnitte, von denen die Kommission allerdings weiß, daß sie nicht dem Ermessen des Herstellers unterlegen haben. Durch diese Schnitte wird aber die Einheit der künstlerischen Gestaltung stark gestört. Auch hat die Logik des Handlungsablaufes gelitten. Diese Beanstandungen verhindern, daß der Film in dieser in Deutschland zugelassenen Fassung das Prädikat „besonders wertvoll“ erhalten konnte.

Maßgebend für die Erteilung des Prädikates war letzten Endes die überragende Qualität der Fotografie, der Regie und der Schauspieler. Diese Einzelleistungen sind so stark, daß sie alle genannten Bedenken zu überwinden vermögen und auch den für Deutschland verbliebenen Rest noch zu einem wertvollen Kunstwerk machen.

Drehbuch:
James Goldman

Regie:
Clive Donner

Lit. Vorlage:
Charles Dickens

Kamera:
Norman Langley

Musik:
Nick Bicât

Darsteller:
Eileen Atkins
Richard Charles
Tim Curry
Michael Hordern
George C. Scott

Oliver Twist

OLIVER TWIST

Farbfilm

Herstellungsland und -jahr: Großbritannien 1982

Hersteller: Trident Films, London

Verleiher: Senator Filmverleih, München

Bj 1983 w FSK: 6 J., ffr. Länge: 2795 m – 102 min

Inhaltsangabe:
Die Geschichte des Waisenkindes Oliver Twist, das, ausgebeutet, mißhandelt und verfolgt, zuletzt doch noch sein Glück findet (1).

Dieser berühmte Roman von Charles Dickens ist sehr bemüht im Stile eines historischen Realismus inszeniert. Daher sieht der Bewertungsausschuß die Qualität des Films vor allem in der Milieu-Schilderung, die einen unübersehbaren sozialkritischen Aspekt hat. Hier ist die sozial perforierte Welt des 19. Jahrhunderts in England wirkungsvoll gespielt. Nicht zu übersehen sind Nuancen der Übertreibung, aber dennoch bleibt der Film eine bemerkenswerte Leistung. Dramaturgisch ist anzumerken, daß die Geschichte des Waisenknaben Oliver Twist in ihren spannenden kriminellen Verdichtungen lebendig geschildert wird. Es kommt auf diese Weise eine Unterhaltungskomponente ins Spiel, deren Qualität genau der realistischen Szenerie des ganzen entspricht. Vor allem die Fotografie ist auffällig.

Drehbuch:
Jim Cox
Timothy J. Disney
James Mangold

Regie:
George Scribner

Kamera:
Ed Austin

Schnitt:
Jim Melton
Mark Hester

Oliver & Co.

OLIVER & COMPANY

Zeichentrickfarbfilm

Herstellungsland und -jahr: USA 1988

Hersteller: Walt Disney Productions, Burbank, Calif.

Verleiher: Warner Bros. Film, München

Bj 1989 w FSK: 6 J., ffr. Länge: 2003 m – 73 min

Inhaltsangabe:
Eine allein gelassene Katze setzt sich mit Hilfe einer Hundebande in den Straßen New Yorks durch und findet schließlich ein Zuhause.

Ein Disney-Film, der den Erwartungen entspricht. Denn die jüngsten Zuschauer können ihn unmittelbar genießen, die älteren seine Subtilitäten goutieren. Thriller (Kindesentführung) und Musical, also auch Verfolgungsjagd und Diva-Geturtel, Rivalitäten und Freundschaften sind mit ironischer Andeutung bzw. Überziehung nicht nur geschickt kombiniert, sondern bilden auch die Basis für heitere Lebensweisheit, die weniger in Sentenzen als in konkreten Erlebnissen und Erfahrungen sich niederschlägt.

Daß die künstlerischen, handwerklichen Qualitäten den Film in der Ausstattung der Gestalten, in konsequent durchstylten Handlungszusammenhängen, in der zeichnerischen Raffinesse und Akkuratesse den nötigen Chic geben, kann nicht verwundern.

Drehbuch:
Gert Abelbeck

Regie:
Gert Abelbeck
Wolfgang Fischer

Kamera:
Wolfgang Fischer

Schnitt:
Kitty Voß

Musik:
Martin Böttcher

Kommentator:
Horst Stark
Hans Daniel

Olympische Herausforderung

Scope-Farbfilm

Herstellungsland und -jahr: Bundesrepublik Deutschland 1971

Hersteller: Knoop-Film-Produktion, Hamburg

Verleiher: Knoop-Film-Produktion, Hamburg/Deutsche Olympische Gesellschaft e. V., Frankfurt (Main)

Bj 1972 bw FSK: 6 J., ffr. Länge: 2018 m – 73 min

Inhaltsangabe:
Olympische Herausforderung

Ohne Zweifel ist einiges unbefriedigend: zum Beispiel ist nicht ersichtlich, nach welchen Kriterien die Auswahl der Sportarten vorgenommen wurde. Selbstverständlich ist, daß ausgewählt werden mußte. Doch scheint das gesamte Feld des Sports etwas einseitig oder zumindest sehr ungleichmäßig erfaßt zu sein. Allgemein wurden Bedenken gegen den Kommentar zu den einleitenden Bildern aus Olympia geäußert. Nach Meinung der überwiegenden Mehrheit des Ausschusses ist das Gewicht der Vorzüge des Films jedoch ungleich größer. Wo detaillierte Information gegeben wird, ist sie präzise und allgemein interessant. Buch und Regie haben es verstanden, eine sehr attraktive Mitte zwischen Information und Ästhetik der Bilder zu wahren.

Drehbuch:
Dalton Raymond
Morton Grant
William Reed

Regie:
Harve Foster
Wilfried Jackson

Lit. Vorlage:
Joel Chandler Harris

Kamera:
Gregg Toland

Musik:
Charles Wolcott

Darsteller:
James Basket
Bobby Driscoll
Luana Patton
Ruth Warrick
Lucille Watson

Onkel Remus' Wunderland

SONG OF THE SOUTH

Farbfilm mit Trickteilen

Herstellungsland und -jahr: USA 1946

Hersteller: Walt Disney Productions, Burbank, Calif.

Verleiher: –

Bj 1982 w FSK: 6 J., ffr. Länge: 2582 m – 94 min

Inhaltsangabe:
Ein kleiner weißer Junge lernt auf der Plantage seiner Großmutter Onkel Remus mit seinen Geschichten kennen und lieben. Die Versuche der Mutter, den Kontakt zu dem alten Sklaven zu unterbinden, enden mit einem Unfall. Onkel Remus gibt dem Jungen wieder neuen Lebenswillen (1).

Die Befürworter des Prädikats hoben den nach ihrer Meinung insgesamt geglückten Märchenstil des Films hervor. Unter anderem wurde auch die Mischtechnik von Fotografie und Trick für immer noch interessant gefunden. Auf der Gegenseite stand im Vordergrund der Argumente, daß der Film insgesamt süßlich, um nicht zu sagen verkitscht sei, außerdem von der Regie her (insbesondere in den fotografierten Szenen, die bezeichnenderweise künstlicher wirken als die Trickteile) große Mängel aufweise.

Drehbuch:
Astrid und Bjarne Henning-Jensen

Regie:
Astrid Henning-Jensen

Lit. Vorlage:
Torry Gredsted

Kamera:
Henning Bentdsen

Musik:
Herrmann Koppel

Darsteller:
Edvin Adolphson
Jimmy Sterman
Ninja Tholstrup

Pao aus dem Dschungel (Heimweh nach dem Silberwald)

PAW

Farbfilm

Herstellungsland und -jahr: Dänemark 1959

Hersteller: Laterna Film A/S, Kopenhagen

Verleiher: –

Bj 1969 w FSK: 6 J., ffr. Länge: 2490 m – 91 min

Inhaltsangabe:
Ein Junge aus Westindien wird in die dänische Dorfheimat seines Vaters verpflanzt, wo er ob seiner Hautfarbe und Naturverbundenheit manchem Unverständnis ausgesetzt ist (1).

Wir nehmen heute eine veränderte Position gegenüber derartigen Filmen ein. Wir sind anspruchsvoller geworden. Das bezieht sich beispielsweise auf die Qualität der Farbe, die wenigstens stellenweise als unzulänglich oder schwer erträglich bezeichnet werden muß. Das bezieht sich bis zu einem gewissen Grade auch auf den Stil, auf den Zufluß von verniedlichenden und sentimentalen Momenten. Die Mehrheit des Ausschusses hat sich aber dennoch zu einem Prädikat durchgerungen – in der Erwägung, daß die Story in ihrem naiven Vortrag ansprechend sei und den Wünschen eines Kinderpublikums entgegenkomme.

Drehbuch und Kamera:
Raoul Coutard

Regie:
Jacques Dupont
Pierre Schoendoerffer

Musik:
Richard Cornu

Der Paß des Teufels

LA PASSE DU DIABLE

Scope-Farbfilm

Herstellungsland und -jahr: Frankreich 1958

Hersteller: Iberia Films, Paris

Verleiher: –

Bj 1958 w FSK: 12 J., ffr. Länge: 2224 m – 82 min

Inhaltsangabe:
Dokumentarfilm (mit Spielhandlung) über traditionelle, harte Reiterspiele in Afghanistan.

Das Buch verzichtet auf eine direkte Unterrichtung über Land und Leute; vielmehr läßt die Kamera den Zuschauer unmittelbar an den Erlebnissen selbst teilnehmen. So bleibt manches Fremdartige unerläutert, andererseits aber wird dieses Fremdartige erlebnisstark vermittelt. Die Kamera fängt die großartigen Objekte, vor allem die weite Landschaft, die bewegten Szenerien der Reitergruppe und hin und wieder auch die profilierten Gesichter der Männer so ein, daß der Zuschauer eine direkte Fühlung mit diesem für unser Lebensgefühl weit zurückliegenden, ganz sich in der Gruppe abspielenden Leben bekommt. Der Film hält den Stil dieser indirekten Unterrichtung strikt durch, vermittelt aber gleichwohl eine Reihe interessanter Einzelheiten. Die Kamera verzichtet auf eine ausgesprochen künstlerische Verdichtung, versucht vielmehr, den Balladencharakter durch ihren Bildstil zu realisieren.

Drehbuch und Regie:
Bille August

Synchronregie:
Osman Ragheb

Lit. Vorlage:
Martin Andersen Nexö

Kamera:
Jorgen Persson

Musik:
Sten Nilsson

Darsteller:
Troels Asmussen
Bjorn Granath
Pelle Hvengaard
Max von Sydow
Astrid Villaume

Pelle, der Eroberer

PELLE EROBREREN

Farbfilm

Herstellungsland und -jahr: Dänemark/Schweden 1987

Hersteller: Per Holst Filmproduktion ApS/Danske Filminstitute/Danmarks Radio, Kopenhagen/Svenska Filminstitutet/Svensk Filmindustri, Stockholm

Verleiher: Concorde-Filmverleih, München

Bj 1989 bw FSK: 12 J., ffr. Länge: 4106 m – 149 min

Inhaltsangabe:
Kindheitsgeschichte eines Jungen, der um die Jahrhundertwende mit seinem Vater von Schweden nach Dänemark auswandert, wo er Hunger, Not, Leid und Demütigung erfährt, aber dennoch nicht aufgibt.

Obgleich der Bewertungsausschuß einstimmig das Gelingen dieser anrührenden großen Kino-Saga pries und seine Bewunderung für die Leistung der hinreißende Bilder stellenden und bewegenden Kamera ebenso ausdrückte, wie für die dramaturgische Bewältigung des Stoffes, die souveräne Regie und die mitschöpferischen Beiträge der Darsteller, glaubte er ebenso übereinstimmend eine gewisse Distanz zwischen dem Werk und dem Rezipienten zu spüren, eine Distanz gleichsam zwischen Verstand und Gefühl, wie sie vielleicht nur bei einer Literatur-Verfilmung entstehen kann.

Alles stimmt, alles ist „schön“ auf der Leinwand, fotogen auch die Not, der Dreck und das Leid der Unterdrückten, das niemals ganz ohne Ästhetik bleibt; es ist, als sei ein romanhafter Entwicklungsfilm „mit Goldschnitt“ entstanden.

Regie:
Kimio Yabuki

Lit. Vorlage:
Charles Perrault

Musik:
Seiichiro Uno

Perix, der Kater und die drei Mausketiere (Der gestiefelte Kater)

MAGAGUTSU O HAITA NEKO

Scope-Zeichentrickfarbfilm

Herstellungsland und -jahr: Japan 1969

Hersteller: Toei Co., Ltd., Tokio

Verleiher: AV-Film, Neufahrn

Bj 1970 w FSK: 6 J., ffr. Länge: 866 m (16 mm) – 79 min

Inhaltsangabe:
Der Bauernjunge Peter erringt mit Hilfe des gestiefelten Katers Perix die Prinzessin Rosa gegen zahllose Widerstände (1).

Mit pädagogischen Überlegungen wird man dem Film mit Sicherheit nicht gerecht. Man kann Spaß an dem Film haben, der immerhin einige neuartige, vorzugsweise der Popart entlehnte formale Elemente hat und bemerkenswert ist durch seinen Aufwand an Fantasie. Die Animation vermeidet, im Gegensatz zu den klassischen amerikanischen Zeichentrickfilmen, jede Annäherung an realistische Bewegungen und Vorgänge, so daß weithin Parodistisches vorherrscht. Dies versucht auch die deutsche Textbearbeitung zu unterstreichen.

Drehbuch und Regie:
Wolfgang Urchs

Lit. Vorlage:
Gerdt von Bassewitz

Kamera:
Sylvia Kekule
Alexander Mika
Giselher Beyer

Schnitt:
Gisela Haller

Musik:
Klaus Doldinger

Peterchens Mondfahrt

Zeichentrickfarbfilm

Herstellungsland und -jahr: Bundesrepublik Deutschland 1990
Hersteller: Televersal, Hamburg/Iduna Film GmbH & Co. Produktionsgesellschaft, Unterföhring/Zweites Deutsches Fernsehen, Mainz, in Zusammenarbeit mit TC Film Studio GmbH Trickfilm KG, München
Verleiher: Atlas Film + AV, Duisburg
Bj 1991 w FSK: o. A., ffr. Länge: 2306 m – 84 min

Inhaltsangabe:
Peterchens und Annelieses aufregende Fahrt zum Mond und ihre Suche nach dem Bein von Maikäfer Sumsemann.

Der Film entführt den Zuschauer in die wundersame Welt eines klassischen deutschen Märchens. Urchs gelingt es weitgehend, den besonderen Reiz des fantasievollen Abenteuers zu vermitteln. Der Film besticht durch originelle Entwürfe der Figuren, vor allem der Fantasiegestalten (z. B. der Naturgeister), ihrer Ausstattung mit Witz und Humor, eine überzeugende Animationstechnik und Einfallsreichtum der einzelnen Episoden. Hervorzuheben sind ferner die sorgfältig gezeichneten Backrounds. Zu den Schwächen des Films gehören eine manchmal allzu penetrante Wortlastigkeit und die Zeichnung der menschlichen Figuren (Peter und seine Schwester).

Drehbuch:
Ted Sears
Joe Rinaldi

Regie:
Clyde Geroními
Wilfried Jackson

Lit. Vorlage:
James M. Barrie

Musik:
Oliver Wallace

Peter Pan's heitere Abenteuer

PETER PAN

Zeichentrickfarbfilm

Herstellungsland und -jahr: USA 1953

Hersteller: Walt Disney Productions, Burbank, Calif.

Verleiher: –

Bj 1953 w FSK: 6 J., ffr. Länge: 2195 m – 75 min

Inhaltsangabe:
Ein kleiner Junge, der nicht groß werden will, fliegt ins „Niemandsland", wo er sich, von den Begrenzungen seines Kinderlebens befreit, in heldenhafte Abenteuer mit freundlichen Indianern und bösen Piraten stürzt (1).

Die Kommission anerkennt, daß auch bei diesem Film die technische Durchführung mit äußerster Präzision gelungen ist. Sie anerkennt ferner, daß hier der Märchenstil selbst konsequent durchgeführt ist, und daß die diesen Filmen sonst so leicht anhaftenden sentimental wirkenden Abschwenkungen in die Sicht der Erwachsenen vermieden sind. In der Kommission wurden einige Bedenken geäußert, ob das auch hier wieder so forcierte Tempo, die sich überstürzenden vielfältigen Bildeindrücke, wirklich von Kindern aufgenommen werden können. Auf der anderen Seite wird anerkannt, daß dieser Film sehr einheitlich aus der Welt des wirklichen Kindes heraus gestaltet wurde.

Drehbuch und Regie:
Jože Gale

Lit. Vorlage:
Volksmärchen

Kamera:
J. Marinček

Musik:
M. Kozina

Darsteller:
M. Bart
F. Bresetnik
F. Milčinski

Peter und der Riese

Herstellungsland und -jahr: Bundesrepublik Deutschland/Jugoslawien 1953
Hersteller: Bohemiafilm, München/Triglav-Film, Lubljana
Verleiher: Jugendfilm-Verleih, Berlin
Bj 1956 w FSK: 6 J., ffr. Länge: 2176 m – 70 min

Inhaltsangabe:
Ein unerschrockener Dorfjunge besiegt den dummen Riesen Bergschreck, der die Schlucht am Wasserfall und die umliegenden Gebirgswälder unsicher macht (1).

Das Buch versteht es, die Elemente des Märchens in einer glaubwürdigen Weise zur Grundlage einer realistischen Spielhandlung zu machen. Der Film gewinnt dadurch die Glaubwürdigkeit eines konkreten Erlebens und zugleich die moralische Wirkung des Märchens. Den märchenhaften Grundzügen ist es wohl auch zuzuschreiben, daß die Figur des Peters in einer etwas einseitigen Weise das Beispiel der Furchtlosigkeit demonstriert. Die filmischen Gestaltungsmittel sind in einer dem Stoff und dem Buch durchaus angemessenen Weise verwandt. Insbesondere ist die Regie hervorzuheben, die in der Handlungsführung und vor allem in der Führung der kindlichen Schauspieler entscheidend zu dem Gelingen des Films beiträgt. Der Bewertungsausschuß hat jedoch einmütig die musikalische Untermalung und Ausschmückung des Films kritisiert.

D r e h b u c h u n d R e g i e :
Gerd Oelschlegel

K a m e r a :
Wolfgang Treu

M u s i k :
Bert Grund

D a r s t e l l e r :
Helmut Alimonta
Kurt Bülau
Peter Caspar
Wolfgang Engels
Michael Grimm

Ping – Pong (früher:...oder so) Schwein hin – Schwein her

Herstellungsland und -jahr: Bundesrepublik Deutschland 1967

Hersteller: Gesellschaft für Filmgestaltung, Grünwald/F.W.F.Film Fritz Wagner, Berlin

Verleiher: –

Bj 1967 w FSK: 6 J., ffr. Länge: 2677 m – 98 min

I n h a l t s a n g a b e :
Auf Geheimwegen überwinden Kinder die Grenzbefestigungen zwischen Ost- und Westdeutschland und schließen Freundschaft – ehe die Erwachsenen die Absperrungen wieder herstellen (2).

Der Ausschuß war beeindruckt von der sauberen, klaren Gestaltung, die das Drehbuch durch den Film erfahren hat. Die zahlreichen Klippen, die sich in dem Drehbuch anboten, wurden bemerkenswert überspielt. Der Film hütet sich vor jeder Sentimentalität, vor jedem politisch falschen Ton, vor allem aber auch davor, die Kinder gegen die Welt der Erwachsenen auszuspielen, wie denn überhaupt der ganze Film in seiner Menschenzeichnung, in seinen Dialogen und in der Darlegung der Vorfälle um den Tunnel ausgesprochen glaubwürdig erscheint.

Die Kamera arbeitet nach dem konventionellen Schwarzweißstil. Das war hier durchaus angemessen. Es gehört zum Stil des Films, daß schauspielerische Leistungen nicht hervorzuheben sind, da hauptsächlich Laien und Kinder spielten.

Drehbuch und Regie:
Walt Disney

Mitarbeit:
Ben Sharpsteen
Hamilton Luske
Bill Roberts
Norman Fergusson
Jack Kinney
Wilfried Jackson
Ted Hee

Lit. Vorlage:
Carlo Collodi

Musik:
Leigh Harline
Ned Washington
Pol J. Smith

Pinocchio

PINOCCHIO

Zeichentrickfarbfilm

Herstellungsland und -jahr: USA 1939

Hersteller: Walt Disney Productions, Burbank, Calif.

Verleiher: Warner Bros. Film, München

Bj 1973 bw FSK: 6 J., ffr. Länge: 2394 m – 87 min

Inhaltsangabe:
Nach dem Welterfolg seines ersten langen Zeichentrickfilms „Schneewittchen" (1937) steigerte Walt Disney die Faszination, indem er auf Collodis (1826-1890) „hölzernen Bengel" Pinocchio setzte. In einer Kaskade von Rhythmen, Tönen und sich stimmungsmäßig wandelnden Farben reiht sich eine gelungene Überraschung an die andere (1).

Maßgebend war die filmhistorische Bedeutung dieses Dokuments aus einer Stilperiode Disneys. Da der Ausschuß die Qualitäten dieses Films höher einschätzt als die der vergleichbaren Filme „Cinderella" und „Bambi", erschien der Mehrheit das höchste Prädikat angemessen.

Drehbuch:
Astrid Lindgren

Regie:
Olle Hellbom

Kamera:
Kalle Bergholm

Musik:
Konrad Elfers

Darsteller:
Inger Nillson
Maria Persson
Pär Sundberg

Pippi Langstrumpf

PIPPI LANGSTRUMP

Farbfilm

Herstellungsland und -jahr: Bundesrepublik Deutschland/Schweden 1968

Hersteller: Beta-Film, München/KB Nord Art AB, Stocksund/Sveriges Radio AB, Stockholm

Verleiher: Jugendfilm-Verleih, Berlin

Bj 1969 w FSK: 6 J., ffr. Länge: 2736 m – 100 min

Inhaltsangabe:
Verfilmung des bekannten Kinderbuches von Astrid Lindgren um ein kleines Mädchen, das ganz allein in einer kuriosen Villa lebt, den Erwachsenen an Kraft und List überlegen ist und schließlich dieses Leben an der Seite kleiner Freunde möglichen Seeabenteuern mit seinem Vater vorzieht (1).

Die Komik liegt im Requisit und im Gag (beispielsweise Tortenschmeißen), der offensichtlich dem Stummfilm entlehnt ist. Dieser Film ist in sympathischem Sinne einfältig und ohne aufgesetzte pädagogische Ambition. Die Märchenwelt der Kinder bleibt für sich und was sich daraus an grotesken Situationen ergibt, ist völlig auf jugendliche Logik, auf jugendliches Fassungsvermögen bezogen. Das trifft vor allem auch auf die irrealen Szenen zu, die den Witz formal intelligenter Dispositionen zu Gunsten einer naiven kindlichen Fantasie abweisen.

Drehbuch:
Astrid Lindgren

Regie:
Olle Hellbom

Kamera:
Kalle Bergholm

Musik:
Georg Riedel

Darsteller:
Inger Nilsson
Maria Persson
Pär Sundberg

Pippi Langstrumpf in Taka-Tuka-Land

PARYMMEN MED PIPPI LANGSTRUMP

Farbfilm

Herstellungsland und -jahr: Bundesrepublik Deutschland/Schweden 1969

Hersteller: Iduna Film, München/KB Nord AB, Stocksund

Verleiher: Jugendfilm-Verleih, Berlin

Bj 1970 w FSK: 6 J., ffr. Länge: 2509 m – 92 min

Inhaltsangabe:
Pippi befreit mit ihren beiden Freunden den von Seeräubern gefangengehaltenen Vater und bekommt einen großen Schatz zur Belohnung (1).

Der Ausschuß hat den Film als Kinderfilm eingestuft und ihm als solchen mit überwiegender Mehrheit das Prädikat „wertvoll“ gegeben. Der Film sticht bemerkenswert gegen den zweiten Pippi-Langstrumpf-Film ab. Er ist reicher bedacht mit Abenteuern, die das kindliche Gemüt bewegen, einheitlicher im Stil und insgesamt auch in der Führung der Kinder sehr gut.

Drehbuch und Regie:
Ken Annakin

Lit. Vorlage:
Astrid Lindgren

Kamera:
Roland „Ozzi“ Smith

Musik:
Misha Segal

Darsteller:
Eileen Brennan
Cory Crow
Dennis Dugan
Tami Erin
David Seaman jr.

Pippi Langstrumpfs neueste Streiche

THE NEW ADVENTURES OF PIPPI LONGSTOCKING

Farbfilm

Herstellungsland und -jahr: USA 1987

Hersteller: Columbia Pictures, New York

Verleiher: Columbia Tri-Star Filmgesellschaft, München

Bj 1988 w FSK: 6 J., ffr. Länge: 2762 m – 101 min

Inhaltsangabe:
Nach einem Schiffsunglück wird Pippi nach Amerika verschlagen und erlebt mit zwei Nachbarskindern eine Vielzahl neuer Abenteuer.

Als 4 1/2 Jahrzehnte nach Pippi's „Geburt“ abermals eine Verfilmung, diesmal eine amerikanische, in Angriff genommen wurde, sahen sich Buch und Regie zusätzlich vor die Notwendigkeit gestellt, dem gestiegenen Medien-Anspruch, einem entwickelten „Power“-Bedürfnis, auch der Jugend, Rechnung zu tragen.

Diese musikalisch gelungene Verfilmung ist mehr Märchen- als Kinderbuch, aus Pippi's Lausbubereien sind filmtechnisch gelungene Zauberkunststücke und zirkusreife Artistik geworden. Das geht ein wenig auf Kosten des Charmes, wird aber von der Glaubwürdigkeit der sympathischen Hauptdarstellerin ausgeglichen.

Drehbuch und Regie:
David Swift

Lit. Vorlage:
Eleanor H. Porter

Kamera:
Russell Harlan

Musik:
Paul Smith

Darsteller:
Richard Egan
Karl Malden
Hayley Mills
Agnes Moorehead
Jane Wyman

Pollyanna (Alle lieben Pollyanna)

POLLYANNA

Farbfilm

Herstellungsland und -jahr: USA 1960

Hersteller: Walt Disney Productions, Burbank, Calif.

Verleiher: –

Bj 1960 w FSK: 6 J., ffr. Länge: 3230 m – 118 min

Inhaltsangabe:
In einer kleinen amerikanischen Stadt findet eine zwölfjährige Waise Aufnahme bei ihrer gefühlsgehemmten Tante. Pollyannas kindlich-optimistische Gutherzigkeit teilt sich bald der Umgebung mit und bringt alle zu innerer Fröhlichkeit (1).

Das Drehbuch hätte nach Auffassung des Ausschusses dringend einer dramaturgischen Straffung bedurft; Regie und Darstellung hätten darauf verzichten müssen, über Gebühr zu typisieren bzw. zu chargieren. Die Handlung verliert sich häufig in der lediglich ausschmückkenden Episode und treibt die Entwicklung nur langsam und umständlich vorwärts. Es würde keinen Verlust bedeutet haben, bestimmte Szenen ganz fortfallen zu lassen.

Den besonderen Wert des Films erblickt der Ausschuß in seiner Gesinnung und in der Manierlichkeit, mit der diese Gesinnung sich im Bildgeschehen Ausdruck verschafft. Das Verhalten der Erwachsenen wird anerkennenswerterweise so dargestellt, daß es voll glaubwürdig aus der kindlichen Sphäre gesehen erscheint. Der Film liefert ein handfestes Stück Moral, von dem man sicher sein darf, daß es seine Wirkung nicht verfehlt.

Drehbuch:
Bill Peet

Regie:
Wolfgang Reitherman
Hamilton S. Luske
Clyde Geronimi

Lit. Vorlage:
Dodie Smith

Musik:
George Bruns

Pongo und Perdi – Abenteuer einer Hundefamilie

ONE HUNDRED AND ONE DALMATIANS

Zeichentrickfarbfilm

Herstellungsland und -jahr: USA 1960

Hersteller: Walt Disney Productions, Burbank, Calif.

Verleiher: Warner Bros. Film, München

Bj 1980 w FSK: 6 J., ffr. Länge: 2120 m – 78 min

Inhaltsangabe:
Hunde befreien 99 Dalmatinerwelpen aus dem Schloß einer hexenhaften Frau (1).

Der Film selbst ist eine sonderbare Mischung aus abenteuerlichen, märchenhaften, karikaturistisch sowie realistisch gezeichneten Genreelementen. Das Sentiment und eine dem optischen Witz nicht zugeneigte Betulichkeit drücken sich in der variationsarmen Zeichenfigur aus, die wohl bedeutende Routine verrät, aber keinesfalls als Bereicherung des perfekten Figurenarsenals Disneys anzusehen ist. Angestrengte Monotonie macht sich auch im dramaturgischen Konzept geltend, das eher auf eine hektische Bildfolge (Verfolgungsjagd) ausgeht, als auf die angemessene Realisierung eines amüsant – grotesken Motivs. So ist die an Märchen erinnernde Hexengroteske formal überstrapaziert. Es gibt kaum zwingend komische Situationen, dagegen viel inhaltlichen und optischen Leerlauf, bei dem die Überzogenheit des Bewegungsrhythmus mit einer langweilenden Zähflüssigkeit der einzelnen Szenen korrespondiert.

Drehbuch:
John Hughes

Regie:
Howard Deutch

Kamera:
Tak Fujimoto

Musik:
Michael Gore

Darsteller:
John Cryer
Andrew MacCarthy
Molly Ringwall
James Spader
Harry Dean Stanton

Pretty in Pink

PRETTY IN PINK

Farbfilm

Herstellungsland und -jahr: USA 1985

Hersteller: Paramount Pictures Corporation, New York

Verleiher: United International Pictures, Frankfurt (Main)

Bj 1986 w FSK: 12 J., ffr. Länge: 2655 m – 97 min

Inhaltsangabe:
Die Tochter eines Arbeitslosen versucht mit Erfolg, sich in einer vornehmen High-school durchzusetzen.

Innerhalb seines Genres erreicht der Film durch den differenzierenden Aufbau der Konflikte und deren schauspielerische Umsetzung ein bemerkenswertes Niveau. Das betrifft auch die Genauigkeit der Milieu-Zeichnung und die Andeutung der sozialen Unterschiede, aus der sich gewisse Probleme ergeben, die zwar nur angedeutet werden, aber dennoch präsent sind. Der Film ist mit besonderem psychologischen Feingefühl inszeniert und hat seine Höhepunkte in der Darstellung der Vater-Tochter-Beziehung und des Verhältnisses der Hauptdarstellerin zu ihrem Jugendfreund.

Drehbuch:
Dean Craig
Michael Haller
Guilio Petroni

Regie:
Guilio Petroni

Kamera:
Alessandro d'Eva

Musik:
Ennio Morricone

Darsteller:
Janet Agren
Dieter Eppler
Tomas Milian
Gregg Palmer
Hans Terofal

Providenza! Mausefalle für zwei schräge Vögel (Zwei schaffen alle)

Scope-Farbfilm

Herstellungsland und -jahr: Bundesrepublik Deutschland/Italien/Frankreich 1972

Hersteller: Terra-Filmkunst, Berlin/Oceania Produzioni Internationale Cinematograficche/Unidis, Rom/Théâtre Le Rex, Paris

Verleiher: Neue Constantin Film, München

Bj 1973 w FSK: 12 J., nffr. Länge: 2730 m – 100 min

Inhaltsangabe:
Der faule Kopfgeldjäger Providenza macht es sich einfach: er zieht durchs Land, um immer denselben, in mehreren Staaten gesuchten Banditen zu fangen, abzuliefern, zu kassieren, und dann für dessen Flucht zu sorgen, damit er den Erbosten gemütlich von neuem fassen kann (1).

Er konnte sich zum Prädikat entschließen, weil die komischen Szenen auf das Fassungsvermögen Jugendlicher zugeschnitten sind. Das setzt eine gewisse Einfachheit voraus, einen drastischen, unmißverständlichen Witz, nicht aber Differenzierung durch Ironie. Wenn der Bewertungsausschuß von diesen Gesichtspunkten ausgeht, dann ist ihm klar, daß der Film für Erwachsene nicht ausreicht, daß die Groteske nicht in dem Maße einfallsreich und gleichzeitig sublimiert erscheint, daß die Komik der Situation im Sinne der differenzierten Komik und der ihr inhärenten Qualität wirksam würde. So ist auch der Versuch zur chaplinesken Pantomime in der Darstellung nicht voll gelungen. So ist der entscheidende Einwand gegen den Film, daß er keinen der Absurdität des Themas entsprechenden filmischen Stil entwikkelt.

Drehbuch und Regie:
Gustav Ehmck

Lit. Vorlage:
Otfried Preußler

Kamera:
Hubert Hagen

Musik:
Eugen Thomass

Darsteller:
Rainer Basedow
Lina Carstens
David Friedmann
Gert Fröbe
Josef Meinrad

Der Räuber Hotzenplotz

Farbfilm

Herstellungsland und -jahr: Bundesrepublik Deutschland 1973
Hersteller: Ehmck-Film, Gräfelfing
Verleiher: FiFiGe Hamburgische Filmeinkaufsgesellschaft, Hamburg
Bj 1974 w FSK: 6 J., ffr. Länge: 3116 m – 114 min

Inhaltsangabe:
Mit Hilfe einer entzauberten Fee bringen zwei Jungen den Räuber Hotzenplotz (Gert Fröbe), der ihrer Großmutter die Kaffeemühle gestohlen hat, zur Strecke (1).

Der Bewertungsausschuß sieht den Film als eine Mischung aus bilderbuchhaftem Märchen, Moritat und Posse. Auffällig ist die Äußerlichkeit der Regie, die die fantastischen Möglichkeiten des Märchenhaften nicht voll ausschöpft. Sein Einwand bezieht sich vor allem auf die Temperamentlosigkeit der Regie, auf die unangemessene Ausdehnung der Handlung, die bewirkt, daß sich Langeweile einstellt. Die Hauptfigur erscheint allzu aufdringlich maskiert, und so lassen sich auch vom Spiel her – besonders negativ zu beurteilen ist die Tatsache, daß alles überzogen wird – nur Argumente für ein knappes Prädikat finden.

Drehbuch:
Emil Burri

Regie und Kamera:
Paul R. Heil

Musik:
Anton Bruckner
Franz Schubert
Giovanni P. da Palestrina
Engelbert Humperdinck

Sprecher:
Hans Holten
Fritz Lafontaine

Die Regensburger Domspatzen

Herstellungsland und -jahr: Bundesrepublik Deutschland 1955

Hersteller: Heil-Film, München

Verleiher: –

Bj 1955 w FSK: 6 J., ffr. Länge: 2015 m – 74 min

Inhaltsangabe:
Der Film zeigt in einer überwiegend beachtlichen filmkünstlerischen Form Ausschnitte aus der vielseitigen Ausbildung der Domspatzen, aus ihrem öffentlichen Auftreten und vom Mitwirken beim Gottesdienst.

Der Film weist leider vor allem bei der Darstellung der Erzieher der Domschule und bei der Einschaltung des Interviews mit dem Domkapellmeister gewisse innere Mängel auf. Er erscheint auch in der Wahl der musikalischen Darbietungen etwas zu sehr auf den Konzert-Effekt abgestellt.

Drehbuch:
Yao Zhongli
Bing Fu
Michael Kerwer

Regie:
He Yumen
Zhuang Minjin
Manfred Durniok

Lit. Vorlage:
Johann Wolfgang von Goethe

Kamera:
Tang Yichu
Herbert Schramm

Musik:
Zheng Fang

Reineke Fuchs

Zeichentrickfarbfilm

Herstellungsland und -jahr: VR China/Bundesrepublik Deutschland 1989
Hersteller: Shanghai-Zeichentrickfilm-Studio, Shanghai/Oriental Communications Ltd./Manfred Durniok Produktion für Film und Fernsehen, Berlin, in Zusammenarbeit mit Zweites Deutsches Fernsehen, Mainz
Verleiher: –
Bj 1990 w FSK: o. A., ffr. Länge: 2198 m – 80 min

Inhaltsangabe:
Der schlaue und listige Reineke Fuchs wehrt sich erfolgreich gegen seine Widersacher aus dem Tierreich.

Der Bewertungsausschuß bedauert, der Animation dieses Zeichentrickfilms kaum entnehmen zu können, daß chinesische Künstler dabei ihre Hand im Spiel hatten.

Im Sinne eines für ein jugendliches Publikum bestimmten Films sei weniger der kulturell anspruchsvolle als der unterhaltende Goethe bedient worden. Die anekdotische Aufbereitung des Stoffes erleichtere den Zugang zur Fabel, dementsprechend sei die Animation ohne technische Raffinessen durchgeführt und bewußt einfach gehalten. Die Lehre beschränke sich auf die Erkenntnis, daß die Bürger frei und unabhängig sein müssen. Dem jugendlichen Zuschauer werde darüber hinaus die Einsicht vermittelt, daß Egoismus, Neid und Intrige verabscheuungswürdige Eigenschaften seien.

Reise in die Urwelt

CESTA DO PRAVĚKU

Farbfilm mit Trickteilen

Drehbuch:
Karel Zeman
J. A. Novotný

Regie:
Karel Zeman

Kamera:
Václav Pazdernik
Antonin Hořák

Musik:
E.F. Burian

Darsteller:
Vladimir Bejval
Petr Herrmann
Zdenek Husták
Josef Lukáš

Herstellungsland und -jahr: ČSSR 1953/55

Hersteller: Tschechoslowakischer Staatsfilm, Prag

Verleiher: –

Bj 1956 w FSK: 6 J., ffr. Länge: 2346 m – 86 min

Inhaltsangabe:
In einer Art Bilderbogen zeigt der Film die Entwicklung der Tierwelt und in groben Zügen auch des Landschaftsbildes im Verlauf der Erdgeschichte. Dabei projeziert er interessanterweise die Zeitdimension in die räumliche, und läßt eine Gruppe von Jungen eine Entdeckungsfahrt durch diese Zeiträume machen.

Die Form, in der bei dieser Fahrt das Modell des vorgeschichtlichen Tieres verlebendigt wird, wie die Größenverhältnisse anschaulich gemacht werden und eine lebendige und interessante Begegnung zwischen den Jungen und dem Lehrgegenstand hergestellt wird, hat zweifellos einen gewissen optischen Reiz und einen didaktischen Wert.

Die Natur erscheint bloß als Gegenstand der Information, des Wissens und des Kategorisierens. Dies kommt auch immer wieder in dem steifen Dialog der Jungens zum Ausdruck. Hervorzuheben ist indessen die Kombination von Natur- und Trickbild, die zu interessanten und instruktiven Wirkungen führt.

Drehbuch:
Per Ahlin
Karl Rasmusson

Regie und Schnitt:
Peter Ahlin

Lit. Vorlage:
William Shakespeare

Kamera:
Per Svensson
Piotr Jarworski

Musik:
Björn Isfält
Morts Nörklit

Die Reise nach Melonia

RESAN TILL MELONIA

Zeichentrickfarbfilm

Herstellungsland und -jahr: Schweden 1989

Hersteller: Pennfilm Studio AB, Hököpinge/Svenska Filminstitutet/Sandrew Film und Theater AB/Sveriges Television AB/TV 2, Stockholm

Verleiher: Delta-Filmverleih, Berlin

Bj 1991 w FSK: o. A., ffr. Länge: 2779 m – 102 min

Inhaltsangabe:
Weltstreit und Kampf zwischen den Bewohnern einer friedlich-paradiesischen Insel und denen einer industriell ausgebeuteten, ökologisch ruinierten.

Die Grundkonstellation der Shakespeare-Vorlage erscheint erhalten in ihrer Gegenüberstellung von Gut und Böse, Vernunft und Unvernunft, Güte und Machthunger, aber die Drehbuchautoren haben die Struktur vereinfacht und sie mit aktuellen Gedanken zum Umweltschutz bereichert.

Die Machart dieses Zeichentrickfilms ist liebenswert, aber doch auch konventionell. Die Zeichnung der Typen in ihrem Umfeld ist jedoch so griffig, daß die Botschaft von der Gefahr für das Leben auf diesem Planeten herüberkommt. Die bösen Mächte haben Plutonia zu einem mechanistischen, an Fritz Langs „Metropolis" erinnerndes Machwerk verwandelt. Ebenso reizvoll in der Darstellung: das auf der Insel inszenierte Spiel im Spiel, bei dem Shakespeare wieder zu Wort kommt, und das zur Besinnung auf die Werte der Natur aufruft, ohne Zaubertrank und Waffen. Die sich leider in den Vordergrund drängende Sprache bleibt überwiegend im Duktus des betulich Geheimnisvollen und beeinträchtigt mitunter die Wirkung der Bilder.

Drehbuch:
Larry Clemons

Regie:
Wolfgang Reitherman

Kamera:
George Bruns

Robin Hood

ROBIN HOOD

Zeichentrickfarbfilm

Herstellungsland und -jahr: USA 1973

Hersteller: Walt Disney Productions, Burbank, Calif.

Verleiher: Twentieth Century-Fox, Frankfurt (Main) (16 mm)

Bj 1974 w FSK: 6 J., ffr. Länge: 2270 m – 82 min

Inhaltsangabe:
Geschichten um Robin Hood, der das Unterdrückte und ausgebeutete Volk vor dem falschen König schützt.

Die Robin-Hood-Sage spielt sich hier unter Tieren ab, wobei es sicher ein zutreffender Einfall ist, den schlauen Fuchs als Robin Hood vorzuführen. Der Zeichentrick erhält durch diese Verwandlung des Sagenstoffes eine groteske Nuance, die im üblichen Stile der Disney-Production realisiert wird. Allenfalls kann man hier von einem reduzierten Naturalismus sprechen, der so viel an zeichnerischem Witz zuläßt, daß der Bewertungsausschuß sich zu einem Prädikat entschließen konnte.

Drehbuch:
Regie und Kamera:
Otto Schulz-Kampfhenkel

Robinson im Wattenmeer

Farbfilm

Herstellungsland und -jahr: Bundesrepublik Deutschland 1960
Hersteller: Otto Schulz-Kampfhenkel, Hamburg
Verleiher: Landesbildstellen
Bj 1961 bw FSK: 6 J., ffr. Länge: 726 m (16 mm) – 69 min

Inhaltsangabe:

Allein die Naturaufnahmen aus der Vogelwelt der Halligen sind von der Kameraarbeit her und in der Farbe so hervorragend, daß der Film schon deshalb besonderer Beachtung wert ist. Das hervorragendste Merkmal des Films ist aber, daß er in einer neuen Weise einen Jugendfilm darstellt, der sich aller merklichen Pädagogik oder gar Tendenz völlig enthält. Er wirkt einfach durch das lebendig vorgeführte Beispiel und durch die Frische seiner Bildfolgen. Der Film ist als ein Berichtsfilm angelegt. Darin bekundet sich die geschickte Hand der Komposition. Der Film beginnt nicht mit einer Spielhandlung, sondern mit der Neugierde eines Wissenschaftlers, der von dem jungen Großstädter auf der einsamen Vogelwarte im Wattenmeer gehört hat und sich diesen Fall einmal ansehen will. So wird der Ich-Bericht ermöglicht, der sofort eine angenehme kühle Sachlichkeit in den Text bringt.

Drehbuch:
Astrid Lindgren

Regie:
Tage Danielsson

Lit. Vorlage:
Astrid Lindgren

Kamera:
Rune Ericson

Musik:
Björn Isfält

Darsteller:
Börje Ahlstedt
Dan Hafström
Lena Nyman
Per Oscarsson
Hanna Zetterberg

Ronja – die Räubertochter

RONJA RÖVARDOTTER

Farbfilm

Herstellungsland und -jahr: Schweden/Norwegen/Bundesrepublik Deutschland 1984

Hersteller: AB Svensk Filmindustri/AB Svenska ORD/AB Film-Teknik/Sv TV 1, Stockholm/Norsk-Film A/S, Oslo/Taurus-Film, München, in Zusammenarbeit mit Zweites Deutsches Fernsehen, Mainz

Verleiher: Jugendfilm-Verleih, Berlin

Bj 1986 bw FSK: 6 J., ffr. Länge: 3446 m – 126 min

Inhaltsangabe:
Zwei Kinder aus verfeindeten Räuberfamilien verlassen ihr Zuhause und ziehen allein durch die Wälder, wobei sie viele Abenteuer zu bestehen haben.

Geschickt in die Handlung eingewoben ist die urwüchsige schwedische Natur mit ihren Wäldern, Felsen, Flüssen und Seen. Bruchlos werden dabei die aus den nordischen Sagen vertrauten Gestalten von Kobolden eingefügt. Die handelnden Personen agieren mit einer unwahrscheinlichen Vitalität, sind zugleich aber auch psychologisch durchgezeichnet. Die Dialoge treffen die unterschiedlichen Situationen genau und verraten gelegentlich auch eine liebenswürdige, manche Zeitumstände glossierende Ironie.

Besonders hervorzuheben sind die choreografisch durchgestalteten Szenen, die die Räuber in ihrer „häuslichen Umgebung" zeigen. Dabei kennt der Film auch keine falsche Prüderie, und er versteht es, menschliche Grundsituationen, wie Geburt und Tod zurückhaltend und doch überzeugend darzustellen. Insgesamt ein Film, der sich durch erzählerische Lust und oft mitreißende Bilder auszeichnet.

Regie:
Antongiorgio Domenighini

Musik:
Riccardo Margiergalli

Die Rose von Bagdad

LA ROSA DI BAGDAD

Zeichentrickfarbfilm

Herstellungsland und -jahr: Italien 1949

Hersteller: Ima Film, Mailand

Verleiher: –

Bj 1953 w FSK: 6 J., ffr. Länge: 1969 m – 72 min

Inhaltsangabe:
Italienischer Märchenzeichentrickfilm. Der Musiklehrer einer Prinzessin verhindert deren Heirat mit einem bösen König am Tigris (1).

Nach Ansicht der Kommission ist der Film eine außerordentlich gelungene – europäische – Version des gezeichneten Märchenfilmes, wohlgelungen in Farbe, Text, Zeichnung, Hintergründen und Musik.

Drehbuch und lit. Vorlage:
Elfie Donnelly

Regie:
Wolfgang Tumler

Kamera:
Perus Schloemp

Musik:
Eberhard Weber

Darsteller:
Peter Bauer
Ulrike Bliefert
Inge Meysel
Julie Tumler
Inge Wollberg

Der rote Strumpf

Farbfilm

Herstellungsland und -jahr: Bundesrepublik Deutschland 1980

Hersteller: Aspekt-Telefilm-Produktion, Berlin, Zweites Deutsches Fernsehen, Mainz

Verleiher: Krauskopf Clubfilm, Neusäß

Bj 1981 w FSK: 6 J., ffr. Länge: 1005 m (16 mm) – 92 min

Inhaltsangabe:
Ein elfjähriges Mädchen freundet sich mit einer in der offenen Abteilung einer psychiatrischen Klinik lebenden alten Frau an und nimmt sie, anfangs gegen den Willen der Eltern, für einige Tage mit nach Hause. Schließlich entschließt sich die Familie, der Frau ein zweites Zuhause zu geben (1).

Der Film erzählt, nach einem ausgezeichneten Drehbuch, eine bei aller Einfachheit originelle Geschichte. Der filmischen Realisation gelingt eine Reihe hübscher Einfälle, gut gespielter und sehr gut fotografierter Sequenzen; andererseits sind Schwächen nicht zu übersehen. Die an sich gerade psychologisch sehr realistisch angelegte Geschichte weicht an einigen Stellen ins nicht mehr ganz Glaubhafte aus. Auch da verliert die in der Führung der Szenen mit dem Kind sehr sichere Regie vorübergehend an Qualität. In einem genau getroffenen Milieu zeigt der Film in einem alltäglichen, besser gesagt an einem alltäglich möglichen Beispiel praktizierte Nächstenliebe.

Drehbuch:
Konrad Lustig
Erich Kobler
Carl Springenschmid

Regie:
Erich Kobler

Kamera:
Heinz Hölscher

Darsteller:
Franz Essel
Monika Greving
Helmo Kindermann
Bobby Todd
Fritz Wepper

Rübezahl – Herr der Berge

Farbfilm

Herstellungsland und -jahr: Bundesrepublik Deutschland 1957

Hersteller: Schongerfilm, Inning/Ammersee

Verleiher: Kora-Film, München

Bj 1957 w FSK: 6 J., ffr. Länge: 1984 m – 73 min

Inhaltsangabe:
Märchenverfilmung (altes deutsches Volksmärchen)

Der Film erzählt das Märchen in einer schlichten und lebendigen Weise nach. Die einzelnen Elemente der Sage werden in einer wohl überlegten Ordnung aneinandergereiht. Hervorzuheben ist, daß der Film handwerklich sauber gemacht ist. Die Regie versteht es, die Landschaft mitspielen zu lassen und die einzelnen Szenen mit einer überraschenden Lebendigkeit zu gestalten. Rübezahl erscheint trotz der großen Maske in seiner ganzen Schalkhaftigkeit, wodurch die Gerechtigkeit und das Gute, das er allgemein verbreitet, nicht penetrant, sondern liebenswert werden.

Drehbuch:
Christof Schul-Gellen

Regie:
Herbert G. Fredersdorf

Lit. Vorlage:
Gebr. Grimm

Kamera:
Ted Kornowicz

Musik:
Richard Stauch

Darsteller:
Liane Croon
Wilhelm Grothe
Günther Hertel
Werner Krüger
F.W. Schröder-Schrom

Rumpelstilzchen

Farbfilm

Herstellungsland und -jahr: Bundesrepublik Deutschland 1955
Hersteller: Förster-Film, Hamburg
Verleiher: Jugendfilm-Verleih, Berlin
Bj 1955 w FSK: 6 J., ffr. Länge: 2146 m – 80 min

Inhaltsangabe:
Um Figuren und Handlungselemente erweiterte freie Verfilmung des gleichnamigen Märchens.

Der Film stellt das Grimmsche Märchen dar, und zwar mit den filmischen Mitteln der Fotografie, des Ablaufs des reinen Geschehens des Märchens und der in ihm handelnden Personen. Der Bewertungsausschuß ist der Meinung, daß auf diese Art und Weise das Wesen des Märchens, das in der Verwandlung der Welt in das Wunderbare liegt, nicht eingefangen werden kann. Der Film bleibt in einer völlig naturalistischen Denk- und Handlungsweise stecken, er ersetzt die Wunderwelt durch die Aneinanderreihung vom simplen Szenen, die zudem nicht gut gespielt sind. Statt einer Verzauberung wird hier die Alltäglichkeit wiedergegeben, die ernüchternd wirkt, aber nicht die Fantasie anregt.

Drehbuch:
Sooni Taraporevala

Regie:
Mira Nair

Kamera:
Sandi Sissel

Musik:
L. Subramaniam

Darsteller:
Raju Barnad
Aneeta Kanwar
Sarfuddin Qurrassi
Shafiq Syed
Raghubir Yadav

Salaam Bombay!

SALAAM BOMBAY!

Farbfilm

Herstellungsland und -jahr: Großbritannien/Frankreich/Indien 1988

Hersteller: Film Four International, London/La S. E. P. T., Paris/Mirabai Films Productions/NEDC-Doordarshan, Bombay

Verleiher: Pandora Film, Frankfurt (Main)

Bj 1989 bw FSK: 12 J., ffr. Länge: 3114 m – 114 min

Inhaltsangabe:
Halbdokumentarischer Spielfilm, der sich mit dem Schicksal von Kindern befaßt, die unter Prostituierten, Zuhältern, Dealern und Kriminellen in Bombay leben.

Der Film beobachtet die Vielfalt der sozialen Beziehungen bei allem Engagement und genauer Beschreibung ohne Wertung: nicht geschlossene Charaktere werden gestaltet, sondern Figuren im harten und oft auch blutigen „Spiel" sozialen Lebens vor Augen geführt, deren Handlungen nicht immer einsehbar sind, sondern – oft aus dem Augenblick – aus der Vielfalt der Ziele und Zwänge sich ergeben, denen sie unterliegen. Nicht das Ideal einer dramaturgisch verantwortbaren „Stimmigkeit" steht insofern zur Debatte, sondern die Brüchigkeit und Veränderbarkeit der Wünsche, Grundsätze, Alltagsgegebenheiten, mit der die Menschen, wenn immer sie anderen Menschen in diesem Dschungel sozialer Beziehungen begegnen, notwendigerweise rechnen müssen. Nicht eine von außen formulierte, nicht eine aufgesetzte Sozialkritik, sondern eine engagierte Dokumentation des tatsächlichen Alltags ist daher das Programm dieses Films.

Drehbuch:
M. Macourek
Václav Vorliček
H. Franková

Regie:
Václav Vorliček

Kamera:
Vladimir Novotný

Musik:
Angelo Michailow

Darsteller:
Petra Černocka
Jana Drobohlavová
Jan Hrušniský
Vladimir Menšik

Saxana, die Hexe

DÍVKANA KOSTETI

Farbfilm

Herstellungsland und -jahr: ČSSR 1971

Hersteller: Filmové studio Barrandov, Prag

Verleiher: AV-Film, Neufahrn

Bj 1974 w FSK: 6 J., ffr. Länge: 857 m (16 mm) – 78 min

Inhaltsangabe:
Eine lernunwillige Hexenschülerin reißt auf die Erde aus und landet bei dem Sohn eines Zoodirektors, der sie in die Schule mitnimmt, wo sie mit ihren Hexereien alles durcheinanderbringt (1).

Der Film hat als Märchen- und Kinderfilm künstlerischen Wert. Seine Fabel wie seine Parabel (daß Wesen der Hexenwelt es doch vorziehen, Menschen zu sein und damit andere gern haben zu können) sind einfallsreich und heiter gestaltet. Ablauf der Handlung und Benutzung der filmischen Mittel sind voller Fantasie. Die übliche Moralisierung unterbleibt. Der technische Perfektionismus vieler Märchen- und Fantasiefilme fehlt. Menschliches Verständnis und menschliche Eigenheiten werden statt dessen sehr viel mehr in den Vordergrund gestellt.

Drehbuch:
Ted Sears
Otto Englander
Earl Hurd
Dorothy Ann Blank
Richard Creedon
Dick Richard
Merrill de Maris
Webb Smith

Regie:
Walt Disney

Musik:
Frank Churchill
Leigh Harline
Paul Smith

Schneewittchen und die sieben Zwerge

SNOW-WHITE AND THE SEVEN DWARFS

Zeichentrickfarbfilm

Herstellungsland und -jahr: USA 1937

Hersteller: Walt Disney Productions, Burnbank, Calif.

Verleiher: –

Bj 1953 w FSK: 6 J., ffr. Länge: 2248 m – 82 min

Inhaltsangabe:

Frei nach der Grimmschen Vorlage gestaltete Märchenverfilmung. Mit diesem ersten abendfüllenden Zeichentrickfilm machte Walt Disney Filmgeschichte.

Die Bedenken richten sich vor allem gegen die kaum noch zu ertragende Häufung von Effekten – sowohl grausamer als auch gut gemeinter –, die zu einem großen Teil den Eindruck machen, als ob sie ausschließlich um ihrer selbst willen gesetzt worden sind. Wenn die Mehrheit sich trotzdem zu einem Prädikat entschlossen hat, so lag das einmal an der auch hier zum großen Teil wieder überaus geglückten artistischen Form, der Fantasie und dem Erfindungsgeist, mit dem die einzelnen Typen der Tiere und auch der Zwerge gestaltet worden sind. Hier liegt die besondere Stärke des Filmes. Wie stets sind die technische Leistung, Farbe, Komposition, Schnitt, Rhythmus und Musik ausgezeichnet.

Drehbuch:
Konrad Lustig
Walter Oehmichen

Regie:
Erich Kobler

Lit. Vorlage:
Gebrüder Grimm

Kamera:
Wolf Schwan

Musik:
Carl Stueber
Franz Miller

Darsteller:
Addi Adametz
Elke Arendt
Nils Clausnitzer
Renate Eichholz
Ruth von Zerboni

Schneewittchen und die sieben Zwerge

Farbfilm

Herstellungsland und -jahr: Bundesrepublik Deutschland 1955
Hersteller: Schonger Film, Hubert Schonger, Inning/Ammersee
Verleiher: Jugendfilm-Verleih, Berlin
Bj 1955 bw FSK: 6 J., ffr. Länge: 2091 m – 75 min

Inhaltsangabe:
Werkgetreue Verfilmung des gleichnamigen Märchens von Schneewittchen und der bösen Stiefmutter, die dreimal vergeblich nach dem Leben der Prinzessin trachtet (2).

Einige Schwächen des Filmes, z. B. die etwas statisch erscheinende Figur der bösen Königin, der unlebendige Prinz Edelmut, aber auch das Feuerwerk am Schluß, was durch seine Länge nicht zur Märchenstimmung paßt, können den Gesamteindruck nicht beeinträchtigen. Der Märchencharakter ist hervorragend eingefangen, die Hauptdarsteller, insbesondere Schneewittchen, meistern ihre Rollen überdurchschnittlich, die Bauten, vor allem in dem Zwergenhaus, rufen helles Entzücken hervor, die Fotografie ist lobenswert, die Farbgebung ebenfalls. Der Film hat sich auch vor Vergröberungen gehütet. Alles in allem ergibt er ein hervorragendes Bild von dem heutigen Schaffen auf dem Märchenfilmgebiet.

Drehbuch:
Tonino Gierra
Raffaele La Capria
Guiseppe Patroni Griffi
Francesco Rosi

Regie:
Francesco Rosi

Kamera:
Pasquale De Santis

Musik:
Piero Piccioni

Darsteller:
Leslie French
Sophia Loren
Dolores del Rio
Omar Sharif
Georges Wilson

Schöne Isabella

C'ERA UNA VOLTA

Scope-Farbfilm

Herstellungsland und -jahr: Italien/Frankreich 1966

Hersteller: Compagnia Cinematografica Champion, Rom/Film Concordia, Paris

Verleiher: –

Bj 1968 w FSK: 6 J., ffr. Länge: 2709 m – 99 min

Inhaltsangabe:
Ein junger spanischer Fürst, der einer Adligen versprochen ist, verliebt sich in ein Bauernmädchen, das er nach vielen phantastischen Verwicklungen heiratet (1).

Ob man nun den distanzierten Sarkasmus und die ein wenig historisierende Ironie zur Kenntnis nimmt oder nicht, es bleibt doch ein glänzend entworfener und realisierter Unterhaltungsfilm. Das Glänzende überwiegt stellenweise die eigentliche dramaturgische Qualität; auch die Hauptdarsteller haben in dieser Story mehr dekorative als darstellerische Aufgaben. Dabei ist hinzuzufügen, daß trotz großer Statisterie die Menschen nicht gesichtslos sind.

Nicht unbedingt also ein ausgesprochener Märchenfilm für Kinder, aber ein delikater Unterhaltungsfilm für Jung und Alt, dessen beispielhaft gehandhabte dramaturgischen, technischen und künstlerischen Mittel zu einer überzeugenden stilistischen Einheit gelangen.

Drehbuch:
Melissa Mathison
Jeanne Rosenberg
William D. Witliff

Regie:
Carroll Ballard

Lit. Vorlage:
Walter Farley

Kamera:
Caleb Deschanel

Musik:
Carmine Coppola

Darsteller:
Hoyt Axton
Teri Garr
Michael Higgins
Ed McNamara
Clarence Muse

Der schwarze Hengst

THE BLACK STALLION

Farbfilm

Herstellungsland und -jahr: USA 1979

Hersteller: Fred Roos, Tom Sternberg

Verleiher: United International Pictures, Frankfurt (Main)

Bj 1980 bw FSK: 6 J., ffr. Länge: 3206 m – 117 min

Inhaltsangabe:
Abenteuer eines Jungen mit einem Araberhengst

Was dieser erste Teil an fantastischen Bildern bietet, bleibt allerdings weit über dem Durchschnitt. Die Kamera wird so hervorragend geführt, daß man geneigt wäre, auch noch viel unwahrscheinlichere Dinge anzunehmen. Dank dieser Farbfotografie stören auch mythische Einsprengsel überhaupt nicht. Sie verdichten vielmehr den poetischen Gehalt des Films. Er hat zwei Hauptdarsteller: den Jungen und das Pferd. Sie sind beide ganz ungewöhnlich, ohne daß man damit die Rolle des Jungen und die „Rolle“ des Pferdes miteinander, etwa unter dem gleichen Begriff der Darstellung, vergleichen könnte. Der Junge spielt exzellent und ist auch vom Regisseur hervorragend geführt.

Drehbuch:
Jerome Kass

Regie:
Robert Dalva

Lit. Vorlage:
Walter Farley

Kamera:
Carlo DiPalma

Ausstattung/Bau/
Kostüme:
Aurelio Crugnola

Darsteller:
Allen Goorwitz
Ferdinand Mayne
Kelly Reno
Vincent Spano
Woody Strode

Der schwarze Hengst kehrt zurück

THE BLACK STALLION RETURNS

Farbfilm

Herstellungsland und -jahr: USA 1982

Hersteller: United Artists Corporation, Hollywood, Calif./Metro-Goldwyn-Mayer, New York

Verleiher: United International Pictures, Frankfurt (Main)

Bj 1983 bw FSK: 6 J., ffr. Länge: 2812 m – 103 min

Inhaltsangabe:
Nach der Entführung des Hengstes versucht sein junger Betreuer, dessen Spur in Afrika zu folgen.

Das Ganze ist ein märchenhafter Action-Film mit dramaturgischen Elementen auch von Western, ein Kinofilm von hohem, zugleich unaufdringlich lehrhaftem Unterhaltungswert, spannend aufgebaut, exzellent fotografiert, mit zum Teil faszinierenden Bildfindungen. Namentlich die Außenaufnahmen in der Wüste und von den Berberstämmen haben großen atmosphärischen Stimmungswert und vermitteln fesselnde Eindrücke vom Milieu, von der Lebensart und der Kultur der Berber. Ungewöhnlich stark sind auch die Aufnahmen von dem Pferderennen in der Wüste. Die einzelnen Situationen der Handlung sind klar, einleuchtend und spannend entwickelt. Das Geschehen bleibt in jedem Augenblick nachvollziehbar, hat märchenhaft einfache Züge, läßt aber auch Tiefe in den Beziehungen zwischen Menschen und in dem Verhältnis von Mensch und Tier nicht vermissen. Bildschnitt und die dramaturgisch sinnvoll eingesetzte Musik sind ebenfalls auf hohem bis höchstem Niveau.

Drehbuch:
Miloš Macourek
Oldřich Lipský

Regie:
Oldřich Lipský

Kamera:
Vladimir Novotný
Antonin Holub

Musik:
Vlastimil Hála

Darsteller:
František Filipovský
Miloš Kopecký
Jan Libiček
Lubomir Lipský
Jiři Sovák

Sechs Bären und ein Clown

ŠEST MEDVĚDU S CLIBULKOU

Farbfilm

Herstellungsland und -jahr: ČSSR 1972

Hersteller: Filmové studio Barrandov, Prag

Verleiher: AV-Film, Neufahrn

Bj 1974 bw FSK: 6 J., ffr. Länge: 964 m (16 mm) – 88 min

Inhaltsangabe:
Ein vom Zirkus entlassener Clown übernimmt, als Frau verkleidet, eine Stellung als Schulköchin und wird von „seinen", dem neuen Besitzer ausgerissenen sechs dressierten Bären heimgesucht (1).

Unter diesem Gesichtspunkt war daher die Märchenhaftigkeit des Stoffes zu werten, die keine realistische Gestaltung der Personen (und der Tiere) erforderlich macht, sondern aus ihrer Reduzierung auf Typen ihren Reiz bezieht. So sehr der Erwachsene in den Gestalten Klischees sieht, so sehr sieht doch das Kind in ihnen Spielformen eines Kasperletheaters, in dem jede Figur ihre festgeprägte Erscheinungs- und Handlungsform hat.

Positiv wurde gewertet, daß der Film, der seiner ganzen Anlage nach ein Zirkusfilm ist, seine Handlung in die Schule verlegt. Der Entlastungscharakter, der für das Kind damit gegeben ist, wird durch die artistischen Nummern und Dressurakte noch verstärkt.

Regie und Drehbuch, Kamera und Montage, Darstellung und Ausstattung wurden in dem beschriebenen Zusammenhang als positiv gewürdigt.

Drehbuch:
Simon Trevor
Monty C. Ruben

Regie:
Simon Trevor

Kamera:
Simon Trevor

Musik:
Laurence Rosenthal

Sprecher:
Karl-Michael Vogler

Seine Majestät, der Elefant

THE AFRICAN ELEPHANT

Panavision-Farbfilm

Herstellungsland und -jahr: USA 1970/71

Hersteller: Cinema Center Films, New York

Verleiher: –

Bj 1972 bw FSK: 6 J., ffr. Länge: 2520 m – 92 min

Inhaltsangabe:
Dokumentarfilm mit faszinierenden Aufnahmen aus dem Leben und über den Lebensraum des afrikanischen Elefanten (1).

Der Film setzt die Reihe der großen Tierfilme fort. Hervorragend ist die Farbfotografie, nicht nur bezüglich der Technik, sondern auch im Aufbau und im Schnitt.

Im Hinblick auf das junge Publikum erscheint der Kommentar insgesamt angemessen. Trotz einiger aus dem menschlichen Leben genommenen Vergleiche „vermenschlicht“ der Text nicht, sondern benützt diese Vergleiche und Parallelen als Hilfsmittel für das Verständnis. Im übrigen ist der Kommentar vorwiegend durch sachliche Information bestimmt, wobei einen besonderen Raum die Hinweise aus den Ergebnissen der Verhaltensforschung einnehmen. Schließlich spricht für die Qualität des Films noch eine Reihe nicht nur sehr schöner, sondern auch seltener Aufnahmen.

Drehbuch:
Fred Gipson
William Tunberg

Regie:
Robert Stevenson

Kamera:
Charles P. Boyle

Musik:
Oliver Wallace

Darsteller:
Kevin Corcoran
Tommy Kirk
Dorothy McGuire
Fess Parker
Jeff York

Sein Freund Jello

OLD YELLER

Farbfilm

Herstellungsland und -jahr: USA 1957

Hersteller: Walt Disney Productions, Burbank, Calif.

Verleiher: Twentieth Century Fox, Frankfurt (Main)

Bj 1958 w FSK: 6 J., ffr. Länge: 912 m (16 mm) – 84 min

Inhaltsangabe:

Auf einer einsamen Farm im Texas des vorigen Jahrhunderts wird ein herumstreifender Hund zum Freund und Beschützer einer Mutter und ihrer beiden Jungen. Liebenswerter Tierfilm, familienfreundlich, abenteuerlich-spannend und das echte Gefühl ansprechend (1).

Gutachten der FBW liegt nicht mehr vor.

Drehbuch:
Henri Colpi
André Var

Regie:
Henri Colpi

Kamera:
Roger Fellous

Musik:
Georges Délérue

Darsteller:
Max Amyl
Fernandel
Gilberte Rivet
Selena
Henri Tisot

Sein letzter Freund

HEUREUX QUI COMME ULYSSE

Farbfilm

Herstellungsland und -jahr: Frankreich 1969

Hersteller: Cité-Films/Terra-Film/Gafer-Films, Paris

Verleiher: –

Bj 1971 w FSK: 6 J., ffr. Länge: 2499 m – 91 min

Inhaltsangabe:
Ein Pferdeknecht soll seinen Lieblingsgaul in die Arena von Arles bringen, flieht aber mit dem altersschwachen Hengst in die Freiheit der Camargue (1).

Bei der Diskussion über das Für und Wider kam immerhin zutage, daß die positiven Elemente überwiegen. Die Fotografie ist gut, die Szenen aus dem französischen Alltag zu Beginn sind sehr gelungen. Das Hauptverdienst gebührt Fernandel. Er hat es fertig gebracht, durch seine Darstellung den Film vor dem völligen Abgleiten in Sentimentalität und Melodramatik zu bewahren. Die Szene mit dem scheinbar sterbenden Pferd hat auch er nur mühsam überstanden.

Drehbuch:
Clark Reynolds
Helmut Harun

Regie:
Roy Rowland

Kamera:
Mel Marino

Musik:
Piero Piccioni

Darsteller:
Götz George
Daniel Martin
Sieghardt Rupp
Helmut Schmid
Alexandra Stewart

Sie nannten ihn Gringo

Scope-Farbfilm

Herstellungsland und -jahr: Bundesrepublik Deutschland/Spanien 1965
Hersteller: International Germania Film, Köln/Procusa S. A., Madrid
Verleiher: –
Bj 1965 w FSK: 12 J., nffr. Länge: 2391 m – 87 min

Inhaltsangabe:
Der schurkische Verwalter eines gelähmten reichen Ranchers dingt dessen verschollenen Sohn als Anführer einer Banditengruppe, bis ein unbeirrbarer Sheriff den Betrug entlarvt und der Sohn sein Leben für den Vater opfert (1).

Der Ausschuß ist sich klar darüber, daß es sich hier weitgehend um eine Wiederholung des bekannten Western-Klischees handelt. Er ist jedoch erfreut, daß in einer deutschen Produktion ein solcher Film auftaucht, der mit einem immerhin erstaunlichen Tempo und mit der gebotenen Nüchternheit den Western auch mit dem notwendigen Spannungsgehalt zu erfüllen vermag. Alle Klippen einer möglichen Sentimentalität wurden gut umsegelt.

Dafür sind allerdings die näheren Charakterisierungen der Personen oder gar die Motivierungen der Handlungselemente fast gänzlich unter den Tisch gefallen.

Drehbuch:
Anne Geelhaar
Francesco Stefani

Regie:
Francesco Stefani

Kamera:
Karl Plintzner

Musik:
Heinz Friedl Heddenhausen

Darsteller:
Christel Bodenstein
Eckard Dux
Richard Krüger
Dorothea Thiesing
Charles H. Vogt

Das singende, klingende Bäumchen (Im Zauberreich des Berggeistes)

Farbfilm mit Trickteilen

Herstellungsland und -jahr: DDR 1957
Hersteller: DEFA Studio für Spielfilme, Potsdam
Verleiher: Jugendfilm-Verleih, Berlin
Bj 1958 w FSK: 6 J., ffr. Länge: 2045 m – 74 min

Inhaltsangabe:
Märchen (frei nach Gebr. Grimm) von der hochmütigen Prinzessin und dem in einen Bären verwandelten Königssohn.

In einer geschickten Weise übersetzt das Drehbuch den Grimmschen Stoff in eine eigenständige und folgerichtig aufgebaute Filmhandlung. Die Bosheit der Prinzessin und die Stufen ihrer moralischen Wandlung werden mit psychologischer Genauigkeit und regielicher Sorgfalt im Bild dargestellt. Trotz der Ausführlichkeit der Erzählung unterlaufen keine Längen. Es ist das Verdienst der Regie, die Handlung im Fluß gehalten zu haben und durch eine reichhaltige Abwechslung in den Bauten und in der Anlage der einzelnen Bilder die Fantasie so spielen zu lassen, wie es zum Märchen gehört. Die Aufwendigkeit der vorzüglichen Bauten überdeckt nicht die Handlung, vielmehr dienen sie in ihrer fantastischen Gestaltung dazu, den Fortgang der Handlung lebendig vor Augen zu führen.

Drehbuch:
John Mahon

Regie:
Dick Robinson

Kamera:
Leon Bijou
J. Barry Herron
Norman W. Nelson

Musik:
Gene Kauer
Douglas Lackey

Sprecher:
Leon Ames

Darsteller:
Dick Robinson

So frei wie der Wind

BROTHER OF THE WIND

Farbfilm

Herstellungsland und -jahr: USA 1972

Hersteller: Adanac Film Productions/Sun International Productions, Los Angeles, Calif.

Verleiher: –

Bj 1973 w FSK: 6 J., ffr. Länge: 2405 m – 87 min

Inhaltsangabe:
Ein alter kanadischer Waldläufer zieht vier verwaiste Wolfsjunge groß und entläßt sie dann in die Freiheit (1).

Zweifellos wird eine ganze Reihe interessanter, zum Teil auch seltener Naturaufnahmen gezeigt, auch hält man sich fern von den üblichen Beschönigungen des Naturlebens, indem zum Beispiel nicht auf die grausame Jagd der Tiere untereinander, auf das Reißen von Hirschen usw. verzichtet wird. Andererseits ist die Farbfotografie fast durchweg ziemlich blaß. Im Gegensatz zu der weitgehend realistischen Zeichnung der Natur und der Vorgänge ist die Musik kitschig; der Monolog ist zumindest stellenweise etwas zu geschwätzig.

Drehbuch:
Arend Agthe
Monika Seck-Agthe

Regie:
Arend Agthe

Kamera:
Jürgen Jürgens
Claus Deubel
Stefan Motzek

Musik:
Matthias Raue

Darsteller:
Volker Brandt
Janos Crecelius
Hermann Lause
Andrea Lösch
Rolf Zacher

Der Sommer des Falken

Farbfilm

Herstellungsland und -jahr: Bundesrepublik Deutschland 1988

Hersteller: Topas-Filmproduktion, Berlin/Westdeutscher Rundfunk, Köln/Atlas Saskia Filmproduktion, Duisburg

Verleiher: Atlas Film+AV, Duisburg

Bj 1988 w FSK: 6 J., ffr. Länge: 2917 m – 106 min

Inhaltsangabe:
In den Bergen treffen vier Personen (2 Jugendliche, 2 Erwachsene) aus unterschiedlichen Lebensbereichen aufeinander und werden in gefährliche Abenteuer verwickelt.

Die Bemühtheit ist dem Film anzumerken und schadet ihm. Denn es erweist sich das Drehbuch als konstruiert; es zeigt sich, daß eine Musik, die im Sinne der von der Jugend geschätzten Berieselung eingesetzt ist, einem Film nicht immer zugute kommt; es ergibt sich, daß eine starke Typisierung der Gestalten des Guten doch zuviel (ernsthaft gesprochen: zuwenig) sein kann.

Dem steht gegenüber: der Film vermittelt das Geschehen spannend, wenn auch nicht immer überaus geschickt; er ist in seinen Action-Handlungen (samt ihren Stunts) gelungen; er vergegenwärtigt in Ausstattung und Bauten einiges an Atmosphäre, auch wenn diese weniger den Realitäten als einer Bilderbuchwelt zugehört.

Drehbuch und Regie:
Thorsten Näter

Kamera:
Jacques Stein

Musik:
Günther Fischer

Darsteller:
Gunter Berger
Cora Näter
Mark Näter
Monika Ogorek
Peter Roggisch

Der steinerne Fluß

Farbfilm

Herstellungsland und -jahr: Bundesrepublik Deutschland 1982
Hersteller: Regina Ziegler Filmproduktion, in Zusammenarbeit mit Sender Freies Berlin, Berlin
Verleiher: Nickelodeon Filmverleih, Berlin
Bj 1984 w FSK: 6 J., ffr. Länge: 2490 m – 91 min

Inhaltsangabe:
Im Mittelpunkt dieses Films, der sich mit der Umweltzerstörung durch Großbauten (hier: Autobahn) befaßt, stehen zwei Kinder, ihre Entdeckung der Umwelt, ihre Beziehung zu einem Zauberer und ihren Eltern.

Im ganzen gesehen stellt der Film eine naive Protestaktion gegen das Zerstören des Waldes dar, in der selbst eine am Schluß eingefügte Demonstration sich in einer pantomimischen Ballett-Szene auflöst. Dadurch wird das idyllische Moment, das weithin zu spüren ist, nochmals unterstrichen. Trotzdem verschließt sich der Film nicht vor der Wirklichkeit; er überschätzt die Möglichkeiten einzelner oder kleiner Gruppen, die Planung zu beeinflussen nicht und läßt die Vertreter der gegenteiligen Meinungen auch nicht mit Gewalt aufeinanderstoßen. Das unterscheidet ihn von einem Agitationsfilm. Diese unterschiedlichen Aspekte gehen jedoch nicht immer nahtlos ineinander über. Manche Episoden sind unglaubwürdig und hart an der Grenze der Sentimentalität. Die Darsteller der beiden Kinder sind sehr gut geführt und in ihrer Aktion jederzeit locker und glaubhaft, was man von den anderen Darstellern, mit Ausnahme des alten Zauberkünstlers, nur mit Einschränkung sagen kann.

Drehbuch und lit. Vorlage:
Leonie Ossowski

Regie:
Ottokar Runze

Kamera:
Michael Epp

Musik:
Hans-Martin Majewski

Darsteller:
Hieronymus Blösser
Uwe Drissler
Martin Fuchs
Manfred Gliewe
Andreas Mameder

Stern ohne Himmel

Farbfilm

Herstellungsland und -jahr: Bundesrepublik Deutschland 1980

Hersteller: Ottokar Runze Filmproduktion, Berlin

Verleiher: –

Bj 1980 w FSK: 6 J., ffr. Länge: 2318 m – 85 min

Inhaltsangabe:
Kurz vor Ende des Zweiten Weltkriegs entdecken vier Jugendliche in ihrem geheimen Lebensmittelversteck einen aus dem KZ geflohenen Judenjungen und verstecken ihn – bei Gefahr des eigenen Lebens (1).

Der Hauptausschuß bewertet den Film als Abenteuerfilm, bei dem die politische Situation – April 1945 in der Mark Brandenburg – bis in die Charakterzeichnung und die Handlung durchschlägt. Sowohl der Strom der anonymen Flüchtlinge als auch die Figuren der Erwachsenen werden sowohl vom Buch als auch von der Regie weitgehend im Hintergrund gehalten, damit sich das Interesse des Zuschauers um so mehr auf die im Mittelpunkt stehenden Jugendlichen richten kann. Die letzten Tage des Krieges sind so gezeichnet, daß die jungen Akteure in dieser Atmosphäre immer glaubhaft wirken.

Drehbuch und Regie:
Erwin Stranka

Kamera:
Lothar Gerber

Musik:
Uwe Schikora

Darsteller:
Angela Brunner
Rolf Hoppe
Stefan Lisewski
Klaus Peter Thiele
Monika Wolf

Susanne und der Zauberring

Farbfilm

Herstellungsland und -jahr: DDR 1973
Hersteller: DEFA-Studio für Spielfilme, Potsdam
Verleiher: AV-Film, Neufahrn
Bj 1974 w FSK: 6 J., ffr. Länge: 760 m (16 mm) – 69 min

Inhaltsangabe:
Ein Mädchen, das überall Schwierigkeiten hat, in der Schule, mit den Eltern und den Kameraden, lernt durch einen angeblichen Zauberring ihres einzigen Freundes, eines Schleusenkapitäns, sich bewußter mit ihrer Umwelt auseinanderzusetzen (1).

Man könnte den Film als Märchen bezeichnen, bei dem nur ein einziges Requisit sichtbar wird, der Wunschring. Der pädagogische Effekt mag darin liegen, daß der Film zeigt, wie sehr das Gewünschte von der naiven Vorstellungswelt der Kinder abhängt. Es wird auf diese Weise als Motiv des reinen Märchens in Frage gestellt und paßt sich aktuellen rationalen Tendenzen an. Daß dies auf eine liebenswürdige, anspruchslose Weise und darüber hinaus in der reizenden Unbefangenheit der Kinder geschieht, wird dem Film als Vorteil angerechnet.

Drehbuch:
Erdman Penner
Joe Rinaldi
Ralph Wright
Don Da Gradi

Regie:
Hamilton Luske
Clyde Geronimi
Wilfried Jackson

Lit. Vorlage:
Ward Greene

Musik:
Oliver Wallace

Susi und Strolch

LADY AND THE TRAMP

Zeichentrickfarbfilm

Herstellungsland und -jahr: USA 1955

Hersteller: Walt Disney Productions, Burbank, Calif.

Verleiher: Warner Bros. Film, München

Bj 1955 w FSK: 6 J., nffr. Länge: 2071 m – 75 min

Inhaltsangabe:
Eine verwöhnte Cockerdame verliebt sich in einen sympathischen Straßenköter. Gefühl- und humorvolle Hundeabenteuer in einem Zeichentrickfilm Walt Disneys, der den Tieren rein menschliche Eigenschaften und Reaktionen unterstellt (1).

Der Film ist mehr als eine Hundegeschichte, er ist eine märchenhafte und symbolische Erzählung vom Leben der Hunde untereinander, ihren Temperamenten, ihrer Treue, ihrem Verhältnis zu anderen Tieren (z.B. den Katzen) und zum Menschen. Was Disney in diesem Film erzählt, ist aber ebenso gut eine Lehre vom Verhalten des Menschen zu den Tieren und der Menschen untereinander.

Die Perfektion dieses Zeichentrickfilms ist ausgezeichnet, die künstlerische Form ebenfalls, Fotografie und Bauten sind mit viel Liebe und Sorgfalt gut gemacht. Die Illusion der Wirklichkeit ist sehr stark.

Drehbuch und Regie:
Haro Senft

Kamera:
Kurt Lorenz

Musik:
Richard W. Palmer-James

Darsteller:
Will Danin
Nikolaus Holzhauser
Herbert Kreil
Marcel Maillard
Matthias Obereisenbucher

Ein Tag mit dem Wind

Farbfilm

Herstellungsland und -jahr: Bundesrepublik Deutschland 1978
Hersteller: Haro Senft Filmproduktion, München
Verleiher: Prokino Vertriebs- und Produktionsgesellschaft, München
Bj 1979 bw FSK: 6 J., ffr. Länge: 2577 m – 94 min

Inhaltsangabe:
Marcel, acht Jahre alt, will seinem einsamen Kaninchen ein Weibchen beschaffen. Auf der Suche danach verläßt er die Stadt und wird in einem Waldhaus freundlich von einer Wohngemeinschaft aufgenommen, die ihm behilflich ist (1).

Die Geschichte ist der äußere Rahmen für die genaue Beschreibung von Situationen und Verhaltensweisen, mit denen den Gegebenheiten und Erscheinungsformen unserer modernen Großstadtzivilisation und -kultur eine Gegenwelt entgegengesetzt wird. Sie ist gekennzeichnet durch spontanes menschliches Miteinander und Akzeptieren, durch scheinbar sinn- und zwecklose Verhaltensweisen, die nur so zum Spaß realisiert werden, und durch die ursprüngliche Schönheit der Natur. Daß sich der Filmemacher beim Entwurf dieser Gegenwelt der für Märchen charakteristischen Technik der Vereinfachung bedient, ist nach Auffassung des Hauptausschusses ein der Grundidee angemessenes Stilmittel. Besonders bemerkenswert ist, daß sich die kritische Botschaft des Films ganz selbstverständlich unter Verzicht auf jede formale Effekthascherei aus der visuellen Erfahrung der Bilder ergibt. In der genauen Beobachtung der Dinge durch die Kamera und in dem ruhigen Bildrhythmus liegt der Vorzug des Films.

Drehbuch:
Jan Zabrana

Regie:
Radim Cvrček

Kamera:
Karel Kopecký

Musik:
Harry Macourek

Darsteller:
Dagmar Pazderková
Ivo Strangmüller
Ládă Zatka

Tanja und die zwei Pistolenmänner

TANJA A DVA PISTOLNÍCI

Herstellungsland und -jahr: ČSSR 1967

Hersteller: Krátký film, Praha/Filmové studio, Gottwaldov

Verleiher: AV-Film, Neufahrn

Bj 1970 w FSK: 6 J., ffr. Länge: 694 m (16 mm) – 63 min

Inhaltsangabe:
Zwei Jungen, die sich Musketiere nennen, bringen ein bei einem unplanmäßigen Halt auf freier Strecke aus dem Schnellzug gestiegenes Mädchen zu ihren Eltern zurück (1).

Gerade in der Harmlosigkeit des Films liegt sein Wert. Man hat nicht versucht, eine aufregend spannende Geschichte aufzubauschen, sondern bei guter psychologischer Führung der Kinder eine nette, abwechslungsreiche Story erzählt, die keinen Anspruch darauf erhebt, allzu glaubwürdig zu sein.

Der Film besticht durch die gute Kameraarbeit und Führung der Kinder, die durchweg unbefangen wirken. Das gilt weitgehend auch für die Erwachsenen, die mit schöner Arglosigkeit am Spiel teilnehmen.

Drehbuch:
David Jonas
Vance Gerry
Ted Berman
Richard Rich
Al Wilson
Roy Morita
Peter Young
Art Stevens
Joe Hale

Regie:
Ted Berman
Richard Rich

Lit. Vorlage:
Lloyd Alexander

Musik:
Elmer Bernstein

Taran und der Zauberkessel

THE BLACK CAULDRON

Scope-Zeichentrickfarbfilm

Herstellungsland und -jahr: USA 1985

Hersteller: Walt Disney Productions, Burbank, Calif.

Verleiher: Warner Bros. Film, München

Bj 1985 w FSK: 6 J., ffr. Länge: 2189 m – 80 min

Inhaltsangabe:
Auf der Suche nach dem geheimnisvollen Zauberkessel müssen Taran, die Prinzessin und ihre Freunde zahlreiche gefährliche Abenteuer bestehen und die Mächte der Finsternis und des Bösen bezwingen.

Ein Fantasy-Film, abenteuerlich und handlungsreich, der nicht nur Märchenmotive benutzt, sondern auch die Grundstruktur des Märchens beibehält. Dadurch aber, daß es sich hier um einen in seiner Farbigkeit dem Thema angemessenen Zeichentrickfilm handelt, wird das Irreale des Geschehens stärker bewußt als in einem Film, der in der Realität spielt. Trotz der auf diese Weise erreichten Verfremdung ist die Möglichkeit der Identifikation mit dem positiven Helden gegeben, und es bleibt auch genügend Raum, der eigenen Fantasie noch zusätzlich freien Lauf zu lassen. Neu für die Disney-Produktion ist in diesem Film die Darstellungsweise des Hintergrundes, vor dem die Handlung spielt.
Die an Effekten reiche Handlung wird, als Ganzes betrachtet, dramaturgisch geschickt entwickelt.

Drehbuch:
Hella Mora

Regie:
Hans F. Wilhelm

Lit. Vorlage:
Gebrüder Grimm

Kamera:
Heino König

Musik:
Ernst Brandner

Darsteller:
Hans Cossy
Alexander Golling
Milan von Kamare
Viktoria Naelin
Peter Schreiber

Der Teufel mit den drei goldenen Haaren

Farbfilm

Herstellungsland und -jahr: Bundesrepublik Deutschland 1955

Hersteller: Domo-Film, München

Verleiher: –

Bj 1955 w FSK: 6 J., ffr. Länge: 2339 m – 85 min

Inhaltsangabe:
Einem Glückskind wird bei seiner Geburt prophezeit, daß es die Prinzessin heiraten wird. Um dies zu verhindern, trachtet der Ratgeber des Königs dem Kind mehrfach nach dem Leben. Da alle Anschläge mißlingen, wird der Junge zum Teufel geschickt, um ihm drei goldene Haare aus dem Bart zu ziehen (2).

Der Ausschuß ist der Auffassung, daß es trotz einiger Mängel des Drehbuches und einer nicht immer voll überzeugenden schauspielerischen Besetzung gelungen ist, das Grimmsche Märchen märchen- und jugendgemäß zur Darstellung zu bringen.

Drehbuch und Regie:
Gleb Nifontow

Kamera:
G. Cholny

Musik:
A. Loschkin
A. Sewostjanow

Darsteller:
K. Albanow
R. Muratow
K. Nemoljajew
L. Sawkin
B. Sitko

Tierfang in der Taiga

UKROTIL ZWEREI

Farbfilm

Herstellungsland und -jahr: UdSSR 1958

Hersteller: Mosnautschfilm, Moskau

Verleiher: –

Bj 1958 w FSK: 12 J., ffr. Länge: 2241 m – 83 min

Inhaltsangabe:
Ein Student der Zoologie praktiziert in der Taiga und wird, nach anfänglichen Schwierigkeiten, durch verdoppelten Berufseifer zum tüchtigen Tierfänger (1).

Der Film zeichnet sich durch sehr schöne Naturaufnahmen aus und durch einige nicht alltägliche Tierszenen. Einiges läßt eine Spur zu sehr die gestellte Szenerie merken, aber das fällt wohl nur Erwachsenen auf. Im ganzen ist der Film abwechslungsreich und voller Spannung.

Drehbuch und Regie:
Hergé

Kamera:
François Leonard

Musik:
François Rauder

Tim und Struppi im Sonnentempel

TIN TIN ET LE TEMPLE DU SOLEIL

Zeichentrickfarbfilm

Herstellungsland und -jahr: Frankreich/Belgien 1969

Hersteller: Dargaud S. A., Neuilly/Raymond Leblanc, Brüssel

Verleiher: Atlas Film + AV, Duisburg

Bj 1970 w FSK: 6 J., ffr. Länge: 2183 m – 79 min

Inhaltsangabe:
Zeichentrickfilm nach der Comic-strip-Serie von Hergé: Tim, sein Hund Struppi und ihr Freund, ein ewig fluchender alter Kapitän, im Kampf mit den Entführern eines Wissenschaftlers im Urwald von Peru (1).

Der Film steckt voller Einfälle, seine Spannung hält bis zum Schluß durch. Die Zeichnungen sind durchweg amüsant und für kindliche Gemüter überzeugend typisiert. Beachtung verdienen die Trickzeichnungen vor allem bei den Massenauftritten während des Festes in dem Dorf, aber auch die Aufnahmen im Inka-Tempel mit dem großen Festaufzug zur Hinrichtung. Das sind schon rein technisch bemerkenswerte Leistungen. Gern hätte man die beiden sentimentalen Gesangseinlagen entbehrt, wie denn die Musik überhaupt dem Film nicht recht angemessen erscheint.

Drehbuch:
Konrad Lustig

Regie:
Jürgen von Alten

Lit. Vorlage:
Gebr. Grimm

Kamera:
Wolfgang Schwan

Musik:
Carl Stueber

Darsteller:
Rolf Bollmann
Helmut Lieber
Alfons Teuber
Bobby Todd
Fritz Wepper

Tischlein deck dich

Farbfilm

Herstellungsland und -jahr: Bundesrepublik Deutschland 1956

Hersteller: Schongerfilm Hubert Schonger, Inning/Ammersee

Verleiher: Jugendfilm-Verleih, Berlin

Bj 1956 w FSK: 6 J., ffr. Länge: 2101 m – 77 min

Inhaltsangabe:
Ein törichter Schneider liebt seine sprechende Ziege mehr als seine drei Jungen, die er aus dem Haus jagt. Ein guter Geist wird zum Lehrherrn und Wohltäter der Brüder. Als Belohnung für ihren Fleiß erhalten die Brüder ein Tischlein, einen Esel und einen Knüppel (2).

Insbesondere ist hervorzuheben, daß der Film auf jedes ausschmückende Beiwerk und vor allem auf die in Märchenfilmen häufig anzutreffende Outrierung völlig verzichtet. Er wählt in Bild und Text den Stil der schlichten Erzählung. Insbesondere wirken die Hauptfiguren, der Schneider und seine drei Söhne einerseits natürlich, andererseits aber auch durchaus dem Märchen entsprechend. Durch eine straffe Regieführung bleibt die Erzählung in Fluß und läßt so ganz von selbst die „Moral“ der Geschichte hervortreten.

Regie:
Kon Ichikawa

Musik:
Toshiro Mayuzumi

Tokio 1964

TOKYO OLYMPIAD

Scope-Farbfilm

Herstellungsland und -jahr: Japan 1964

Hersteller: The Organizing Committee for the Games of the XVIII Olympiad, Tokio

Verleiher: Deutsche Olympische Gesellschaft, Frankfurt (Main)

Bj 1965 bw FSK: 6 J., ffr. Länge: 2370 m – 87 min

Inhaltsangabe:
Künstlerisch anspruchsvolle Dokumentation über die Olympiade in Tokio (1964).

Die dramaturgische Gliederung, die Regie, die Kameraarbeit und vor allem auch der Schnitt sind so hervorragend, daß es sich eigentlich erübrigt, auf einzelne Vorzüge dieses Films einzugehen. Durch die straffe Beschränkung auf nur einzelne sportliche Ereignisse konnte der Film umso eher den Geist der Olympiade sichtbar machen. Man begnügte sich also nicht mit der bloßen Dokumentation, sondern erfaßte mit den Mitteln einer künstlerischen Regie und Komposition das eigentliche Wesen der olympischen Spiele, die doch weit mehr sind als eine bloße Aneinanderreihung sportlicher Sensationen. Das wird durch diesen Film beispielhaft spürbar.

Drehbuch:
Bill Walsh
Don Da Gradi

Regie:
Robert Stevenson

Kamera:
Edward Colman

Musik:
George Bruns

Darsteller:
Joe Flynn
Buddy Hackett
Dean Jones
Michele Lee
David Tomlinson

Ein toller Käfer

THE LOVE BUG

Farbfilm

Herstellungsland und -jahr: USA 1968

Hersteller: Walt Disney Productions, Burbank, Calif.

Verleiher: Twentieth Century Fox, Frankfurt (Main)

Bj 1969 w FSK: 6 J., ffr. Länge: 1176 m (16 mm) – 98 min

Inhaltsangabe:
Für einen jungen amerikanischen Rennfahrer beginnt das Pech, als er den ihm „zugelaufenen" glückbringenden Volkswagen verkaufen will. Gagreiche Komödie aus der familienfreundlichen Walt-Disney-Werkstatt (1).

Der Film bringt Technik, in diesem Fall ein Auto, in einen ganz und gar märchenhaften Bereich. Die sehr simple Geschichte von einem VW als Wunderauto ist sehr hübsch durchgeführt. Technisch ist alles perfekt gemacht. Besonders hinweisen kann man auf die Trickaufnahmen. Trotz einiger Längen und Wiederholungen bietet der Film Spannung und Unterhaltung.

Drehbuch:
Bill Walsh
Don Da Gradi

Regie:
Robert Stevenson

Lit. Vorlage:
Mary Norton

Kamera:
Frank Phillips

Musik:
Richard M.
und
Robert B. Sherman

Darsteller:
Angela Lansbury
Roddy McDowall
Cindy O'Callaghan
Roy Smart
David Tomlinson

Die tollkühne Hexe in ihrem fliegenden Bett

BEDKNOBS AND BROMMSTICKS

Farbfilm

Herstellungsland und -jahr: USA 1972

Hersteller: Walt Disney Productions, Burbank, Calif.

Verleiher: –

Bj 1973 w FSK: 6 J., nffr. Länge: 2848 m – 104 min

Inhaltsangabe:
Aus der Fantasy-Geschichte von der Reise der Miß Price und dreier Kinder in die Vergangenheit wurde eine englische Hexenstory.

. . . obwohl eine Reihe von Mängeln nicht zu übersehen ist, so vor allem die gegen Schluß nicht nur reichlich naiv, sondern primitiv aufgelöste Story und die allzu große Unbekümmertheit, mit der die unterschiedlichen Gestaltungselemente verwendet werden. Andererseits ist nicht zu leugnen, daß bei der Beurteilung gerade eines solchen modernen Märchens die amerikanische Mentalität mit berücksichtigt werden muß. Nicht zu verkennen ist die technische Leistung, insbesondere die Trickaufnahmen (die Schlacht des Geisterheeres) und deren Verbindung mit den Realaufnahmen gehen über das Maß des Durchschnittlichen hinaus.

Drehbuch:
Sheldon Moldoff

Regie:
Eric Porter

Kamera:
Joe Dulgonicsu
John Cummings

Musik:
Joel Herron

Die tollkühnen Abenteuer des Marco Polo jr.

MARCO POLO JR.

Zeichentrickfarbfilm

Herstellungsland und -jahr: Australien 1973

Hersteller: Eric Porter Productions, Sidney

Verleiher: –

Bj 1974 w FSK: 6 J., ffr. Länge: 2222 m – 81 min

Inhaltsangabe:

Abenteuer des 49. Nachkommen des Marco Polo im Reich des Kublai Khan.

Die Einwände betreffen vor allem die zeichnerisch und im Bewegungsrhythmus unbeholfene Bildfigur, die den märchenhaften Charakter des Films weithin reduziert. Immerhin bleibt auch von der Situation, von der Handlung her so viel fantastische Abenteuerlichkeit übrig, daß der Film als märchenhaftes Gebilde noch Geltung hat. Der Böse, der rote Drache erscheint dem Ausschuß allzu überzeichnet, dagegen präsentieren sich der Junge und die Prinzessin im Umriß eines simplen Naturalismus, der die Qualität des Films ziemlich niedrig ansetzt.

Drehbuch:
František Pavlicek
Vera Plivová-Simková

Regie:
Vera Plivová-Simková

Kamera:
Vladimir Škalský

Musik:
Zděnek Liška

Darsteller:
Ludvik Kroner
Jozef Masnicak
Ždena Šmrcková
Jiřina Solcová

Tony, du bist verrückt

TONY, TOBE PRESKOCILO

Herstellungsland und -jahr: ČSSR 1968

Hersteller: Filmové studio Barrandov, Prag

Verleiher: –

Bj 1973 w FSK: 6 J., ffr. Länge: 2528 m – 92 min

Inhaltsangabe:
Die Geschichte eines Bauern, der nacheinander vier Kinder aus einem Heim aufnimmt, sich mit ihnen zusammenrauft und schließlich aus Überzeugung dafür kämpft, daß er sie behalten darf (1).

Das Prädikat ist gedacht für einen Kinder- und Jugendfilm, der Lebensverhältnisse durch einen liebenswürdigen Realismus sichtbar macht. Was man sonst etwas ungenau als Lausbubenstreiche bezeichnet, ist hier in eine freundliche Spielform getragen, die eine erstaunlich realistische Fotografie glaubwürdig macht. So hat dieser Film auch formale Qualität: das Ungestellte, Spontane, ganz der kindlichen Mentalität Entsprechende.

Drehbuch:
Martin Bekerley

Regie:
Andrew Marton

Lit. Vorlage:
Eric Knight

Kamera:
Harold Lipstein

Musik:
Ruldolph G. Kopp

Darsteller:
Ward Bond
Donna Corcoran
Frances Dee
Larry Keating
Lee van Cleef

Treue

GYPSY COLT

Farbfilm

Herstellungsland und -jahr: USA 1954

Hersteller: Metro-Goldwyn-Mayer Films, Hollywood, Calif.

Verleiher: United International Pictures, Frankfurt (Main)

Bj 1954 w FSK: 6 J., ffr. Länge: 784 m (16 mm) – 70 min

Inhaltsangabe:
Die Freundschaft zwischen einer kleinen Farmerstochter und einem Rappenhengst, der nach einem durch Dürre verursachten Notverkauf an einen Rennstall immer wieder in die südwestliche Heimat zurücktrabt, bis er endgültig bleiben darf (1).

Der Film, der in einer eindrucksvollen Weise die Liebe des Menschen zum Tier und auf der anderen Seite gewissermaßen als Antwort die Treue des Tieres zum Menschen zeigt, erscheint in wesentlichen Teilen, d. h. in der Handlung, im Spiel, in der Regie, in der Fotografie überdurchschnittlich. Zu bemängeln ist die Einblendung der typisch auf Effekt abgestellten Szenen (Barszenen, Motorradjagd hinter dem Pferd und eine in manchem klischeehafte Story- und Milieuzeichnung), die den Wert des Filmes mindern.

Drehbuch:
Wolfgang Petersen
Herman Weigel

Regie:
Wolfgang Petersen

Lit. Vorlage:
Michael Ende

Kamera:
Brian Johnson

Musik:
Klaus Doldinger

Darsteller:
Moses Gunn
Noah Hathaway
Thomas Hill
Barret Oliver
Tami Stronach

Die unendliche Geschichte

Scope-Farbfilm

Herstellungsland und -jahr: Bundesrepublik Deutschland 1984
Hersteller: Neue Constantin Film Produktion GmbH, München, in Zusammenarbeit mit Bavaria Atelier GmbH, Geiselgasteig
Verleiher: Neue Constantin Film, München
Bj 1984 bw FSK: 6 J., ffr. Länge: 2711 m – 99 min

Inhaltsangabe:
Beim Lesen eines Buches erlebt ein Junge die geheimnisvolle Geschichte des gleichaltrigen Atreyu, der ein Märchenland und seine fantastischen Fabelwesen vor dem drohenden Untergang zu retten versucht.

Daß in der ereignisreichen, aber märchenhaft immer überschaubaren Handlungsentwicklung entwicklungs-psychologische Momente (der Freundschaft und des Verlustes, der Hilfe und des Unerklärbaren, der Selbstüberwindung und der Selbsterkenntnis) genauso wie rezeptionspsychologische Mechanismen berücksichtigt sind (wie die Hauptgestalt wird auch der Betrachter immer stärker durch Kamera, Montage und Dialog in das Geschehen eingezogen), intensiviert die Bedeutung und Wirkung dieses Films. Seine Trickgestalten und trickreich realisierten Ereignisse werden nicht selbstzweckhaft präsentiert, sondern der Film verwirklicht in Ausstattung, Besetzung, Schauspielerführung, Drehbuch, Tongestaltung, Kamera, Montage zielgerecht seine Intention der unterhaltsamen Bedeutsamkeit, wenn auch nicht immer in gleicher Intensität, so insgesamt doch durchgehend.

Drehbuch:
Karin Howard

Regie:
George Miller

Lit. Vorlage:
Michael Ende

Kamera:
Dave Connell

Musik:
Robert Folk

Darsteller:
Jonathan Brandis
Clarissa Burt
Alexandra Johnes
Kenny Morrison
Martin Umbach

Die unendliche Geschichte II
Auf der Suche nach Phantásien

Farbfilm

Herstellungsland und -jahr: Bundesrepublik Deutschland/USA 1990

Hersteller: The Neverending Story Film/Dieter Geissler Filmproduktion/Scriba und Deyhle, München/Warner Bros, New York

Verleiher: Warner Bros. Film, München

Bj 1990 w FSK: 6 J., ffr. Länge: 2456 m – 90 min

Inhaltsangabe:
Der Irdensohn Bastian und sein indianischer Freund müssen bei ihrem erneuten Versuch, die kindliche Kaiserin und das Land Phantásien zu retten, wobei sie vor allem mit der Herrscherin der Leere zu kämpfen haben, viele Abenteuer bestehen.

Insgesamt ist der Film nachhaltig an einer mitvollziehbaren Handlung und Motivation interessiert, so daß die märchenhaften Handlungselemente nicht unvermittelt nebeneinander stehen, sondern sich schlüssig zu einem Ganzen fügen. Daß dabei die in der ersten Verfilmung verwendeten, für sie teilweise entwickelten Trickelemente (und Figuren) nun gelegentlich wieder auftauchen, ist wirtschaftlich verständlich, sichert aber vor allem einen gewissen Effekt der Wiedersehens-Freude, der die Elemente der Fantasie und Märchenhaftigkeit insgesamt nicht zu kurz kommen läßt und bei aller Selbständigkeit der neuen Verfilmung auf die frühere Darstellung verweist.

Drehbuch:
James Algar

Regie:
Fletcher Markle

Lit. Vorlage:
Sheila Brunford

Kamera:
Kenneth Peach

Musik:
Oliver Wallace

Darsteller:
John Dranie
Emile Genest
Sandra Scott

Die unglaubliche Reise

THE INCREDIBLE JOURNEY

Farbfilm

Herstellungsland und -jahr: USA 1963

Hersteller: Walt Disney Productions, Burbank, Calif.

Verleiher: Twentieth Century Fox, Frankfurt (Main) (16 mm)

Bj 1965 w FSK: 6 J., ffr. Länge: 2164 m – 89 min

Inhaltsangabe:
Die Erlebnisse zweier Hunde und eines Katers auf dem 500 Kilometer langen Weg von einem Pflegehaus zu ihrem alten Heim quer durch die kanadischen Wälder (1).

So kann man diesen Film als eine wortwörtlich „unglaubliche" Geschichte akzeptieren. Sie ist sauber inszeniert und fotografiert und auch gut in die menschlichen Beziehungen zu den Tieren eingefügt. Es gibt auf der langen Wanderung der Tiere Abenteuer genug. Eben dies ist dem Drehbuch und der Regie hoch anzurechnen, da ja eine sehr weite Strecke der zurückwandernden Tiere zu überwinden war. Die Abenteuer wirken nirgends aufgesetzt oder gar effektvoll. Sie bringen neue Begegnungen mit anderen Tieren und geben auch einen Einblick in die Lebensverhältnisse der verstreut wohnenden Menschen in jener kanadischen Landschaft.

Drehbuch und
Regie:
Jim Abrahams
David u. Jerry Zucker

Kamera:
Joseph Biroc

Musik:
Elmer Bernstein

Darsteller:
Lloy Bridges
Julie Hagerty
Robert Hays
Lorna Patterson
Robert Stack

Die unglaubliche Reise in einem verrückten Flugzeug

AIRPLANE/FLYIN' HIGH

Scope-Farbfilm

Herstellungsland und -jahr: USA 1980

Hersteller: Howard W. Kock Productions

Verleiher: United International Pictures, Frankfurt (Main)

Bj 1980 w FSK: 12 J., ffr. Länge: 2402 m – 88 min

Inhaltsangabe:
Ehemaliger Vietnampilot landet eine Verkehrsmaschine, nachdem die Besatzung einer Vergiftung zum Opfer gefallen ist (1).

Auf unterhaltsame Weise und mit einem im Grunde simplen Handlung-Spannungsklischee parodiert der Film eine ganze Reihe gängiger Katastrophen- und Kriegsfilme, Horror- und Science-fiction-Filme, eine bestimmte Form von Western und andere Formen des amerikanischen Trivialkinos. Zugleich artikuliert er Motive aus Filmen, in den das Verhältnis Erwachsener zu Kindern rührselig ausgebreitet wird. So entsteht ein sehr breites Spektrum von Formen, Situationen und Gestalttypen, die gleichsam zitiert werden und dadurch als Parodie wirken, weil sie auf unerwartete Weise in einen ganz anderen Kontext gestellt werden.

Drehbuch:
Flemming-Lynge

Regie:
Astrid und
Bjarne Henning-Jensen

Lit. Vorlage:
Estrid Ott

Kamera:
Paul Gram
Anneliese Reenberg

Darsteller:
Hjalmar Bendtsen
Sigrid Horn-Rasmussen
Tove Maas
Preben Neergard
Henry Nielsen

Verflixte Rangen

DE POKKERS UNGER

Herstellungsland und -jahr: Dänemark 1947

Hersteller: Nordisk Films Kompagni, Kopenhagen

Bj 1956 w FSK: 6 J., ffr. Länge: 2553 m – 90 min

Inhaltsangabe:
Der neue Hauswart einer Kopenhagener Mietskaserne gewinnt durch den Abbau unnötiger Verbote und dank sinnvoller Freizeitbeschäftigung das Vertrauen der durch seinen verhaßten Vorgänger aufsässig gestimmten Kinder. Als er unter Diebstahlsverdacht im Gefängnis landet, setzen sich die Kinder für ihn ein und übergeben die wirklichen Diebe der Polizei (1).

Die Prädikatisierung wird begründet mit der jugendgemäßen Gradlinigkeit der Handlung, der überzeugenden Fabel und Dramaturgie des Buches und der guten Darstellung der Kinder. Besonders bestechend ist die Milieuechtheit, die klare Charakterisierung der Personen und der ethische Wert der Fabel, der ohne falsche Idealisierung und spürbare Lehrhaftigkeit vorgetragen ist.

Drehbuch und Regie:
Rudolf Zehetgruber

Kamera:
Rüdiger Meichsner

Musik:
Gerhard Heinz

Darsteller:
Sal Borghese
Walter Giller
Evelyne Kraft
Robert Mark
Kathrin Oginski

Das verrückteste Auto der Welt

Farbfilm mit Trickteilen

Herstellungsland und -jahr: Bundesrepublik Deutschland 1974

Hersteller: Barbara Film, München

Verleiher: Krauskopf Clubfilm, Neusäß

Bj 1975 w FSK: 6 J., nffr. Länge: 1022 m (16 mm) – 93 min

Inhaltsangabe:
Fortsetzung der Serie um das Wunderauto Dudu, das durch seine Eigenwilligkeit diesmal zwei Nonnen zum Sieg in einer Rallye verhilft. Wenn die Finessen des VW-Käfers demonstriert werden, ist der Film auf jeden Fall lustiger als bei der Schilderung tückisch herbeigeführter Massenkarambolagen (1).

Dieser Film ist eine Klamotte, in der die Absurdität des Requisits und die von der Technik abhängende Situationskomik entscheidende Rollen spielen. Es stellt sich die Frage, wieweit solche Absurdität hinzunehmen ist. Dies scheint nur möglich in der Perspektive auf Jugendliche, die sich an der grotesken Situation und nicht an einer vorstellbaren Logik der Handlung orientieren.

Drehbuch:
Mayo Simon

Regie:
John Sturges

Lit. Vorlage:
Martin Caidin

Kamera:
Daniel L. Fapp

Darsteller:
Richard Crenna
James Franciscus
Gene Hackman
David Jansen
Gregory Peck

Verschollen im Weltraum

MAROONED

Scope-Farbfilm

Herstellungsland und -jahr: USA 1969

Hersteller: Frankovich Productions, Inc., Los Angeles, Calif.

Verleiher: –

Bj 1970 w FSK: 12 J., ffr. Länge: 3640 m – 133 min

Inhaltsangabe:
Chefpilot, der allein ins All startet, versucht eine Rettungsaktion für amerikanische Astronauten, denen beim Rückflug die Zündung des Raumschiffs versagte (1).

Die Raumstation und der Weltraumgleiter befinden sich in der Planung. Insofern hat der Drehbuchautor also nur vorhandene technische Ideen raffiniert in die Wirklichekit umgesetzt. Das gibt dem Film ein kühles wissenschaftliches Flair, wie denn die Regie sich überhaupt durch sachliche Nüchternheit auszeichnet. Der Film wirkt ausgesprochen männlich und hat eine sich ständig steigernde Spannung, die aber nicht durch spektakuläre Effekte erzeugt wird, sondern sich aus der Anlage der Fabel ergibt. Sehr bemerkenswert sind die Tricks und die Bauten sowie die Kameraarbeit.

Drehbuch und lit. Vorlage:
John Steinbeck

Regie:
Elia Kazan

Kamera:
Joe McDonald

Musik:
Alex North

Darsteller:
Marlon Brando
Mildred Dunnock
Jean Peters
Anthony Quinn
Frank Silvera

Viva Zapata!

VIVA ZAPATA!

Herstellungsland und -jahr: USA 1951

Hersteller: Twentieth Century Fox Film Corporation, New York

Verleiher: Twentieth Century-Fox, Frankfurt (Main)

Bj 1966 bw FSK: 12 J., ffr. Länge: 2852 m – 113 min

Inhaltsangabe:
Der Aufstieg des mexikanischen Volkshelden Emiliano Zapata vom revolutionären Bauern zum Präsidenten der Republik – und seine Ermordung im Jahre 1911 (1).

Der Film hat das höchste Prädikat schon deswegen verdient, weil er in allen Elementen rein filmisch durchgestaltet wurde. Das war allerdings nur möglich bei einem so vorzüglichen Drehbuch, das einen Abschnitt aus der Geschichte Mexikos in lebendige Menschengestalten umzusetzen vermochte. Dabei hält das Drehbuch sich sehr genau an die historischen Vorgänge, hat aber diese Vorgänge in den einzelnen Gestalten hervorragend psychologisch unterbaut. Deshalb wirkt dieser Film auch nirgends wie ein historischer Film nach der üblichen Machart. Seine Unmittelbarkeit in der menschlichen Reaktion verdankt er zweifellos dem außergewöhnlich sorgfältigen und dramatisch so temperamentvoll disponierten Drehbuch.

Drehbuch:
Rudolf Lorenzen

Regie:
Manfred Durniok

Kamera:
Herbert Schramm
Reimar Fiedler
Ulrich Meier

Musik:
Eberhard Schoener

Sprecher:
Wilhelm Borchert
Renate Küster
Liselotte Rau
Rolf Schult
Robert Seibert

Von Tibet nach Shanghai

Farbfilm

Herstellungsland und -jahr: Bundesrepublik Deutschland 1980
Hersteller: BTS Berlin Television System, Berlin
Verleiher: –
Bj 1981 w FSK: 6 J., ffr. Länge: 2638 m – 96 min

Inhaltsangabe:
Eine Reise von Tibet nach Shanghai.

Der Bewertungsausschuß honorierte in erster Linie die Tatsache, daß mit diesem Film erstmals eine Fülle von optischem Anschauungsmaterial über einen ausgedehnten Gebietsteil der sonst kaum zugänglichen Volksrepublik China vorgelegt wird, ergänzt durch historisches Filmmaterial aus den 20er, 30er, 50er Jahren. Dies alles hat dokumentarischen Wert, wird aber in der eher konventionellen Form eines „impressionistischen" Kuturfilms dargeboten: verfilmte Eindrücke einer Reise auf dem Jangtsekiang von der Quelle in Tibet bis nach Shanghai.

Drehbuch:
Peter Madsen
Henning Kure
Hans Rancke Madsen
Per Vadmand
Soren Hakansson

Regie:
Peter Madsen

Musik:
Ron Goodwin
Bent Hesselmann
Jussi Olsen
Borge Ring

Walhalla

VALHALLA

Zeichentrickfarbfilm

Herstellungsland und -jahr: Dänemark 1986

Hersteller: Swan Film Production, Kopenhagen

Verleiher: Filmwelt Filmverleih, München

Bj 1987 w FSK: 6 J., ffr. Länge: 2122 m – 78 min

Inhaltsangabe:
Ein sich an der nordischen Mythen- und Götterwelt orientierender Zeichentrickfilm, in dem zwei Menschenkinder vor nahezu unlösbare Probleme gestellt werden.

Ein Verschnaufen zwischen den Abenteuern wird dem Zuschauer kaum gestattet, die Hektik des fantasievollen Spiels entläßt ihn für keinen Augenblick. Demgegenüber beeindruckt die zeichnerisch kompakte Aufwendigkeit des Tricks. Die Animationsleistung ist technisch bestechend, künstlerisch weitgehend gelungen, ohne daß es möglich wäre, allgemeingültige Geschmacksansprüche zu befriedigen. Deshalb wirken die reizvollen, folkloristisch durchdachten Hintergründe oft ansprechender als die zuweilen grobschlächtigen Hauptfiguren.

Zum künstlerischen, auch dramaturgisch vollendet gelösten Höhepunkt gehört zweifellos das Schachspiel im Hause des Götterkönigs Odin, das sich als ebenso liebevoll durchbastelt wie intelligent aufgebaut erweist.

Drehbuch:
Kurt Joachim Fischer

Regie:
Bernhard Wicki

Kamera:
Gerd von Bonin

Musik:
Hans-Martin Majewski

Darsteller:
Anja Böckmann
Thomas Braut
Ingrid Resch

Warum sind sie gegen uns?

Herstellungsland und -jahr: Bundesrepublik Deutschland 1958
Hersteller: Akzent-Film, Berlin
Verleiher: Landesbildstellen
Bj 1958 bw FSK: 12 J., ffr. Länge: 707 m (16 mm) – 67 min

Inhaltsangabe:
Wickis eindrucksvolle Dokumentation zeitgemäßer (1958!) Jugendprobleme. Im Rahmen einer Spielhandlung wird das Verhältnis von zwei jungen Menschen zueinander und zur Erwachsenenwelt mit ihren Spannungen und Störungen beleuchtet. Der offene Ausgang ist als Diskussionsanreiz bewußt einkalkuliert (1).

Buch und Regie verstehen es, sowohl die verschiedenen Milieus (Gießerei, Kneipe, bürgerliche Häuslichkeit etc.) wie auch die einzelnen jungen Menschen knapp und treffend zu charakterisieren.

Seine Dichte und Überzeugungskraft gewinnt der Film durch die vorzügliche Arbeit der Regie und der Kamera. Mit einer großen Verhaltenheit und Feinfühligkeit wird die Entwicklung dieser Begegnung und ihrer Folgen dargestellt. Der psychologischen Differenziertheit entspricht die Differenziertheit der Fotografie. Obwohl die Kamera immer wieder überraschende und kunstvolle fotografische Effekte hervorbringt, ist es doch nirgendwo so, daß die Effekte sich verselbständigen, sondern immer der genaue und intensive filmkünstlerische Ausdruck des inneren und äußeren Geschehens sind. Dieser hohe Rang der Bildfolge wird nicht zuletzt auch durch den vorzüglichen Schnitt des Films erreicht.

Drehbuch und Regie:
Martin Rosen

Lit. Vorlage:
Richard Adams

Animation:
Tony Guy
Philip Duncan

Kamera:
Ron Boston
Les Green
Tony Haines
Bob Mintern

Musik:
Angela Morley
Malcolm Williamson

Watership Down

WATERSHIP DOWN

Zeichentrickfarbfilm

Herstellungsland und -jahr: Großbritannien 1978

Hersteller: Nepenthe Productions, London

Verleiher: –

Bj 1980 bw FSK: 6 J., ffr. Länge: 2508 m – 92 min

Inhaltsangabe:
Von der Vorahnung einer Katastrophe getrieben, bricht eine Kaninchensippe auf und findet nach vielen Abenteuern und Bedrängnissen eine neue Heimat.

Den Ausschlag für das höchste Prädikat gab die sehr eigenartige und ungewöhnliche Technik der Grafik und Animation. Sie spielt mit extrem wechselnden Perspektiven; es gelingen ihr Raumtiefen, wie sie so noch kaum ein Zeichentrickfilm zustande gebracht hat.

Die Realistik dieses Märchens liegt – ganz in der klassischen Tradition der Tierfabel – in der direkten, wenn auch sehr schematisierten Parallele zur Menschenwelt; von jenen Tierfilmen, die menschliche Gefühle und Verhaltensweisen einfach auf Tiere übertragen, ist er weit entfernt.

Längen in der Erzählung der sehr einfachen Geschichte werden aufgefangen durch immer wieder überraschende Bilder. Ungewöhnlich auch der Aufwand an Arbeit, der eine große Zahl von Mitarbeitern voraussetzte; trotzdem ist der Film in allen Details, in Stil und Farbe aus einem Guß.

D r e h b u c h :
Curtis Hanson
Sam Hamm
Richard Kletter

R e g i e :
Carroll Ballard

L i t . V o r l a g e :
Farley Mowat

K a m e r a :
Hiro Narita

M u s i k :
Mark Isham

D a r s t e l l e r :
Brian Dennehy
Zachary Ittimangnag
Samson Jorah
Charles Martin Smith
Hugh Webster

Wenn die Wölfe heulen

NEVER CRY WOLF

Farbfilm

Herstellungsland und -jahr: USA 1983

Hersteller: Walt Disney Productions, Burbank, Calif.

Verleiher: Twentieth Century Fox, Frankfurt (Main)

Bj 1984 w FSK: 12 J., ffr. Länge: 2893 m – 106 min

I n h a l t s a n g a b e :
Die abenteuerlichen und nicht ganz ernst zu nehmenden Erlebnisse eines jungen Biologen, der im hohen Norden Amerikas allein auf sich gestellt die Lebensgewohnheiten der Wölfe studieren soll.

Entscheidend war, daß der Film unter den Gesichtspunkten des Genres Erweiterungen der Thematik vornimmt und den an sie zu stellenden Ansprüchen gerecht wird. Die Einbeziehung von belehrenden Elementen über Wölfe, ihre Lebens- und Ernährungsweise, die Einbeziehung von Naturaufnahmen, von konsumkritischen und teilweise auch zeitkritischen Momenten, die Einbeziehung vor allem auch der Eskimos, ihres Lebens und ihres Verständnisses der Umwelt bereichert die Gattung. Daß sich die Handlung zwischen Lustspiel, Abenteuer und Naturkunde nicht immer zu entscheiden vermag, ist zwar eine Beeinträchtigung der Stilreinheit, gehört filmgeschichtlich aber zu den Inhalts- und Darstellungsformen des Familienfilms.

Drehbuch:
Maria Axt
Christiana Horn

Regie:
Jürgen Tröster

Lit. Vorlage:
Maria Axt

Kamera:
Michael Teutsch

Musik:
Matthias Brendel

Darsteller:
Ben Becker
Barbara Czerwinski
Manfred Krug
Burkhard Rönnefarth
Nicole Skladanowski

Whopper-Punch 777

Farbfilm

Herstellungsland und -jahr: Bundesrepublik Deutschland 1987
Hersteller: Tröster Film, Berlin/Roxy-Film, München
Verleiher: –
Bj 1987 w FSK: o. A., ffr. Länge: 1976 m – 72 min

Inhaltsangabe:
Der Sohn eines alleinerziehenden Sportreporters hilft seinem Vater aus der Klemme und macht selbständig ein aufsehenerregendes Interview mit einem Box-Champion.

Die Geschichte dieses offensichtlich mit bescheidenen Mitteln hergestellten Filmes ist einfach.

Es handelt sich um einen Kinder- und „Märchen"-Film, der einsträngig auf ein bestimmtes Zielpublikum ausgerichtet ist und mit „viel Plüsch und Plastik" in der Ausstattung vorgeht. Eine gewisse „Entlarvung" der Erwachsenen korrespondiert mit einigen reizvollen Spannungselementen, insgesamt aber wird eher mit Klischees als in dramatischen Entwicklungsbögen gearbeitet.

Drehbuch:
Bruno Bozzetto
Attilo Giovannini

Regie:
Bruno Bozzetto

Kamera:
Luciano Marzetti

Musik:
Giampiero Boneschi

Der wildeste Westen

WEST AND SODA

Zeichentrickfarbfilm

Herstellungsland und -jahr: Italien 1967

Hersteller: Bruno Bozzetto, Mailand

Verleiher: –

Bj 1968 w FSK: 6 J., nffr. Länge: 2219 m – 81 min

Inhaltsangabe:
Edelmütiger Cowboy rettet eine Farmerin vor dem Terror und den Heiratsanträgen eines Schurken (1).

Der Bewertungsausschuß ist sich einig über die hervorragende zeichnerische Leistung dieses Films, der auch die Farbeffekte nicht nachstehen. Doch gewinnt man noch während des ersten Drittels – und dann zunehmend – den Eindruck, daß sich dieses Experiment einer abendfüllenden gezeichneten Parodie auf den Western durch eine nicht immer überzeugende Überfülle von Gags und „Zitaten“ erschöpft. Daß sich schon bald Langeweile breitmacht, trotz aller grafischen Delikatesse, liegt zu einem Teil an dem im Vergleich zur Trickgestaltung sehr einfallsarmen Handlung, zu einem anderen Teil daran, daß zu vieles zu sehr überdreht wird.

Drehbuch:
Harald G. Petersson

Regie:
Harald Reinl

Lit. Vorlage:
Karl May

Kamera:
Ernst W. Kalinke

Musik:
Martin Böttcher

Darsteller:
Mario Adorf
Lex Barker
Pierre Price
Marie Versini
Ralf Wolters

Winnetou I

Scope-Farbfilm

Herstellungsland und -jahr: Bundesrepublik Deutschland, Jugoslawien, Frankreich 1963

Hersteller: Rialto Film Preben Philipsen, Berlin/Jadran film, Zagreb/Société Nouvelle de Cinématographie, Paris

Verleiher: –

Bj 1963 w FSK: 12 J., nffr. Länge: 2775 m – 101 min

Inhaltsangabe:
I. Teil der Karl-May-Trilogie – Freundschaft zwischen Shatterhand und Häuptling Winnetou.

Wie er im einzelnen gemacht ist, nötigt jedoch einigen Respekt ab.

Die gute Regiearbeit zeigt sich vielmehr in der sehr gekonnten Führung der Massenszenen. Die Kampfszenen entsprechen bei aller scheinbaren Realistik genau der Fantasie von jung und alt, die eben auch deswegen grausame Realität nicht nur verlangen, sondern auch leicht ertragen, weil irgendwie doch das Erfundene dieser Geschichten durchkommt. In manchen Einzelheiten überrascht der Film durch hübsche Einfälle. Die Fotografie ist durchweg gut. In diesem Zusammenhang sei auch darauf hingewiesen, daß die besonders schön fotografierte Landschaft nie zur bloßen Dekoration wird, einfach dadurch, daß jede Aufnahme und jeder Schwenk unmittelbar wieder dramatisches Geschehen überleitet.

Drehbuch:
Harald G. Petersson

Regie:
Harald Reinl

Kamera:
Ernst W. Kalinke

Musik:
Martin Böttcher

Darsteller:
Lex Barker
Karin Dor
Klaus Kinsky
Pierre Price
Anthony Steel

Winnetou II

Scope-Farbfilm

Herstellungsland und -jahr: Bundesrepublik Deutschland/Jugoslawien 1964
Hersteller: Rialto Film Preben Philipsen, Berlin/Jadran film, Zagreb
Verleiher: –
Bj 1964 w FSK: 12 J., nffr. Länge: 2578 m – 93 min

Inhaltsangabe:
II. Teil der Trilogie – Winnetou und Old Shatterhand im Kampf gegen weiße Verbrecher.

Die Fortsetzung der Winnetou-Geschichte läßt einige Momente, die bei seinem Vorgänger Anerkennung finden mußten, vermissen. Andererseits ist die Handlung gut aufgebaut, die Regie eher noch gestraffter, die Fotografie von etwa vergleichbarer Qualität. Diese Vorzüge und wiederum der Gedanke, daß es nur sehr wenig brauchbare Unterhaltungsspielfilme auch für die Jugend gibt, drängen auch Bedenken zurück, die sich auf den Dialog beziehen oder auf die Art, in der man Forrester umkommen läßt.

Drehbuch:
Astrid Lindgren

Regie:
Lasse Hallström

Kamera:
Lasse Westfelt

Musik:
Georg Riedel

Darsteller:
Linda Bergström
Ellen Demerus
Crispin Dickson
Henrik Larsson
Harald Lönnbro

Wir Kinder aus Bullerbü

ALLA VI BARNI I BULLERBYN

Farbfilm

Herstellungsland und -jahr: Schweden/Bundesrepublik Deutschland/Italien 1986

Hersteller: AB Svensk Filmindustri, Stockholm/Zweites Deutsches Fernsehen, Mainz/RAI-Radiotelevisione Italiana, Rom

Verleiher: Jugendfilm-Verleih, Berlin

Bj 1987 bw FSK: o. A., ffr. Länge: 2481 m – 91 min

Inhaltsangabe:
Neuverfilmung des bekannten Kinderbuches von Astrid Lindgren: kleine, liebenswert arrangierte Episoden aus den Sommerferien der Kinder von Bullerbü.

Im Astrid-Lindgren-Jahr wird mit diesem Film ein erzählerischer Horizont abgesteckt, vor dem sich offenbar besondere autobiographische Anspielungen der Autorin umsetzen lassen. Die Figur der Lisa spricht dafür, daß hier nochmal in unverwechselbarem Zugriff die Erzählerin selbst zu Wort kommt, umgeben von den sechs anderen Gespielinnen und Gespielen in heiler Kinderwelt. Die Idylle der für heutige Augen sicher weit entfernten Lebensbilder von Bullerbü gibt Zeugnis von einer „Autonomie“ dieser kaum noch vorstellbaren, unwirklich erscheinden Kinderwelt, die mit dem Zauber der Landschaft in wunderbar anmutendem Einklang gezeigt wird. Besondere Anerkennung gebührt der sensiblen Kameraarbeit, die den Gesichtern ebenso diskret wie liebevoll-genau nahezukommen weiß.

Drehbuch:
François Truffaut
Jean Gruault

Regie:
François Truffaut

Lit. Vorlage:
Jean Itard

Kamera:
Nestor Almendros

Musik:
Antonio Vivaldi

Darsteller:
Jean-Pierre Cargol
Jean Dasté
Françoise Seigner
François Truffaut
Paul Villé

Der Wolfsjunge

L'ENFANT SAUVAGE

Herstellungsland und -jahr: Frankreich 1969

Hersteller: Films du Carosse/Productions Artistes Associés, Paris

Verleiher: –

Bj 1971 bw FSK: 12 J., ffr. Länge: 2303 m – 84 min

Inhaltsangabe:
1798 wurde bei Aveyron ein etwa zwölfjähriger, wild aufgewachsener und fast taubstummer Knabe eingefangen und später nach Paris gebracht, wo der Arzt Jean Itard in unablässigem pädagogisch-psychologischem Bemühen das verschüttete Empfindungs- und Kontaktvermögen des Jungen zu wecken sucht (1).

Dieser Film ist in seiner balladesken Breite, in seiner poetischen Intensität beispielhaft für die Möglichkeit, eine Individualität im Bilderspiel genau zu fixieren. Der Film zeigt als sachlich-suggestives Bilderspiel gerade von daher besondere Qualität. Er ist das Ergebnis eines regielichen Verfahrens, das aus einer poetisch gesehenen Distanz Wirklichkeit entwickelt. Bemerkenswert erscheint dem Bewertungsausschuß vor allem die disziplinierte Fantasie der Regie in der Behandlung des Jungen, die eine genaue Kenntnis der aktuellen psychologischen Erfahrung verrät. Indessen genügt es nicht, den Film lediglich von daher zu sehen, sondern ebenso – ja vor allem – als Bildgefüge von bedrängender poetischer Intensität. Wie hier, akzentuiert durch eine gleichfalls genau berechnete Musik, ein Vorfall, dessen historische Glaubhaftigkeit nicht zur Diskussion steht, im Bild realisiert worden ist, erscheint dem Bewertungsausschuß bemerkenswert.

Drehbuch:
Konrad Lustig

Regie:
Peter Podehl

Lit. Vorlage:
Gebrüder Grimm

Kamera:
Peter Puluj

Musik:
Fred Sporer

Darsteller:
Jürgen von Alten
Johannes Buzalski
Harriet Gessner
Helmo Kindermann
Karl-Heinz Millisterfer

Der Wolf und die sieben Geißlein

Farbfilm

Herstellungsland und -jahr: Bundesrepublik Deutschland 1957

Hersteller: Schongerfilm Hubert Schonger, Inning/Ammersee

Verleiher: Jugendfilm-Verleih, Berlin

Bj 1957 w FSK: 6 J., ffr. Länge: 1568 m – 58 min

Inhaltsangabe:
Verfilmung des gleichnamigen Märchens mit puppenartig verkleideten Tierdarstellern in realer Landschaft (2).

Der Film wählt die Annäherung etwa an den Puppentrickfilm, als er die von Schauspielern und Kindern dargestellten Märchenfiguren durch Masken stilisiert. Allerdings ist die ästhetisch-technische Lösung dieses Problems nicht als voll befriedigend anzusprechen. Die Mehrheit des Bewertungsausschusses erkennt aber an, daß die Übersetzung der einzelnen Geschehnisse des Märchens, die im Original oft nur weniger Sätze bedarf, im ganzen als filmisch gelungen betrachtet werden muß. Die dramaturgische Gestaltung realisiert die Bedürfnisse der kindlichen Fantasie in bezug auf die Verteilung von Spannung und Entspannung, obwohl an einigen Stellen (z. B. der Wolf im Krämerladen) des Guten zu viel getan wurde.

Drehbuch:
Winston Hibler
James Algar
Ted Sears

Regie:
James Algar

Kamera:
N. Paul Kenworth
Robert H. Grandall

Musik:
Paul Smith

Die Wüste lebt

THE LIVING DESERT

Farbfilm

Herstellungsland und -jahr: USA 1954

Hersteller: Walt Disney Productions, Burbank, Calif.

Verleiher: Twentieth Century Fox of Germany, Frankfurt (Main)

Bj 1954 w FSK: 6 J., ffr. Länge: 759 m (16 mm) – 67 min

Inhaltsangabe:
Dokumentarfilm aus der Sierra Nevada/Arizona über das Leben kleiner Wüstentiere mit großen Aufregungen. Walt Disney arrangiert bis dahin nicht gesehene Aufnahmen aus weithin unbekannten Naturbereichen.

Es wird nicht verkannt, daß die Natur- und Tieraufnahmen dieses Filmes aus der Wüste eine grandiose künstlerische Leistung darstellen, wie sie bisher kaum je gezeigt worden ist. Von diesem Gesichtspunkt aus hätte der Film uneingeschränkt die höchste Bewertung erhalten können. Dasselbe gilt für die meisterhafte Regieleistung, die einfühlsame Führung der Kamera und die Darstellung vieler bisher noch nie beobachteter Naturvorgänge.
Wenn der Ausschuß sich nicht dazu entschließen konnte, den Film für „besonders wertvoll“ zu erklären, so deshalb, weil die Dramatisierung des Tierlebens, seine Vergleiche mit menschlichen Vorgängen, seine Kommentierung durch eine an Effekthascherei grenzende Sprache und seine Untermalung durch eine entsprechend perfektionierte Musik einen derartigen „Show“-Charakter hervorrufen, daß die Folge von Sensation zu Sensation der Natur Gewalt anzutun scheint. Die Grausamkeit der in einzelnen Szenen gezeigten Vorgänge könnte noch hingenommen werden. Man hat aber den Eindruck, daß sich durch die Aneinanderreihung von solchen Filmszenen eine zum Unnatürlichen hinführende Umkehrung natürlicher Vorgänge dartut.

Drehbuch:
Brad Bird
Matthew Robbins

Regie:
Matthew Robbins

Kamera:
John McPerson

Musik:
James Horner

Darsteller:
Michael Carmine
Hume Cronyn
Frank McRae
Elizabeth Pena
Jessica Tandy

Das Wunder in der 8. Straße

MIRACLE ON 8TH STREET

Farbfilm

Herstellungsland und -jahr: USA 1987

Hersteller: Universal City Studios, New York

Verleiher: United International Pictures, Frankfurt (Main)

Bj 1988 w FSK: 6 J., ffr. Länge: 2920 m – 107 min

Inhaltsangabe:
Verzweifelt wehren sich die Bewohner eines Altbaues in New York gegen den Abriß ihres Hauses, wobei sie unerwartete Unterstützung von kleinen Ufo-Heinzelmännchen erhalten.

Der Bewertungsausschuß erkennt an, daß dieser Film, außer seiner Grundgeschichte von der Errettung eines Hauses durch außerirdische Maschinen, noch eine Reihe anderer Probleme unserer heutigen Gesellschaft anreißt, wie z.B. den Kommunikationsmangel zwischen Menschen, die Einsamkeit und den Zerfall von Traditionen, dargestellt am Beispiel des alten Hauses mit seiner geschichtsträchtigen Vergangenheit. Wie alle modernen Märchen arbeitet der Film auch mit Bezügen zur Wirklichkeit, die jedoch gelegentlich brutalisiert werden. Dennoch überwiegt am Ende das Gute und damit der märchenhafte Charakter, der dem Film nach langer Diskussion das Prädikat „wertvoll“ gebracht hat.

Drehbuch:
Wolfram Deutschmann
Reinhild Paul

Regie:
Wolfram Deutschmann

Lit. Vorlage:
Ernst Klee

Kamera:
Wolfgang Dickmann

Musik:
Rolf Bauer

Darsteller:
Karsten Kunitz
Ilja Mechel
Nicolaj Niemann
Andreas Peter
Dirk Röllig

Der Zappler

Farbfilm

Herstellungsland und -jahr: Bundesrepublik Deutschland 1983
Hersteller: C.&H. Film/Sungen-Grüttgen Filmproduktion, Berlin
Verleiher: Atlas Film + AV, Duisburg
Bj 1983 w FSK: 6 J., ffr. Länge: 795 m (16 mm) – 72 min

Inhaltsangabe:
Ein behinderter Zwölfjähriger versucht, im Rollstuhl seine Umgebung zu erobern, wird aber von den Kindern wegen seiner Krankheit als „Zappler" abgelehnt. Er gewinnt sie erst zu Freunden, als sich die erhoffte Operation als aussichtslos erweist (1).

Das Thema des Films ist von allgemeiner humaner Bedeutung. Nicht zu übersehen sind jedoch auch filmästhetische Mängel. Die Dramaturgie wirkt in manchen Szenen reichlich verkürzt. Die Reaktionen kommen wie im Lehrbuch, zu schnell, zu eindeutig, und unvermittelt wird Modellverhalten angestrebt, im Positiven wie im Negativen. Das führt zu Vereinfachungen, die dann nicht ganz glaubwürdig wirken. Neben natürlich entwickelten, sehr eindrucksvollen Situationen gibt es eine Reihe von doch recht gestellten Vorgängen, bei denen man den pädagogischen Zeigefinger spürt. Wirklich gute Bildfindungen stehen neben konventionellen, kaum mehr als üblichen.

Regie:
S. Yamamoto

Der Zauberer und die Banditen

SHONEN SARUTOBI SASUKE

Scope-Zeichentrickfarbfilm

Herstellungsland und -jahr: Japan 1959

Hersteller: Toei Animitation Studio, Tokio

Verleiher: –

Bj 1961 w FSK: 6 J., ffr. Länge: 2263 m – 82 min

Inhaltsangabe:
Ein tapferer kleiner Junge lernt zaubern, um eine Schar plündernder Räuber unschädlich machen zu können (1).

Der Film besticht durch die Geschlossenheit seines Stils und den dramaturgisch straffen Aufbau der Fabel. Es ist höchst erfreulich, daß sich in den Zeichnungen das japanische Stilelement so vollkommen erhalten hat, obgleich die Technik des Zeichentricks aus Amerika übernommen wurde. Bereits die Fabel steckt voller Assoziationen zu japanischen Märchen und Legenden. Vollends aber die Zeichnungen bleiben ganz eingebunden in die überlieferte Welt japanischer Tuschzeichnungen, die in sehr wirkungsvoller Weise als Kulissen für die gezeichneten Figuren verwendet wurden. Sehr ausgewogen ist das Spannungsverhältnis zwischen der Stilisierung und der natürlichen Beweglichkeit der gezeichneten Figuren.

Drehbuch und Regie:
Martin Theo Krieger

Kamera:
Claus Deubel

Musik:
Barbara Thompson

Darsteller:
Amira Ghazala
Ilona Lewandowski
Darja Lingenberg
Knut Rauter
David Strempel

Zischke

Herstellungsland und -jahr: Bundesrepublik Deutschland 1986

Hersteller: Backhaus + Krieger Filmproduktion/Sender Freies Berlin, Berlin/Westdeutscher Rundfunk, Köln

Verleiher: Basis-Film Verleih, Berlin

Bj 1986 w FSK: 12 J., ffr. Länge: 2543 m – 93 min

Inhaltsangabe:
Abzuhauen, um irgendwo anzukommen, wo man sich verstanden und zu Hause fühlt, das ist das Leitmotiv dieses Films, in dessen Mittelpunkt der heranwachsende ZISCHKE steht.

Elemente eines zeitkritisch realistischen Films, des Kriminalfilms, des Lustspiels, des Jugendfilms vermischen sich miteinander, doch ist festzuhalten, daß diese Mixtur einen insgesamt spannenden, unterhaltenden und doch auch Nachdenklichkeit weckenden Film ergibt. Dem steht nicht entgegen, daß die Konstruiertheit des Geschehens immer wieder zutage tritt, denn das Prinzip, wonach wie beim „deus ex machina" die Beteiligten immer wieder aufeinander stoßen und die Fortführung der Handlung dadurch immer wieder aufs neue gewährleistet wird, vermag als konstruktives Element durchaus die Qualität dieses Films zu verbessern. Hinzu kommt, daß wenigstens ein Teil der schauspielerischen Gestaltung, die beachtenswerte Schwarz-Weiß-Kamera und die Auswahl und Gestaltung des Milieus das Prädikat rechtfertigt.

Drehbuch:
Robert Zemeckis
Bob Gale

Regie:
Robert Zemeckis

Kamera:
Dean Cundey

Musik:
Alan Silvestri

Darsteller:
Michael J. Fox
Crispin Glower
Christopher Lloyd
Lea Thompson
Thomas F. Wilson

Zurück in die Zukunft

BACK TO THE FUTURE

Farbfilm

Herstellungsland und -jahr: USA 1985

Hersteller: Universal Pictures, New York

Verleiher: United International Pictures, Frankfurt (Main)

Bj 1985 w FSK: 12 J., ffr. Länge: 3189 m – 117 min

Inhaltsangabe:
Mit Hilfe einer Zeitmaschine, die von einem skurrilen Erfinder ersonnen wurde, gelingt es einem Jungen, sich 30 Jahre zurück an den gleichen Ort zu versetzen.

Ein 17jähriger Junge unserer Tage wird in die Lage versetzt, das Jahr 1955 kennenzulernen. Der Zuschauer begleitet ihn durch verschiedenste Situationen, die überraschen, verblüffen, Spannung vermitteln. Im Vordergrund steht die Begegnung mit seinen eigenen Eltern in deren Teenager-Jahren. Wir erleben mit ihm die Spannung, die sich daraus ergibt, daß er aufgrund der konkurrierenden Zeitlogik gezwungen wird, Lebensläufe dort weiter zu stabilisieren, wo sie durch seine Anwesenheit in Schwierigkeiten geraten. Dabei wird ein erzählerischer Weg gewählt, auf dem Elemente von Science-fiction und komödiantische Erzählmuster miteinander verknüpft werden – in einem großen Bogen von Variationen zwischen alter Filmklamotte und jüngstem kinematographischem Gag.

Drehbuch:
Bob Gale

Regie:
Robert Zemeckis

Kamera:
Dean Cundey

Musik:
Alan Silvestri

Ausstattung:
Rick Carter

Darsteller:
Michael J. Fox
Christopher Lloyd
James Tolkan
Lea Thompson
Thomas F. Wilson

Zurück in die Zukunft II

BACK TO THE FUTURE II

Farbfilm

Herstellungsland und -jahr: USA 1989

Hersteller: Universal City Studios/U-Drive Productions, Los Angeles, Calif.

Verleiher: United International Pictures Frankfurt (Main)

Bj 1989 w FSK: 12 J., ffr. Länge: 2963 m – 108 min

Inhaltsangabe:
Doc Brown und sein junger Partner Marty kehren von ihrem Supertrip in die Zukunft zurück in die Gegenwart und Vergangenheit, um die Probleme in ihrem einst friedlichen Städtchen zu lösen.

Einen Film, der in den Zeitebenen so verspielt konstruiert ist wie der erste Teil in einem zweiten Teil noch zu überbieten, gelingt dieser Fortsetzung dennoch. Dabei ergeben sich reizvolle Momente vor allem dadurch, daß die Handlung des ersten in den zweiten Teil verflochten wird, einige Höhepunkte des ersten genußvoll mit neuen weiteren Höhepunkten des zweiten kombiniert, kontrapunktiert, kontrastiert werden.

Im Arrangement der Tricks, der Bauten, Kostüme, Doppel- und Dreifachbesetzungen der Rollen gelingen dem Film immer wieder Kabinettstückchen an Gags und Pointen. Gerade in der Aufnahmetechnik, in der Montage, in der musikalischen Untermalung präsentiert er immer erneut subtile Konstruktionen.

Drehbuch:
Bob Gale

Regie:
Robert Zemeckis

Kamera:
Dean Cundey

Musik:
Alan Silvestri

Darsteller:
Michael J. Fox
Christopher Lloyd
James Tolkan
Lea Thompson
Thomas F. Wilson

Zurück in die Zukunft III

BACK TO THE FUTURE III

Farbfilm

Herstellungsland und -jahr: USA 1990

Hersteller: Universal City Studios/U-Drive Productions, Los Angeles, Calif.

Verleiher: United International Pictures, Frankfurt (Main)

Bj 1990 w FSK: 12 J., ffr. Länge: 3248 m – 119 min

Inhaltsangabe:
Um seinen lieben Doc zu retten, startet Marty mit der Zeitmaschine zurück in das Jahr 1885, mitten in den Wilden Westen, der ihn mit unerwarteten Abenteuern und Erlebnissen konfrontiert.

Zum dritten Mal warten Buch, Regie und vor allem die technische Ausstattung mit einer Fülle von Einfällen und Aktionen auf, die den Freunden dieses Genre Spaß machen werden.

Die listige und intelligente Manipulation mit der Zeit bedient sich ganz und gar vordergründiger Effekte, die hemmungslos ausgespielt werden. Gewalt wird persifliziert, sobald sie auftaucht, akustische Belästigung entlarvt sich als Theaterdonner, der meist nur einen neuen Filmgag gebiert und diesen musikalisch pathetisch untermalt. Sogar eine Philosophie ist auszumachen, sie lautet: „Man darf Vergangenheit nicht zu korrigieren versuchen". Und der Jugend, die mehr über sich erfahren möchte, wird warnend gesagt, ihre Zukunft sei noch nicht geschrieben.

Drehbuch:
Earl Felton

Regie:
Richard Fleischer

Lit. Vorlage:
Jules Verne

Kamera:
Frank Planer

Musik:
Paul Smith

Darsteller:
Kirk Douglas
Peter Lorre
Paul Lukas
James Mason
Robert J. Wilke

20 000 Meilen unter dem Meer

20 000 LEAGUES UNDER THE SEA

Scope-Farbfilm mit Trickteilen

Herstellungsland und -jahr: USA 1954

Hersteller: Walt Disney Productions, Burbank, Calif.

Verleiher: AV-Film, Neufahrn

Bj 1966 w FSK: 12 J., nffr. Länge: 1270 m (16 mm) – 128 min

Inhaltsangabe:
Der geniale, sich an der Menschheit rächenwollende Kapitän Nemo macht mit seinem riesigen Unterseeboot – 1868 – den Pazifischen Ozean unsicher (1).

Der Stoff ist derjenigen literarischen Region zuzurechnen, die aus grellen Effekten und gefühlvollen, etwas verschwommenen allgemeinen Ideen gemischt ist. Der Film selbst bietet eine Fülle fantastischer submariner Bilder und Vorgänge. Er fesselt durch eine freilich primitive Spannung, die vor allem mit dem Motiv der Katastrophe und der Errettung aus äußerster Gefahr arbeitet. Die technischen Tricks sind mit großem Aufwand realisiert. Der Betrachter ist durch sie gefesselt, wenn auch der moderne Mensch aus seiner heutigen Kenntnis einige pragmatische Einwände erheben mag.

Anhang

Titelverzeichnis

	Seite
Die Abenteuer des Baron Münchhausen	21
Die Abenteuer des Kapitän Grant	22
Abenteuer in der Berghöhle	23
Die Abenteuer in der goldenen Bucht	24
Abenteuer im Togoland	25
Aladin und die Wunderlampe	26
Allah – Kerihm	27
Alle lieben Pollyanna	216
Arielle – Die kleine Meerjungfrau	28
Aristocats	29
Aschenputtel	30
Asterix bei den Briten	31
Asterix der Gallier	32
Asterix erobert Rom	33
Asterix – Operation Hinkelstein	35
Asterix – Sieg über Cäsar	36
Asterix und Cleopatra	37

	Seite
Auf dem Kometen	39
Aufruhr im Schlaraffenland	40
Aufstand der Tiere	41
Der Bär	42
Bambi	43
Basil, der große Mäusedetektiv	44
Begegnung mit Deutschland	45
Bella	46
Bernhard und Bianca – Die Mäusepolizei	47
Die blaue Lagune	48
Blaues Wasser, weißer Tod	49
Der blinde Vogel	50
Bootsmann und Moses	51
Die Braut des Prinzen	52
Die Bremer Stadtmusikanten	53
Die Bruchschiffer	54

	Seite
Bullwhip Griffin oder Goldrausch in Kalifornien	55
Cap und Capper, zwei Freunde auf acht Pfoten	56
Chronik eines Hofnarren	57
Cinderella's silberner Schuh	58
Circus	59
Clown Ferdinand und die Rakete	61
Danny – der Champion	62
Ein dicker Hund	63
Der Dieb von Bagdad	64
Doctor Dolittle	65
Dr. Syn – das Narbengesicht	66
Donald Duck – eine Ente wie du und ich	67
Donald Duck geht in die Luft	69
Donald und seine verrückte Bescherung	70

Dornröschen 71
Dornröschen und der Prinz 72
Das Dschungelbuch (1942) 73
Das Dschungelbuch (1967) 74
Dschungelsaga 75
Dumbo, der fliegende Elefant 77

Der Elefantenboy 78
Elliot das Schmunzelmonster 79
Die Erfindung des Verderbens 81
Es war einmal ein König 82
E.T. – Der Außerirdische 84
Europas Paradiese – Letzte Reste einer Urnatur 86
Die Ewoks – Karawane der Tapferen 87

Der falsche Prinz 88
Die Farbe der Indios 89
Feivel, der Mauswanderer 91
Feuervögel startbereit 92
Flicka 93
Das fliegende Klassenzimmer 94
Flipper 95
Flucht 96
Flußfahrt mit Huhn 97
Franz stellt alles auf den Kopf 98
Frau Holle (1954) 99
Frau Holle (1985) 101
Frei geboren – die Königin der Wildnis 102
Freunde fürs Leben 103
Der Froschkönig 104
Fünf Freunde in der Tinte 105

Der gebrochene Pfeil 106
Gefährliche Kurven 107
Das Geheimnis der Berenka 108
Das Geheimnis eines Sommers 110
Geronimo's Rache 112
Geschichten um Schneewittchen 113
Der gestiefelte Kater 114
Der Glücks-Bärchi Film 115
Glücksbärchis: Teil II 116
Goofys lustige Olympiade 117
Guten Tag, Herr Elefant 118

Habt ihr einen Löwen zu Hause? 119
Hänsel und Gretel 120
Häuptling Donald Duck 121
Ein Haifischorden für den Kapitän 122
Harold und die Geister 123
Hatschipuh 124
Die Heiden von Kummerow und ihre lustigen Streiche 125
Heidi und Peter 126
Heimweh nach dem Silberwald 203
siehe: Pao aus dem Dschungel
Die Heinzelmännchen 127
Herbie groß in Fahrt 128
Herr der drei Welten 129
Herrscher des Urwaldes 130
Heute neue Attraktionen 131

Hintertupfinger Grand Prix 132
Die Hosen des Ritters von Bredow 133
101 Dalmatiner 217
siehe: Pongo u. Perdi
Der Hund, der „Herr Bozzi" hieß 134
Der Hund ist weg 135
Die Hunde sind los 136

Ich springe über Pfützen 137
Im Tal der Apachen 138
Im Zauberreich des Berggeistes 246
siehe: Das singende, klingende Bäumchen
In 80 Tagen um die Welt 139
In der Arche ist der Wurm drin 140
In einem Land vor unserer Zeit 142
Insel am Ende der Welt 144

Jacob hinter der blauen Tür 145
Das Jahr der Machete 146
Jessica und das Rentier 147
Johnny's neue Heimat 148

Der Kaiser und die Nachtigall 149
Kalle auf der Millionen-Insel 150
Kalle Bomquist lebt gefährlich 151
Kaspers Reise zu den Zwergen 152
Die Kinder aus Nr. 67 153
Die kleine Ballerina 154
König der Grizzlies 155
König der Winde 156
Der König und der Vogel 157
Die Konferenz der Tiere 159
Konrad aus der Konservenbüchse 160
Krieg der Sterne 161
Küken für Kairo 162

Land in Sicht 163
Lassies größtes Abenteuer 164
Laßt sie leben –
Tiere wie sie keiner kennt 165
Das Licht der Liebe 166
Lippels Traum 167
Lisa und die Riesen 168
Lockende Wildnis 169
Lucky Luke 170
Lucky Luke – Sein größter Trick 171
Lustige Micky Maus Revue 172
Die lustige Welt der Tiere 173

Das Mädchen und der schwarze Hengst 175
Der Mann mit den Bäumen 176
Mary Poppins 177
Mein Freund der Diamanten Joe 178
Mein Freund Stubbs 191
Mein Leben als Hund 180
Meister Eder und sein Pumuckl 182
Merlin und Mim 183
Micky ist der Größte 184
Micky's größte Schau „78" 185
Die Millionen Dollar-Ente 186

Die Ministranten 187
Mio, mein Mio 188
Momo 189
Mondjäger 190
Monsieur Tobi 191

Namu, der Raubwal 192
Natty Gun 193
Neues aus Uhlenbusch: Ich hatte einen Traum 194
Neues von uns Kindern aus Bullerbü 195
Nikki 196

Oliver Twist (1948) 197
Oliver Twist (1982) 199
Oliver & Co. 200
Olympische Herausforderung 201
Onkel Remus' Wunderland 202

Pao aus dem Dschungel 203
Der Paß des Teufels 204
Pelle, der Eroberer 205
Perix, der Kater und die drei Mausketiere 206
Peterchens Mondfahrt 207
Peter Pan's heitere Abenteuer 208
Peter und der Riese 209
Ping – Pong 210
Pinocchio 211
Pippi Langstrumpf 212
Pippi Langstrumpf in Taka-Tuka-Land 213
Pippi Langstrumpfs neueste Streiche 215
Pollyanna 216
Pongo und Perdi – Abenteuer einer Hundefamilie 217
Pretty in Pink 219
Providenza! Mausefalle für zwei schräge Vögel 220

Der Räuber Hotzenplotz 221
Die Regensburger Domspatzen 222
Reineke Fuchs 223
Reise in die Urwelt 224
Die Reise nach Melonia 225
Robin Hood 226
Robinson im Wattenmeer 227
Ronja – die Räubertochter 229
Die Rose von Bagdad 230
Der rote Strumpf 231
Rübezahl – Herr der Berge 232
Rumpelstilzchen 233

Salaam Bombay! 234
Saxana, die Hexe 235
Schneewittchen und die sieben Zwerge (1937) 236
Schneewittchen und die sieben Zwerge 237
Schöne Isabella 238
Der schwarze Hengst 239
Der schwarze Hengst kehrt zurück 240

Sechs Bären und ein Clown 241
Seine Majestät, der Elefant 242
Sein Freund Jello 243
Sein letzter Freund 244
Sie nannten ihn Gringo 245
Das singende, klingende Bäumchen 246
So frei wie der Wind 247
Der Sommer des Falken 248
Der steinerne Fluß 249
Stern ohne Himmel 250
Susanne und der Zauberring 251
Susi und Strolch 252

Ein Tag mit dem Wind 253
Tanja und die zwei Pistolenmänner 255
Taran und der Zauberkessel 256
Der Teufel mit den drei goldenen Haaren 257
Tierfang in der Taiga 258
Tim und Struppi im Sonnentempel 259
Tischlein deck dich 260
Tokio 1964 261
Ein toller Käfer 262
Die tollkühne Hexe in ihrem fliegenden Bett 263
Die tollkühnen Abenteuer des Marko Polo jr. 264
Tony, du bist verrückt 265
Treue 266

Die unendliche Geschichte 267
Die unendliche Geschichte II 269
Die unglaubliche Reise 271
Die unglaubliche Reise in einem verrückten Flugzeug 272

Verflixte Rangen 273
Das verrückteste Auto der Welt 274
Verschollen im Weltraum 275
Viva Zapata! 276
Von Tibet nach Shanghai 277

Walhalla 278
Warum sind sie gegen uns? 279
Watership Down 280
Wenn die Wölfe heulen 281
Whopper-Punch 777 282
Der wildeste Westen 283
Winnetou I 284
Winnetou II 285
Wir Kinder aus Bullerbü 286
Der Wolfsjunge 287
Der Wolf und die sieben Geißlein 288
Die Wüste lebt 289
Das Wunder in der 8. Straße 290

Der Zappler 291
Der Zauberer und die Banditen 292
Zischke 293
Zurück in die Zukunft 294
Zurück in die Zukunft II 296
Zurück in die Zukunft III 297
20 000 Meilen unter dem Meer 298
Zwei schaffen alle 220
siehe: Providenza!

Klassifizierung der Filme nach Gattungen/Altersgruppen

Kinderfilm	(für die unteren Altersgruppen, bis ca. 10 Jahre)
Märchenfilm	(bis etwa 8 Jahre)
Jugendfilm	(für die Altersgruppe ab 8 oder 10 Jahren)
Zeichen-/Puppentrick	(für alle Altersgruppen, bezüglich spezieller Eignung s. auch Kinder-/Jugendfilm)
Familienfilm	(Familienunterhaltung)

Die vorgenommenen Klassifizierungen stellen Empfehlungen und Orientierungshilfen dar für die Benutzer dieser Dokumentation. Sie beruhen auf persönlichen Kenntnissen und Erfahrungen des Herausgebers, der sich viele Jahre speziell mit Fragen des Kinderfilms befaßt hat:

- in einer vergleichenden Untersuchung über Geschichte, Struktur und Funktion des Spielfilmschaffens für Kinder in der BRD, ČSSR, DDR und GB (1945-1965), als Buch unter dem Titel „Kinderfilm in Europa“ 1969 erschienen,
- als Referent für Kinderfilm und Medienpädagogik im Institut für Film und Bild, München,
- als Initiator und Leiter der bundesweiten Förderaktion für Kinder- und Jugendfilme „Kuno lädt ein“ (1965 – 1975),
- als Verleiher von Kinder- und Jugendfilmen.

Seit 1983 ist Steffen Wolf Verwaltungsdirektor der Filmbewertungsstelle Wiesbaden.

Kinderfilme

	Seite
Abenteuer in der Berghöhle	23
Die Abenteuer in der goldenen Bucht	24
Aladin und die Wunderlampe	26
Bambi	43
Basil, der große Mäusedetektiv	44
Bernhard und Bianca – Die Mäusepolizei	47
Der blinde Vogel	50
Bootsmann und Moses	51
Die Braut des Prinzen	52
Cap und Capper, zwei Freunde auf acht Pfoten	56
Clown Ferdinand und die Rakete	61
Danny – der Champion	62
Ein dicker Hund	63

	Seite
Der Dieb von Bagdad	64
Dumbo, der fliegende Elefant	77
Der Elefantenboy	78
Elliot das Schmunzelmonster	79
Die Ewoks – Karawane der Tapferen	87
Die Farbe der Indios	89
Flußfahrt mit Huhn	97
Franz stellt alles auf den Kopf	98
Das Geheimnis der Berenka	108
Der Glücks-Bärchi Film	115
Glücksbärchis: Teil II	116
Habt ihr einen Löwen im Hause?	119
Häuptling Donald Duck	121
Ein Haifischorden für den Kapitän	122

	Seite
Hatschipuh	124
Heimweh nach dem Silberwald siehe: Pao aus dem Dschungel	203
Hintertupfinger Grand Prix	132
Der Hund ist weg	135
Ich springe über Pfützen	137
Im Zauberreich des Berggeistes siehe: Das singende, klingende Bäumchen	246
In der Arche ist der Wurm drin	140
In einem Land vor unserer Zeit	142
Jessica und das Rentier	147
Jonny's neue Heimat	148
Der Kaiser und die Nachtigall	149
Kaspers Reise zu den Zwergen	152
König der Grizzlies	155
Konrad aus der Konservenbüchse	160

Küken für Kairo 162

Lassies größtes Abenteuer 164
Das Licht der Liebe 166
Lippels Traum 167
Lisa und die Riesen 168
Lucky Luke 170
Lucky Luke – Sein größter Trick 171
Lustige Micky Maus Revue 172

Der Mann mit den Bäumen 176
Meister Eder und sein Pumuckl 182
Merlin und Mim 183
Die Millionen Dollar-Ente 186
Mio, mein Mio 188

Neues von uns Kindern aus Bullerbü 195

Oliver Twist (1982) 197
Oliver & Co. 200

Pao aus dem Dschungel 203
Peterchens Mondfahrt 207
Ping – Pong 210

Der Räuber Hotzenplotz 221
Reise in die Urwelt 224
Ronja – die Räubertochter 229
Rübezahl – Herr der Berge 232
Rumpelstilzchen 233

Schneewittchen und die sieben Zwerge 237
Das singende, klingende Bäumchen 246
Susanne und der Zauberring 251

Tanja und die zwei Pistolenmänner 255
Der Teufel mit den drei goldenen Haaren 257
Tischlein deck dich 260

Die unglaubliche Reise 271
Wir Kinder aus Bullerbü 286
Die Wüste lebt 289
Der Zauberer und die Banditen 292

Märchenfilme

	Seite
Aschenputtel	30
Aufruhr im Schlaraffenland	40
Die Bremer Stadtmusikanten	53
Der Dieb von Bagdad	64
Dornröschen	71
Es war einmal ein König	82
E.T. – Der Außerirdische	84
Der falsche Prinz	88
Frau Holle (1954)	99
Frau Holle (1985)	101
Der Froschkönig	104

	Seite
Geschichten um Schneewittchen	113
Der gestiefelte Kater	114
Hänsel und Gretel	120
Harold und die Geister	123
Die Heinzelmännchen	127
Hintertupfinger Grand Prix	132
Im Zauberreich des Berggeistes	246
Das Licht der Liebe	166
Lippels Traum	167
Lisa und die Riesen	168
Mio, mein Mio	188

	Seite
Perix, der Kater und die drei Mausketiere	206
Peter und der Riese	209
Der Räuber Hotzenplotz	221
Reineke Fuchs	223
Die Rose von Bagdad	230
Rübezahl – Herr der Berge	232
Rumpelstilzchen	233
Saxana, die Hexe	235
Schneewittchen und die sieben Zwerge	237
Das singende, klingende Bäumchen	246
Der Teufel mit den drei goldenen Haaren	257
Tischlein deck dich	260
Der Wolf und die sieben Geißlein	288

Jugendfilme

	Seite
Die Abenteuer des Baron Münchhausen	21
Die Abenteuer des Kapitän Grant	22
Abenteuer im Togoland	25
Allah – Kerihm	27
Asterix bei den Briten	31
Asterix der Gallier	32
Asterix erobert Rom	33
Asterix – Operation Hinkelstein	35
Asterix – Sieg über Cäsar	36
Asterix und Cleopatra	37
Auf dem Kometen	39
Aufstand der Tiere	41
Der Bär	42
Basil, der große Mäusedetektiv	44
Begegnung mit Deutschland	45
Bella	46
Die blaue Lagune	48
Blaues Wasser, weißer Tod	49
Die Bruchschiffer	54
Chronik eines Hofnarren	57
Cinderella's silberner Schuh	58
Circus	59
Doctor Dolittle	65
Dr. Syn – das Narbengesicht	66
Donald Duck – eine Ente wie du und ich	67
Donald Duck geht in die Luft	69
Donald und seine verrückte Bescherung	70
Dornröschen und der Prinz	72
Das Dschungelbuch (1942)	73
Dschungelsaga	75
Die Erfindung des Verderbens	81
Europas Paradiese – Letzte Reste der Urnatur	86
Feuervögel startbereit	,92
Flicka	93
Das fliegende Klassenzimmer	94
Flipper	95
Flucht	96
Flußfahrt mit Huhn	97
Frei geboren – die Königin der Wildnis	102
Freunde fürs Leben	103
Fünf Freunde in der Tinte	105
Der gebrochene Pfeil	106
Gefährliche Kurven	107
Das Geheimnis eines Sommers	110

Geronimo's Rache 112
Guten Tag, Herr Elefant 118

Die Heiden von Kummerow und ihre lustigen Streiche 125
Heidi und Peter 126
Herbie groß in Fahrt 128
Herr der drei Welten 129
Herrscher des Urwaldes 130
Heute neue Attraktionen 131
Die Hosen des Ritters von Bredow 133
Der Hund, der „Herr Bozzi" hieß 134
Die Hunde sind los 136

Im Tal der Apachen 138
In 80 Tagen um die Welt 139
Insel am Ende der Welt 144

Jacob hinter der blauen Tür 145
Das Jahr der Machete 146
Kalle auf der Millionen-Insel 150
Kalle Bomquist lebt gefährlich 151
Die Kinder aus Nr. 67 153
Die kleine Ballerina 154
König der Winde 156
Der König und der Vogel 157
Die Konferenz der Tiere 159
Krieg der Sterne 161

Land in Sicht 163
Laßt sie leben – Tiere wie sie keiner kennt 165
Lockende Wildnis 169
Lucky Luke 170
Lucky Luke – Sein größter Trick 171
Die lustige Welt der Tiere 173

Das Mädchen und der schwarze Hengst 175
Mary Poppins 177
Mein Freund, der Diamanten Joe 178
Mein Freund Stubbs 191
Mein Leben als Hund 180
Die Ministranten 187
Momo 189
Mondjäger 190
Monsieur Tobi 191

Namu, der Raubwal 192
Natty Gun 193
Neues aus Uhlenbusch: Ich hatte einen Traum 194
Nikki 196

Oliver Twist (1948) 197
Oliver Twist (1982) 199
Olympische Herausforderung 201
Onkel Remus' Wunderland 202

Der Paß des Teufels 204
Pelle, der Eroberer 205

Pippi Langstrumpf 212
Pippi Langstrumpf in Taka-Tuka-Land 213
Pippi Langstrumpfs neueste Streiche 215
Pollyanna 216
Pretty in Pink 219
Providenza! Mausefalle für zwei schräge Vögel 220

Die Regensburger Domspatzen 222
Reise in die Urwelt 224
Robin Hood 226
Robinson im Wattenmeer 227
Ronja – die Räubertochter 229
Der rote Strumpf 231

Salaam Bombay! 234
Saxana, die Hexe 235
Schöne Isabella 238
Der schwarze Hengst 239
Der schwarze Hengst kehrt zurück 240
Sechs Bären und ein Clown 241
Seine Majestät, der Elefant 242
Sein Freund Jello 243
Sein letzter Freund 244
Sie nannten ihn Gringo 245
So frei wie der Wind 247
Der Sommer des Falken 248
Der steinerne Fluß 249
Stern ohne Himmel 250

Ein Tag mit dem Wind 253
Tierfang in der Taiga 258
Tokio 1964 261
Ein toller Käfer 262
Die tollkühne Hexe in ihrem fliegenden Bett 263
Die tollkühnen Abenteuer des Marko Polo jr. 264
Tony, du bist verrückt 265
Treue 266

Die unendliche Geschichte 267
Die unendliche Geschichte II 269
Die unglaubliche Reise in einem verrückten Flugzeug 272

Das verrückteste Auto der Welt 274
Verschollen im Weltraum 275
Viva Zapata! 276
Von Tibet nach Shanghai 277

Walhalla 278
Warum sind sie gegen uns? 279
Wenn die Wölfe heulen 281
Whopper-Punch 777 282
Der wildeste Westen 283
Winnetou I 284
Winnetou II 285
Der Wolfsjunge 287
Die Wüste lebt 289
Das Wunder in der 8. Straße 290

Der Zappler 291
Zischke 293
Zurück in die Zukunft 294
Zurück in die Zukunft II 296
Zurück in die Zukunft III 297
20 000 Meilen unter dem Meer 298
Zwei schaffen alle 220
siehe: Providenza!

Zeichen-/Puppentrick

	Seite
Aladin und die Wunderlampe	26
Arielle – Die kleine Meerjungfrau	28
Aristocats	29
Asterix bei den Briten	31
Asterix der Gallier	32
Asterix erobert Rom	33
Asterix – Operation Hinkelstein	35
Asterix – Sieg über Cäsar	36
Asterix und Cleopatra	37
Aufstand der Tiere	41
Bambi	43
Basil, der große Mäusedetektiv	44
Bernhard und Bianca – Die Mäusepolizei	47
Donald Duck – eine Ente wie du und ich	67
Donald Duck geht in die Luft	69
Donald und seine verrückte Bescherung	70

	Seite
Dornröschen und der Prinz	71
Das Dschungelbuch (1967)	73
Dumbo, der fliegende Elefant	77
Feivel, der Mauswanderer	91
Der Glücks-Bärchi Film	115
Glücksbärchis: Teil II	116
Goofys lustige Olympiade	117
Harold und die Geister	123
Hatschipuh	124
Die Hunde sind los	136
In der Arche ist der Wurm drin	140
In einem Land vor unserer Zeit	142
Der Kaiser und die Nachtigall	149

	Seite
Kaspers Reise zu den Zwergen	152
Der König und der Vogel	157
Die Konferenz der Tiere	159
Lucky Luke	170
Lucky Luke – Sein größter Trick	171
Lustige Micky Maus Revue	172
Merlin und Mim	183
Micky ist der Größte	184
Micky's größte Schau „78"	185
Oliver & Co.	200
Perix, der Kater und die drei Mausketiere	206
Peterchens Mondfahrt	207
Peter Pan's heitere Abenteuer	208

Pinocchio 211

Pongo und Perdi 217

Reineke Fuchs 223

Die Reise nach Melonia 225

Robin Hood 226

Die Rose von Bagdad 230

Schneewittchen und die sieben Zwerge (1937) 237

Susi und Strolch 252

Taran und der Zauberkessel 256

Tim und Struppi im Sonnentempel 259

Die tollkühnen Abenteuer des Marko Polo jr. 264

Walhalla 278

Watership Down 280

Der wildeste Westen 283

Der Zauberer und die Banditen 292

Familienfilme

	Seite
Die Abenteuer des Baron Münchhausen	21
Die Abenteuer des Kapitän Grant	22
Arielle – Die kleine Meerjungfrau	28
Der Bär	42
Bernhard und Bianca – Die Mäusepolizei	47
Die Braut des Prinzen	52
Bullwhip Griffin oder Goldrausch in Kalifornien	55
Cap und Capper, zwei Freunde auf acht Pfoten	56
Cinderella's silberner Schuh	58
Doctor Dolittle	65
Donald Duck – eine Ente wie du und ich	67
Donald Duck geht in die Luft	69

	Seite
Donald und seine verrückte Bescherung	70
Dornröschen und der Prinz	72
Das Dschungelbuch	73
Elliot das Schmunzelmonster	79
E.T. – Der Außerirdische	84
Die Ewoks – Karawane der Tapferen	87
Feivel, der Mauswanderer	91
Frei geboren – die Königin der Wildnis	102
Guten Tag, Herr Elefant	118
Im Tal der Apachen	138
In 80 Tagen um die Welt	139
Jessica und das Rentier	147

	Seite
Krieg der Sterne	161
Lassies größtes Abenteuer	164
Mary Poppins	177
Mein Freund der Diamanten Joe	178
Meister Eder und sein Pumuckl	182
Die Millionen Dollar-Ente	186
Die Ministranten	187
Momo	189
Namu, der Raubwal	192
Neues aus Uhlenbusch: Ich hatte einen Traum	194
Nikki	196
Oliver & Co.	200

Onkel Remus' Wunderland 202
Pelle, der Eroberer 205
Peter Pan's heitere Abenteuer 208
Pinocchio 211
Pollyanna 216
Pongo und Perdi 217

Die Reise nach Melonia 225
Ronja – die Räubertochter 229
Der rote Strumpf 231

Saxana, die Hexe 235
Schneewittchen und die sieben Zwerge (1937) 237
Schöne Isabella 238
Der schwarze Hengst 239
Der schwarze Hengst kehrt zurück 240
Sechs Bären und ein Clown 241
Seine Majestät, der Elefant 242
Sein Freund Jello 243
So frei wie der Wind 247
Der Sommer des Falken 248
Susi und Strolch 252

Ein Tag mit dem Wind 253
Taran und der Zauberkessel 256
Tierfang in der Taiga 258
Ein toller Käfer 262
Die tollkühne Hexe in ihrem fliegenden Bett 263
Tony, du bist verrückt 265
Treue 266

Die unendliche Geschichte 267
Die unendliche Geschichte II 269
Die unglaubliche Reise 271

Verflixte Rangen 273
Das verrückteste Auto der Welt 274

Watership Down 280
Wenn die Wölfe heulen 281
Whopper-Punch 777 282
Die Wüste lebt 289
Zurück in die Zukunft 294
Zurück in die Zukunft II 296
Zurück in die Zukunft III 297

Saxana, die Hexe

Sechs Bären und ein Clown

Tony, du bist verrückt

Die Wüste lebt